本书
获得福建省社科基地厦门大学中国特色社会主义
研究中心重大课题"全面依法治国背景下的农村治理
实证研究"（项目编号：FJ2015JDZ006）和厦门大学"中央
高校基本科研业务费"专项资金项目"集体林权制度
改革与农村发展道路研究"（项目编号：20720151237）的资助

教育部后期重大项目"从顶层到落地：
农村林业改革政策的实施"（项目批准号：16JHQ004）
阶段性研究成果。

福建省社会科学研究基地
厦门大学中国特色社会主义研究中心

厦门大学中国特色社会主义研究中心丛书　　贺东航主编

发现中国农村
大学生视野中的"三农"问题

主　　编　贺东航
副 主 编　徐进功　贺海波

中国社会科学出版社

图书在版编目(CIP)数据

发现中国农村：大学生视野中的"三农"问题 / 贺东航主编.
—北京：中国社会科学出版社，2016.11
ISBN 978-7-5161-7501-9

Ⅰ.①发… Ⅱ.①贺… Ⅲ.①农业经济—研究—中国
②农村经济—研究—中国③农民问题—研究—中国
Ⅳ.①F32②D422.64

中国版本图书馆 CIP 数据核字（2016）第 017942 号

出 版 人	赵剑英
责任编辑	冯春凤
责任校对	张爱华
责任印制	张雪娇

出　　版	中国社会科学出版社
社　　址	北京鼓楼西大街甲 158 号
邮　　编	100720
网　　址	http://www.csspw.cn
发 行 部	010-84083685
门 市 部	010-84029450
经　　销	新华书店及其他书店
印　　刷	北京君升印刷有限公司
装　　订	廊坊市广阳区广增装订厂
版　　次	2016 年 11 月第 1 版
印　　次	2016 年 11 月第 1 次印刷
开　　本	710×1000　1/16
印　　张	16.5
插　　页	2
字　　数	267 千字
定　　价	59.00 元

凡购买中国社会科学出版社图书，如有质量问题请与本社营销中心联系调换
电话：010-84083683
版权所有　侵权必究

目 录

前言 ……………………………………………………………（1）

第一篇 林权改革与林下经济研究

关于漳州市林下经济发展与林木生态保护的调研
报告 ………………………………… 王卫 郑容坤（3）
关于农村林业产权改革后林下经济发展的调研报告 ……… 钟雅娜（13）
关于林权改革和林下经济的调查报告 …………………… 林道豪（28）
广西林改和林下经济调研报告
　　——以广西南宁、百色、防城港为调查对象 ………… 江跃龙（46）
关于我国林改与林下经济的调查研究
　　——以广西三个县6个村为例 …………………………… 马丽（60）

第二篇 村民自治研究

全力推动村民自治　政府与村民孰对孰错 …………… 张雪冰（79）
增强农村社会自治能力　优化农村社区治理结构
　　——对孝感市农村自治的调查报告 ………………… 赵子慧（92）
农村村民自治情况调查报告 …………………………… 曹蕾（117）
新时代条件下村民自治的发展与困境 ………………… 高绮（123）
加强农村民主建设　改善社区自治现状
　　——以孝感市孝南区农村为例 ……………………… 韩东东（145）
关于村民自治推行情况的调研报告
　　——对湖北孝感市农村现状的调查与思考 ………… 莎茹丽（158）

农村自治中的群体力量分析 …………………………… 邓迎银（176）

第三篇　美丽乡村建设研究

林权改革与美丽乡村建设 ……………………………… 王媛媛（191）
林权改革与群众自主能动性的联系 …………………… 肖璐菁（208）
利用农林资源　建设美丽乡村
　　——陕西省富平县经验调研 ………………………… 张盈盈（224）
关于"三农"问题的调查报告 ………………………… 蔡焱烨（233）
统筹城乡发展下的现代美丽乡村建设 ………………… 郑洋（243）
后记 …………………………………………………………… （252）

前　言

　　中国曾经是一个农业的、农民的、落后的东方大国。从20世纪50年代以来，在中国共产党领导的社会主义制度下，走上了建设现代化的道路。我们从自己国家的实际出发，学习世界各国发展的有益成果，逐步探索出一套适合自己的工业化、城镇化、市场化、农业现代化和国际化的发展道路，经过半个多世纪的努力，取得了举世瞩目的成功，创造了世界发展的奇迹，城镇化率达到55%，成为世界上的制造大国，第二大经济体，让六亿多人口，主要是农民告别了贫穷落后，过上了现代化的小康生活，实现了中国社会历史发展的转型和升级。这是21世纪人类世界发展的一大历史性成就，更是马克思主义在东方文明古国取得的伟大胜利，是中国特色社会主义道路正确、理论科学和制度优越的最好证明和最有说服力的展现。我们党关于工业化、城镇化、农业现代化的战略举措和丰富经验，是马克思主义中国化极为重要的组成部分，闪烁着科学社会主义的灿烂光辉，也是中国人民为实现中华民族伟大复兴中国梦不懈奋斗的卓越创造和最生动的体现。因此研究总结这些伟大成就和宝贵经验，是当代中国马克思主义研究者的一个重要课题和学术使命，也是用中国故事、中国经验、中国精神对青年特别是大学生进行正确世界观、人生观、价值观教育的最生动的教材和最有吸引力的第二课堂。

　　近年来，党中央提出了推进高等学校思想政治课综合改革创新的一系列方针部署，其中重要一条，就是继承和弘扬我们党实事求是的优秀学风，切实贯彻理论联系实际的原则，让大学老师和学生走进社会生活，走进基层这个生动的课堂，学习社会，学习实践，学习群众，坚定"三个自信"。厦门大学作为全国高水平的综合性大学，具有优良的办学传统和丰富的思想政治教育经验，加强了马克思主义学院的建设，成为我国马克思主义理论研究和教育教学的重镇。近年来，在白锡能院长的带领下，积极响应与贯彻中央关于大学生政治思想理论课改革创新的重要指示，全面有力地推进教学综合改革，特别是在开展大学生走向社会实践活动方面进行了大胆的探索尝试和严谨扎实的工作，在全国许多地区特别是广大农村建设了实践基地，让广大青年学生在社会与农村的广阔舞台上，广泛感受国情、深入认识社会、接触和调查我国改革发展的新变化、新成就、新经验、新问题，理解和学习中国道路、中国经验、中国理论、中国制度和中国精神，取得了不小的成绩，打开了大学思想政治课教学综合改革的新局面，很有意义。

这本文集，就是厦门大学大学生2015年到各地农村开展暑期社会实践活动的重要成果之一，凝聚了这些莘莘学子在社会实践中学习成长的可贵收获；也是厦门大学中国特色社会主义研究中心在党的十八大精神指引下，研究当代中国城镇化、农业现代化伟大历程的一项重要成果。

厦门大学马克思主义学院在白锡能院长领导下，致力于教学和科研并重、理论与实践结合、继承与创新有机统一，坚持"顶天立地"，以马克思主义中国化最新成果为指导，立足中国现实社会与基层情况，以我们正在做的事情为中心，深入研究中国道路的丰富实践，讲好中国故事，总结中国经验，弘扬中国精神，培养合格的中国特色社会主义建设者、接班人。然而把中央这些重要指示和严格要求付诸理论研究和思想政治课教学的具体实践，取得教学和研究的良好成果，需要坚持创造性的思维，付出极大的辛劳，进行富有成效地工作，解决一个个实际的难题。厦门大学马克思主义学院和中国特色社会主义研究中心的各位领导和同仁，白锡能院长、徐进功主任，尤其是中心首席专家贺东航教授，爱岗敬业、勇于创新、统筹规划、精心组织、努力工作，终于取得丰硕成果，并编辑出版了这本文集。贺东航教授对我说，他和团队的同志们，在2015年暑期带领全校近百名学生远赴广东、湖北、广西、陕西等多个省份的偏远农村，顶着炎炎烈日，走乡村、串农户，经历了从"读万卷书"到"行万里路"的飞跃过程，为文集成书打下丰厚的基础。这样的工作，这样的精神，是很令人敬佩的、值得称道的。

这本文集，也从一个侧面展现了当代大学生在新时代成长进步的可喜风貌，必将为他们未来的人生道路注入强大的活力和持久的动力。在中国，农民是最庞大的劳动阶层，整天在泥土里摸爬，进城去打工经商，建设壮丽家园、服务人民，表现了我国人民艰苦奋斗、辛勤创造的优秀传统，为国家发展改革奉献力量和智慧。同时市场经济发展、城镇化进程、农业现代化深入，既创造了新的成绩和经验，也遭遇新的情况、新的难题，需要研究破解。大学老师和学生要"接地气"，就离不开对农村、农业和农民的研究，要深入地调查和探究他们的历史、现在和未来。协调推进"四个全面"和"五化"的国家战略，更要求我们了解和研究当代中国的"三农"问题。年轻的学子借助假期深入到农村，了解农业发展情况、体验农村的生活变化、表达农民的诉求和意愿，这是学习中国道路、理论和制度的最好教科书，也是大学思想政治教育最生动、最贴切的教学方式，更是实践社会主义核心价值观的最好方法。对老师们来说，这样持续系统的调查和研究，是创新学术理论，为国家发展改革开放事业献策建言的重要社会实践基础。

本书是厦门大学的本科生与研究生暑期实践报告的文集，内容鲜活而生动，汇集了农村发展变革的第一手资料和自己的分析总结，很有理论与实际的价值。当然作为初学者，学生们在资料梳理、问题分析、学术提炼、文字表达上都不免有些稚嫩，有许多成长中的不成熟痕迹。但重要的是，方向已经明确，道路已经开通。相信厦门大学马克思主义学院和中国特色社会主义研究中心的领导和同志们，能够进一步贯彻习近平总书记关于思想政治工作要"理念创新"，"方法创新"，鼓励改革"差别化探索"的指示，在学校党委的正确领导下，不断总结经验，继续开拓创新，发扬成绩、克服不足、完善做法，坚持不懈，在推进高等学校思想政治课的综合改革方面，在研究总结中国道路、中国经验、中国制度方面，再上层楼，取得更加切实有效的和具有自己特色的经验与成果，为坚持和发展中国特色社会主义伟大事业做出更多更大的成绩。

奚广庆

2015年12月7日于北京世纪城

第一篇　林权改革与林下经济研究

（广西南宁市宾阳县新圩镇同欧村）

关于漳州市林下经济发展与林木生态保护的调研报告

王 卫 郑容坤

在中国经济的飞速发展过程中，为追求经济效益而牺牲生态环境的案例屡见不鲜，而发展林下经济的目的就是为了实现"不砍树，也致富"，借助林地的生态环境以及景观资源，发展林下种植、养殖、相关产品采集加工、森林旅游业等，从而实现相关产业优势互补、资源共享、协调发展。党的十八届三中全会明确指出，我们不仅要"健全国有林区经营管理体制，完善集体林权制度改革"，还要"紧紧围绕建设美丽中国、深化生态文明体制改革，加快建立生态文明制度，健全国土空间开发、资源节约利用、生态环境保护的体制机制，推动形成人与自然和谐发展的现代化建设新格局"。因此，找到向森林要效益和保护生态环境的平衡点，对新一轮的林权改革至关重要。福建省林权改革一直走在全国的前列，近些年来，福建各地仍然保持"先行先试"的精神，继续深化集体林权改革，为全国进一步林改作出了示范。2013年，福建省人民政府出台的《关于进一步深化集体林权制度改革的若干意见》中明确指出，要"科学发展林下经济"，按照生态优先、顺应自然、因地制宜的原则，科学编制林下经济发展规划，不仅要立体开发森林资源，增加林农收入，更应推进福建"生态省"的建设。

在福建省深化林权改革的先行先试过程中，涌现出了三明永安、龙岩武平等一批典型。近些年来，漳州市为贯彻落实省政府《关于进一步深化集体林权制度改革的若干意见》，于2013年出台了《漳州市人民政府办公室关于加快推进林下经济发展的意见》，在发展林下经济、促进生态发展方面，取得了显著的成就。市林业局数据统计表明：截至2015年6

月，漳州市包括林下种植、林下养殖、林下产品加工、林下旅游等多种类型在内的林下经济共111万亩，从事林下经济的农户10余万，林下经济产值共计28亿元。

如果说三明、龙岩处于山区，对保护环境有着天然优势，而漳州龙海、漳浦等地处于沿海地带，交通便利，经济发展较为迅速，对土地和树木资源有更强烈的需求，因此在生态保护上存在更多的劣势。然而漳州各县市却能在保持其优势的同时，化劣势为优势，实现了"不砍树，也致富"，为我国沿海地区深化林权改革探出了新路子。2015年8月，厦门大学马克思主义学院林改调研分队在漳州龙海市、漳浦县、云霄县、诏安县进行了为期3天的实地调研和访谈，对漳州在进一步深化林权改革的过程中，如何在大力发展林下经济的同时保护生态环境的经验与存在的问题做了较为深入的考察。

一 漳州市发展林下经济、保护林木生态做法的类型分析

尽管发展林下经济是为了发展经济，但单纯对经济效益的追求常会使天平另一端的生态文明受损。为实现二者的平衡，漳州市因地制宜，探索出了多种通过发展林下经济来保护林木生态的模式，主要有以下几种。

1. "政府主导—企业参与"型

根据新制度主义经济学的相关理论，良好的生态环境属于公共产品，存在严重的"搭便车"现象，因此很难由私人提供。反之，如果某一个人通过破坏生态环境来追求自己的经济效益，尽管个人的收益会较大，对环境整体的影响似乎也微乎其微，但如果每个参与者都这么想，并通过这种方式来追求经济效益，那么对环境的破坏将是灾难性的，"囚徒的困境"模型就是如此。尤其是在经济较为发达的地区，公民、企业通过损害生态环境都能较为容易地实现对经济效益的追求，使生态保护面临较大的压力。在这种情况下，林木生态保护责任的主要承担者只能是政府。显然，仅仅依靠政府惩罚式的监管也很难达到良好效果，保护生态必须要设法获得公众的支持和参与，而龙海市九湖镇的重要生态名片——"万亩荔海"的林下经济发展就是一个典型案例。

龙海市九湖镇的荔枝种植历史悠久，有不少荔枝树树龄在百年以上，

"万亩荔海"是漳州"花果之乡"城市风貌的重要体现，多位党和国家领导人以及历史名人曾登临观赏"荔枝海"。而龙海作为漳州的经济强市，随着城市化、工业化的进程，对便利的交通和平整的土地有更强烈的需求，再加上近些年荔枝价格低迷，在高昂的人工成本下，果农的经济收益几乎为负数。因此在第一轮林改之后，荔林被分到农户手中，许多人宁愿将荔林毁掉而把土地另作他途，以追求更高的经济效益。因此在近十余年，"荔海"的面积不断减少，这严重影响到水仙花原产地、西溪饮用水源和圆山风景区及周边的生态，使生态保护面临较大压力。2011年，漳州市人大常委会调研组在《关于加强漳州市区"荔枝海"和水仙花原产地生态保护的调研报告》中指出，不能再"以牺牲环境为代价换取一时一地的经济增长"，要"舍得为生态腾地"。

如何实现"不砍树，也致富"？2014年，漳州市委、市政府提出在荔枝海发展林下经济的新思路。在多个部门实地考察后，形成了"扶持农民大户、成立合作社、设立荔枝海林下经济观光示范园"的种植方式。在漳州各级政府的支持下，龙海市嘉荣中药专业合作社率先与林农签订了120亩的荔林承包流转合同，并在云南、浙江等地购买了名贵的中药材种苗——铁皮石斛。这种药材生活在阴凉潮湿的环境，而荔海的百年老树恰好营造了这种环境，因此，铁皮石斛可直接附生在荔枝树上或树下的空地，吸取荔枝树上的青苔作为养分。这种种植属于"仿原生态"，其生长周期远比一般的大棚时间长，需三至五年方能出效益，但优点是质量好，价格较高，管理方便，甚至不需要喷洒农药和添加剂。尽管这会使荔枝果本身的生长受到较大影响，但种植铁皮石斛的收益足以弥补。为保证铁皮石斛的健康生长，漳州市林业局也给予了相应的技术指导。同时，为了保证铁皮石斛的销路，在政府的牵头下，合作社与漳州著名药企片仔癀公司达成合作协议，片仔癀公司愿以"示范园保护价"——加价20%向合作社收购原料做深加工，每公斤收购价约为4000元。高额稳定的回报让合作社和农户尝到了甜头，因为不再依赖荔枝本身的价格与收成，所以在不需要毁林另作他用的情况下，发展林下经济仍然可以带来较大的收益。

据漳州林业局相关领导及合作社负责人介绍，目前的项目只是开头，希望能以此作为龙头，带动其他类似产品（如金线莲、草珊瑚等）的规模种植，并配套建设产品展示厅、生态休闲餐厅等设施，最终形成林下经济生态产业链，试图通过这些方式来实现经济效益与林木生态保护的平衡。

2. "企业主导—农户参与"型

如果说对土地需求强烈的地区会因林地损毁而造成环境的损害，那么对于土地供给不太紧张的地区，对林木生态的破坏就主要体现在对林木的砍伐上，尤其是生态林。对于交通较为方便，市场经济较为发达的漳州而言，面对这类可能存在的生态破坏，主要对策就是鼓励各类农林企业经营林下经济，使之成为市场的主体，并带来显著的经济效益，从而带动农户参与林下经济，最终实现对生态环境的保护。漳州作为"花果之乡"，农林经济在GDP中占的比重一直较大，各类农林种植也都有悠久的历史，在漳浦、云霄、诏安等县市，较为典型的林下经济模式就是"企业主导—农户参与"型。

这种模式的特点主要就是"企业（包括公司、合作社）+农户"的生产。在这种模式中，龙头企业一般拥有较强的实力，它们拥有充足的资金来保证前期投入，并拥有自己的技术力量来独立解决种植与生产过程中的技术难题。更为重要的是，它们还拥有大量的优质客户资源，保证了产品的销路，从而为林下经济的长远发展奠定基础。而被承包林地的农户则可得到统一的培训、技术服务、农机服务，参与企业产品的生产，企业还可按照合同统一收购社员的产品。在龙头企业的带动下，村民会重视林下经济的收益而防止林木被砍伐，使环境的保护有了强大的群众基础。

以扬基集团为例，这是一家以园林园艺产业、生物科技产业、生态旅游产业为核心的多元化集团公司，在国内外拥有7家企业、20多处分支机构、30多处共计万余亩的种植林、生产基地，有强大的生产、销售、科研、推广实力，是福建省农业产业化龙头企业的典型代表。其下属的漳浦县扬基园艺发展有限公司承担了"福建农民创业园漳浦示范基地福建扬基生物科技有限公司铁皮石斛初加工建设"项目，在漳浦县大南坂镇承包数百亩龙眼、荔枝林建立示范基地，在龙眼、荔枝树下进行仿野生环境寄生铁皮石斛栽培模式，承包期为30年。据公司相关负责人介绍，目前公司前期投资约70万元，建设铁皮石斛初加工厂房1500平方米，配套空调及实验室检测仪器设备等，并建设铁皮石斛林下种植基地200亩配套喷灌系统等设施。扬基公司的种植技术在国内属领先水平，其技术已在漳浦县成功推广,除大南坂镇外,全县已经实现铁皮石斛林下种植3000多亩,从事铁皮石斛种植的专业农户达50多户。除了获取种植效益外,其种植基地还兼营林下旅游,吸引了大量游客。扬基公司未来的规划是以"公司+基地+农户"的机制和"订单农业"的形式,通过向种植户提供种苗和种植技术服务及产品回收的方法,大约解决1200户农民铁皮石斛收购加工的问题,并可实现年新增收入5640万元,年新增利润610万元。因此市、县农林部门对此也十分重视,希望能使之成为漳浦县的一个主导产业,在获得经济效益的同时还保护了林木生态。

位于诏安县红星乡的福建珏鑫生态农业有限公司则是另一个代表。其注册资本为5000万元,也是一个多元化的生态企业,经营范围包括林下种植、林下旅游、园艺与种植养殖技术研发以及对农产品交易市场的投资与开发等,拥有各类管理人员、技术人员、种植人员、生产人员及销售人员近百人。在林下经济方面,该公司发挥诏安县红星乡土地富硒的优势,着力打造有地方特色的名贵富硒林下药材种植产品——观音串。观音串也是一种喜阴灌木植物,多生长于林中山谷或溪边。红星乡属于山区,有较多的生态林,其林下环境适合观音串的生长。目前该公司承包森林2000余亩,建立生产基地,利用先进的种植技术,在生态林下的土地上种植仿野生的观音串,每年可生产万余公斤干货观音串。红星乡是诏安县最富硒的乡镇,土壤平均硒含量为0.744毫克/千克,基于此优势,其产品得到著名药企北京同仁堂的青睐,经多年合作,2015年已与同仁堂达成1200万元的供货协议,收购价为每公斤干货1600元,再加上其他的零散客户,可以说产品已经到了供不应求的地步。珏鑫生态农业有限公司是典型的"公司+合作社+农户"的经营模式。公司凭借强大的实力建立生产基地、提供技术和市场;公司与合作社签订单,合作社按照订单要求统一安排农户种植;而农户则主要提供土地和劳动力,直接参与产品的种植与生产。公司通过合作社这一主体来管理农户,降低了公司直接与分散农户打交道的成本,既保证了农户种植的积极性,也保证了公司产品的稳定性。比如,珏鑫公司干货观音串销售价约为1600元/公斤,从农户收购价则为1200元/公斤,这不仅给农户带来了极大的收益,也减轻了公司的管理成本。通过这种生产模式,农户将会努力保护其重要的经济来源——林木生态,实现了经济效益与生态保护的平衡。

3. "农户主导—政府支持"型

对于当地一些有着悠久历史的农林产业，生产销售环节已较为完善，就不需要政府或龙头企业去带动，农户自己即可联合起来成立合作社形成规模经营，而政府要发挥的作用，主要就是在支持农户追求效益的同时对环境保护进行监督，诏安县白洋乡灰鹅养殖基地就是这种类型的代表。

诏安县因气候温和，草场充足，河流水库众多，对鹅的养殖有得天独厚的环境优势，自明朝起就有养鹅的习惯，灰鹅已成为当地传统饲养的禽种。诏安灰鹅体型大、适应性强、胆固醇含量低、鹅苗成活率高，因此有很强的市场竞争力。据统计，诏安县共有灰鹅养殖户1000多户，全年出栏达到135万羽，年产值超过1亿元，是全国最大的灰鹅养殖县之一。鉴于庞大的养殖产业，其禽粪、尿及污水等废弃物会给当地的水质带来一定的污染，这不仅不利于环境保护，也对养殖业带来不利的影响，因此白洋乡采取了林下养殖的模式。

由于灰鹅养殖户较多，当地的养殖户成立了多家合作社，并成立了养鹅协会，已经形成规模化养殖。由合作社承包集体林地，在林下进行养殖，而不再像传统的养殖场那样在溪流中放养，养殖密度平均约为每亩地200—300只。据养鹅协会沈会长介绍，林下养鹅也会产生一些粪尿等废弃物，但这不会像传统的放养那样对水质产生污染，而是很容易地将这些粪尿收集起来变废为宝，作为蔬菜和水果的有机肥料，这还节约了成本。在一定的养殖密度下，灰鹅食用林下的杂草及昆虫，对林地的生态也不会造成破坏。因此，白洋乡的养殖基地已经成为"国家级灰鹅标准化基地"。作为当地重要的产业，政府对这种林下养殖模式给予了鼓励和支持，一方面，提倡以林下养殖取代传统的放养模式；另一方面，给予一定的资金和技术支持，并对林下养殖的环境问题进行监督。当地政府并未以环境为代价盲目发展养殖业，还制定了《诏安县"十二五"畜禽养殖业污染规划》，对灰鹅及其他养殖产业进行了详尽的分析，并给出了养殖业污染治理措施，如设立禁养区、禁建区；发展循环农业、高废物综合利用率；统一规划，合理布局；加强对畜禽养殖业污染治理工作的指导和监管等。这样在政府的支持和监督下，既能实现农户的增收，又能保护林木生态。

二 漳州市发展林下经济与林木生态保护的经验总结

从实地调研和访谈中我们目睹并感受了漳州林下经济发展与林木生态保护所取得的成就，我们认为，其经验可归纳为以下几点。

1. 前期林改红利奠定的基础

林下经济适合于规模经营，经营者承包林地一般为几百乃至上千亩，同时还需要农户提供劳动力。因此，首先只有当林地有明确的产权，大规模的林地才能顺利地被流转、承包。福建省是中国最早开展林改的省份，自2003年的林改以来，落实了林木所有权、土地使用权（经营权）、处置权、收益权四权；还山于民、还权于民、还利于民；以法律的形式颁发林权证书，将集体林变成真正意义上的民营林。根据省政府的部署，到了2007年，漳州市1254个村已全面完成林业产权明晰工作，完成明晰产权面积596万亩，产权明晰率达95.7%。农户的林权明确之后，政府通过建立规范有序的森林资源流转市场，使林农的林木所有权和林地使用权可依法、自愿、有偿流转，吸引了社会资本和金融资本向林业聚集，使林业经营开始从资源经营向资本经营转变，也为林农发展林下经济融资提供了新途径。因此，农户林权的明确和稳定直接导致企业承包权的稳定，他们对未来的经营会有明确的预期。而将林地流转出去的农户也会很自然地选择加入企业的生产加工，为企业提供劳动力，从而实现企业和农户的双赢。这为新一轮的林改和林下经济发展奠定了坚实的基础，也为生态的保护提供了群众基础，前期林改的红利已经初显。

2. 政府对林下经济与生态文明的重视

林下经济的繁荣必然会带来显著的经济效益，显然对林木生态保护不能仅仅依靠企业或个人的自觉，必须由政府有力引导与监管。作为"最绿省份"的福建，是十八大以来国务院确定的全国第一个生态文明先行示范区，各级政府都非常重视对森林的保护，漳州市也不例外。首先是政策方面，为落实省政府的要求，漳州市先后出台了两个战略性文件。一是2012年市人大做出的《关于推进"田园都市、生态之城"建设的决定》，提出了把漳州建设成"田园都市、生态之城"的战略决策；二是市政府于2013年制定了《漳州市人民政府办公室关于加快推进林下经济发展的意见》，明确指出，要按照"生态优先、突出特色、示范引导、市场运作"的原则，整合资源，科学规划，推动林下经济向集约化、规模化、标准化和产业化的方向发展，促进生态、经济和社会效益协调发展。《意见》不仅制定了2015—2020年林下经济的主要目标，还多次提及如何实现经济效益与生态保护的平衡。其次在具体行动方面，漳州市林业局为促进林下经济发展有多种务实的举措。以2014年为例，在技术培训方面，林业局举办了海峡两岸新型农民林下经济培训班，林下种植药用植物的专业大户、生产经营企业负责人等83位参加培训。在资金方面，为破解林农融资难等发展问题，林业局推进林业投融资体制改革，以林业小额信用贷款、林权抵押贷款及林农联户联保贷款为主要内容，2014年抵押面积为73.64万亩，林权抵押贷款金额达10多亿元。此外，还积极协助相关单位做好申报材料的准备工作，申请上级补助资金，2014年申报省林业厅林下经济利用专项补助资金共440万元。这些举措都使林下经济迅速增长，为林木生态的保护奠定了基础。

3. 龙头企业的带动

林下经济发展的"发动机"就是企业，只有凭借企业的强大实力，才能形成规模效益和抗风险能力，实现产业化经营，并带动农户参加，最终形成经济效益与生态保护的平衡。全国各地的经验表明，"龙头企业+专业合作组织+基地+农户"的新型运作模式使林下经济效益与生态保护平衡的效果最为显著。在缺乏龙头企业的地区，即使生态环境得到良好的保护，经济效益也难以实现。以南平市延平区巨口乡为例，该乡作为"国家级生态乡镇"，环境优美，但因交通不便，经济不够发达，尽管有诸多的旅游资源和种植、养殖潜力，却因缺乏企业投资，使这些林业资源的经济效益难以凸显，林下种植、养殖也停留于零星规模，因此培育和引进林木龙头企业就成为当地政府的战略性任务。漳州作为花果之乡，有着较为完善的农林经济产业链，涌现出了一批诸如福建紫山集团、漳州天福茶业、福建绿宝食品集团、福建康之味食品工业有限公司等知名本土农林产业化龙头企业，不仅有强大的规模效益，还能带动农户参与，从而实现对林木生态的保护。

三　漳州市发展林下经济与林木生态保护存在的问题

尽管漳州的林下经济与林木生态保护所取得的成就有目共睹，但仍然存在一些问题，主要体现在以下几方面。

1. 林下经济产业结构不平衡

尽管今年漳州的林下经济规模已过百万亩，产值28亿元，但其质量仍然有待提高。根据林下经济产品的特征，可分为林下种植、林下养殖、林下产品加工、林下旅游四部分，但漳州林业局的数据表明：漳州林下种植的产值为12亿元，占了整个林下经济产值比重的43%，是漳州林下经济的主要形式。林下产品加工产值虽有16.8亿元，但仅平和县就占了11.5亿元，其他县市则很少；林下旅游仅有产值6亿元，而其中土楼胜地南靖县就占了4亿元，其他县市则相当薄弱；林下养殖的产值仅有3.3亿元，而诏安县则又占了1.2亿元。可见，漳州的林下产业结构相当不平衡。虽然以林下种植为主体的林下经济适合漳州的气候环境等条件，也能产生相当可观的经济效益，对环境的保护效果也较为明显，但在访谈中我们发现，各级林业部门及企业负责人对此都存有更深层次的担忧。

漳州林下种植的产品主要是铁皮石斛、金线莲、观音串等较为名贵的中草药，但是，目前这些中草药的市场较为混乱，产品良莠不齐，鱼目混珠。以铁皮石斛为例，野生的价值最高，仿野生（即漳州的林下种植模式）次之，大棚种植的最为便宜。然而，在市场上许多客户并无能力区分仿野生种植与大棚种植，导致仿野生种植产品在价格上可能吃亏。此外，这些产品在身份上还存在尴尬，它们并未进入国家基本药物目录，因此主要用于保健滋补，其价格受市场影响较大。一个典型的案例是：近些年灵芝因种植较多，其价格经常暴涨暴跌，无法给种植户以稳定的市场预期，时常会出现滞销的情况。那么随着林下经济的发展，铁皮石斛、金线莲等产品的种植量如果继续扩大，会不会出现类似的情况？如果林下种植没有经济效益，那么毁林、乱砍滥伐的现象又可能再现。林下产品结构的单一化也会使林木生态的保护面临困境，因此漳州市各级政府部门应因地制宜，更加灵活地探索出多元化的林下产业。

2. 林下经济的规模效益仍然不够明显

尽管漳州已经有不少的农林龙头企业，但其数量仍然有限，主要作为示范基地而存在，难以支撑更大的林下经济规模，因此漳州仍有大量小规模、零散的林下经济主体。2014 年，龙岩林下经济产值已破百亿，是漳州的 3 倍多；2014 年福建省林业厅共安排了 7000 万元资金用于林下经济项目，漳州仅争取到 440 万元，可见漳州林下经济的规模仍然有待进一步扩大。小规模的林下经济会造成技术和管理水平偏低、抗风险能力弱、缺乏品牌效应和辐射能力的情况。在提到林下经济发展存在的问题时，云霄县、诏安县林业局都不约而同地谈及到这一点。因此在《漳州市人民政府办公室关于加快推进林下经济发展的意见》中也指出，要大力推广"龙头企业＋专业合作组织＋基地＋农户"的运作模式，培育扶持一批发展潜力大、辐射带动能力强的龙头企业和专业合作社，并支持符合条件的龙头企业申请国家相关扶持资金，从而扩大林下经济的规模，带动更多农户的参与，使林木生态的保护有更强大的群众基础。

（作者简介：王卫，男，1983 年生，湖北襄阳人，厦门大学政治学博士，闽南师范大学法学与公共管理学院讲师。郑容坤，男，1985 年生，福建漳州人，云南师范大学行政管理硕士，闽南师范大学法学与公共管理学院办公室主任。）

关于农村林业产权改革后
林下经济发展的调研报告

钟雅娜

一 调研背景

我国地域辽阔，在全国土地面积中，山地占33%，根据第四次全国森林资源清查，我国林业用地面积26289万 hm^2，占土地总面积的27.4%，其中有林地13470万 hm^2，占土地总面积的13.92%。这些数字是值得我们骄傲的。如今的相关数字与第三次全国森林资源清查结果相比较，林地资源减少454万 hm^2，有林地面积增加80.3万 hm^2，有林地占土地总面积的比率提高0.84%。在两次清查间隔期内，由于乱砍滥伐、毁林开荒、修建公路、水库和基本建设等原因，有200万 hm^2 有林地转变为非林业用地。另外，国家林业局在调研中发现，由于缺乏健全的林权流转政策、法规，一些地方出现了山林归大户、流转价格偏低、权力寻租等问题。

在这种林地现状下，国家也加强了对林地的管制，这些年出台了一系列林改政策来改善这种状况，目的是使国家的林地不再流失，使林地都能得到合理的利用并使农民可以从中得到最大的利益。在林改政策实施的这几年中，国家对林地的利用有了一些变化，我们的暑期社会实践就是想对国家林改政策实施的效果进行调查了解。我们选取了林地资源丰富、林下经济相对发达的广西作为我们的调研对象。

二 调研主要内容

为切实保证调研结果的准确性和可参考性，我们7位调研员在马龙波老师的带领下来到广西，此时正值雨季，不停的雨水给大家的调研带来了一定的困难。当晚，马老师召集我们开了第一次会，认真地讲解了我们所要完成的问卷内容和其他一系列任务，以便我们在接下来几天的工作中能完成得更加得心应手。

2009年国家发布的《中共中央国务院关于全面推进集体林权制度改革的意见》（以下简称《意见》）规定："在坚持集体林地所有权不变的前提下，依法将林地承包经营权和林木所有权，通过家庭承包方式落实到本集体经济组织的农户，确立农民作为林地承包经营权人的主体地位。对不宜实行家庭承包经营的林地，依法经本集体经济组织成员同意，可以通过均股、均利等其他方式落实产权。"《意见》明确了两个基本要求：

一是要"按户承包、按人均山"。集体林权制度改革是国家把集体林地的承包经营权和林木的所有权作为财产交给农民，是集体产权的初始分配。对于集体林地林木的初始产权，要采取农村集体经济组织内部的家庭承包方式，平等分配。因此，集体经济组织将林地林木包给农户承包经营时，要依法按照每户所有成员的人数来确定承包份额，切实做到"按户承包、按人均山"，要突出一个"均"字，确保"人人有份"。

二是要坚持依法办事。集体林权制度改革的政策、内容、方法、程序要与《农村土地承包法》、《物权法》、《村民委员会组织法》和《森林法》等法律保持一致。改革方案依法经本集体经济组织成员的村民同意，做到内容、程序、方法、结果四公开，不搞暗箱操作、以权谋私。同时，对已经承包到户或流转的集体林地中符合法律规定、合同规范的，予以维护；合同不规范的，予以完善；不符合法律规定的，依法纠正。特别是对于那些已经流转的期限过长、面积过大、租金过低的"三过"集体林地，必须采取期权分山、利益调整等方法，合理解决这些历史遗留问题。

（一）调研点一：广西南宁市宾阳县

南宁市宾阳县资源丰富，是全国500个产粮大县之一，大宗农产品有甘蔗、莲藕、蔬菜、桑蚕、木薯、花生、玉米等，瘦肉型生猪、水养白鳝、点星鱼已享誉区内外。1996年，宾阳被列为"九五"首批国家商品粮基地县。1998年，成为广西优质粮生产县。名特优农产品主要有黎塘莲藕、武陵香米、大桥香芋、王灵夏阳菜等，远销粤、云、贵、湘、鄂各省。南宁市各个地区壮族人居多，他们都很有智慧，工艺品更是一绝，特别是以竹编产品为主的工艺品，以其实用舒适、雅致清新、乡土风味十足为特点，30多年来一直畅销欧美、日本等20多个国家和地区。其中壮锦曾因入挂北京人民大会堂和作为国礼赠给美国前总统尼克松而闻名遐迩。南宁市宾阳县是个很有特色的县，风土人情也很吸引人，饭桌上必不可少的一道菜是宾阳县独一无二的地方特色小吃——酸粉，其味道之好，令大家赞不绝口。

调研期间，宾阳县林业局领导一路接待和协助陪同我们走访各个乡镇。首先到访的是广西南宁市宾阳县新圩镇同欧村。由于正值中午，村里人似乎很少，偶尔有几家门口有几个大伯、老奶奶坐在板凳上。田地里的秧苗刚刚插下去，此时整个村正是农闲时期，村里很多家聚在一起进行娱乐活动。下车后，我们就准备在村里一块相对宽敞的棚子里开展调研活动，摆好很多小板凳后，村民就陆陆续续过来接受访谈。他们大多是中年男子，黝黑的皮肤上一道道细纹，朴实而又亲切，脸上带着好奇的笑容。

我们采访的第一个村民叫欧宗德，54岁，从小在南宁市宾阳县新圩镇同欧村长大，读了9年书，如今主要以种田为生。作为家里的户主，由于年纪大了就没有外出打工，只有家里的儿子出去打工了，有的去了广东，更远的还有去老挝的，只在每年过年回来一次。他们家里一共6口人，于是分到了六亩林地，但是由于太小不好经营，再加上自己没有种树苗的技术，于是就和大多数村民一样在5年前通过老板私下走访协议，将树林承包给了老板，但是每年只有每亩70元的收入。即使这样，他们依旧希望林子这样经营下去，因为自己没有技术，放着也是浪费，作为生活的一点补贴收入也是好的。他对于广西的林改政策还是挺了解的，因为有村干部带领村民们开过会，也投票表决过，他们都认为按这样的林改政策分山到户，是非常公平的，有多少人口就应该有多少林地。前些年，他每年只能从一亩林地中获得25元收入，而林改之后，收入提高到了70元，这让他们很开心。但是毕竟林子不是他们自己经营，他们对林业保险，林业投资也不是很了解。只知道在离他们不远、所有权归自己的那片林子里种着竹子，虽然种得并不好，但这也并不影响他们每年的收入，因为是长期固定了的。在调查中我们了解到同欧村分为两部分，新村和旧村，旧村的村民们更老实一些，也就是因为这个，他们的林地补助常常被延迟支付，让村民们很是懊恼。曾经的一个承包老板放着林子逃走了，这件事一直没有得到解决，今年4月份村民集体上访也无结果。虽然是同一个老板，但是新村的村民得到了适当的补偿，而旧村却没有。村民热情地拿出他们的上访原稿给我们看，也期待着我们可以为他们做点什么。

接着，我们来到了另一个村——南宁市宾阳县甘棠镇冯家村，该村是一个建设相对较好的农村。我们一下车就看到五颜六色的公共设施。村民都集中在这里，一群一群的，有打牌的，有下象棋的，有打麻将的，也有在一旁观看、闲聊的。当时正值农闲时期，大家只在一些固定的时间去喂喂鸡鸭，浇浇菜。

村里人都是壮族，我们访谈的一个村民是个和蔼可亲的大叔，他今年43岁，家里有3口人，只有3亩林地。曾经他家里有5亩地，只是因为两个女儿嫁出去了，就少了两口人的地了。这里的林地按人头分，只减不增，林子带来的收益也不高，他们一次性承包5年给外面的老板。不同的是他们都一次性得到了15年的钱，这样风险小多了，也不用担心拖延支付的问题了。对于林改，他们并没有特别了解，不过林改政策确实给他们带来了一笔收入，他们都认为这是非常公平的政策。能根据每家每户的人口分到田地资产，对于村民的家庭财富和未来的继承都有很大的帮助，所以村民是受益的；对于国家来说，广大的林地可以摆脱荒废的状态而被很有效地利用，这对国家生态也有很大的帮助。这样双方都有益处的政策的确应当让人们称赞。

通过一天的访谈，我们发现几乎所有人对于林业贷款的政策和具体的贷款流程都一无所知，这是政策没有完全深入到基层的表现。2010年林业贴息贷款的政策重点支持领域有：（1）重点支持各类经济实体营造的工业原料林、木本油料经济林以及有利于改善沙区、石漠化地区生态环境的种植业项目建设，加快用材林和经济林资源培育；（2）大力扶持林权制度改革后农户和林业职工个人从事的营造林和林区加工等林业项目建设，积极推进集体林权制度改革；（3）进一步扶持国有林场（苗圃）、集体林场（苗圃）、国有森工企业，为保护森林资源，缓解经济压力，开展多种经营项目建设，有重点地支持自然保护区和森林公园，开展森林生态旅游项目建设；（4）继续支持林业龙头企业以公司带基地、基地连农户的经营形式从事的林业项目建设。

其中第三条中国有林场（苗圃）、集体林场（苗圃）就在贷款政策所允许的范围内，然而调查发现人们对于自己家林地最担心和需要的资源就是资金，而可以从亲朋好友那里借到的钱又不足以用来支撑林地的投资消耗，所以很多村民对于贷款政策的需求还是挺大的，只是苦于没有资源，没有渠道了解。

关于2012年度林业贴息贷款计划，广西省林业厅也下发了通知，通知以《财政部国家林业局关于印发〈林业贷款中央财政贴息资金管理办法〉的通知》（财农〔2009〕291号）精神和2011年度全国林业贴息贷款项目及贴息资金管理培训会的要求为依据，结合广西省实际，明确了2012年度林业贴息贷款项目计划申报的有关事项：一、充分认识林业贴息贷款项目计划申报工作的重要性。林业贴息贷款计划申报是次年中央财政贴息资金申请的重要基础工作。木材供应、木材求购、林业贴息贷款项目实行年度计划申报制度，财政部和国家林业局根据各省上报的林业贴息贷款计划申请，以上年度计划落实和项目管理情况，提出并确定该省的下一年度贴息预算规模，并对各省上报的项目备案。因此，已纳入省年度计划的贷款项目在次年中央财政贴息资金申报时具有优先保障权。二、严格把握政策，按贷款项目扶持范围申报项目。林业贴息贷款是指各类银行（含农村信用社）发放的符合以下贴息条件的贷款。按照国家林业局要求，贴息时间段严格限制在上年10月1日至当年9月30日。因此，2012年度贷款合同签订时间要严格把握在2011年10月1日至2012年9月30日之间，凡不在此期间内落实的贷款，除已纳入年初余额外一律不予受理申报2012年度中央财政贴息。2012年度林业贴息贷款的扶持范围包括：（一）林业龙头企业以公司带基地、基地连农户的经营形式，立足于当地林业资源开发、带动林区、沙区经济发展的种植业、养殖业以及林产品加工业贷款项目。林业龙头企业须出具公司基地建设证明材料、龙头企业认定文件，且在认定有效时限内。根据2011年度全国林业贴息贷款项目及贴息资金管理培训会的有关精神，本项严格限制林产品加工业流动资金贷款项目，重点加强对其促进农民增收效果的审核。（二）各类经济实体营造的工业原料林、木本油料经济林以及有利于改善沙区、石漠化地区生态环境的种植业贷款项目。沙区、石漠化地区指已纳入全国防沙治沙规划和石漠化治理规划的地区。（木业价格、木业产品）特别强调的是，林业龙头企业、国有（集体）林场、苗圃和农户林业职工个人（除小额）营造工业原料林（含木本油料）和沙区石漠化地区种植业项目统一在本类中申报。（三）国有林场（苗圃）、集体林场（苗圃）、国有森工企业为保护森林资源，缓解经济压力开展的多种经营贷款项目，以及自然保护区和森林公园开展的森林生态旅游项目。其中自然保护区和森林公园开展森林生态旅游项目必须符合国家有关政策规定并取得权限部门的批准文件，贷款严禁用于楼堂馆所和破坏森林景观的基础设施建设。此项贷款主体仅限于国有林场（苗圃）、集体林场（苗圃）、国有森工企业、自然保护区和森林公园，其他主体开展的多种经营贷款项目和森林生态旅游项目不在贴息范围之列。（四）农户和林业职工个人从事的营造林、林业资源开发和林产品加工贷款项目。在贷款贴息规模既定的前提下，本项重点支持集体林权制度改革后农户和林业职工个人从事的营造林项目，主要扶持油茶、珍贵树种和工业原料林建设。本项中农户和林业职工个人年度贷款额累计低于30万元（含）的按林业小额贷款模式管理由县林业局统一汇总申报，超过30万元的按项目模式管理，必须以个人姓名进行申报。

以上项目承贷主体必须产权清晰，权责明确，管理科学，独立核算，自主经营，自负盈亏。农户和林业职工个人身份由县级以上林业主管部门负责界定，应是广西境内持居民身份证合法居民，其中农户系集体经济组织居民，林业职工出具林业部门证明。

由此看来，林业贷款的步骤并不是很繁琐，所以深入基层了解的必要性还是挺大的。因为他们有需求，所以我们才要提供完整的信息，做到真正地服务群众，以农民的利益为重。

（二）调研点二：广西防城港市防城区

防城港是个美丽的海滨城市，整个市区都非常干净，马路也很宽敞，听说平时也有很多外地来的人过来欣赏海景，在美丽的沙滩上玩耍。防城港市依港而建，因港得名，先建港，后建市。防城港始建于1968年3月，当时是作为援越抗美海上隐蔽运输航线的主要起运港来建设，被称为"海上胡志明小道"的起点。防城港是中国的深水良港，是中国25个沿海主要港口之一，中国西部地区第一大港，西南地区走向世界的海上主门户，是连接中国—东盟、服务西部的物流大平台。它既是一座滨海城市、边关城市，也是港口城市，位于中国大陆海岸线的最西南端，广西南部边陲，背靠大西南，面向东南亚，南临北部湾，北连南宁市，东接钦州，西南与越南接壤，是北部湾畔唯一的全海景生态海湾城市，被誉为"西南门户、边陲明珠"，是中国氧都、中国金花茶之乡、中国白鹭之乡、中国长寿之乡、广西第二大侨乡。

那天一大早在当地领导的带领下，我们前往防城港市防城区华石镇。镇林业站站长带我们到办公楼三楼。到了三楼会议室后，看到将近10人坐在会议室讨论，镇里的领导也安排得很周到，他们把村民们都叫到会议室里，每个人还带着一本绿色的林权证，果然村民想得周到，虽然天下着雨，但是他们也打着伞过来走了很远的路。生怕自己宝贵的林权证弄坏了，就用塑料袋包着，紧紧揣在怀里，这足以看出他们对我们的热情和重视，我们也很感动。

村民们个个都是皮肤黝黑，这是他们长期在农田里劳作、在林子里工作结果。访谈中我们了解到农闲的时候他们还会接村里盖房子的活儿来打发时间，贴补家用。不然农闲时他们或许会选择离家打工，但不方便照顾家里。

我们第一个访谈的是谢进金，他是那湾村的，是家里的户主，四十多岁，家里有几口人，林地也还算挺多，是由林改分的林地，主要有荔枝和松木等。他对林地比较了解，而且也认为林改之后大家的收入都提高了，林改是一次很公平的改革，给村民们带来了很大的益处。村里的山林纠纷和乱砍滥伐现象也少多了，这对于改善村民们的关系也有很大的帮助。林改时，村干部都有组织村民会议进行表决投票，然后将一些信息介绍得很详尽。村里没有防护林，当然也就没有了公益林补贴等等，村民们的投资也是从亲友那里得到的，有息或者无息的，他们对于国家林业贷款都很不了解，甚至是从未听过，也因为身边没有人贷款，所以他们自己也从未想过要林业贷款，有人也只是了解过贷款的步骤很复杂烦琐，并且由于自己有足够经营能力，所以他们没有像宾阳县的几个村那样将林地集体承包给承包商，然后每年获得固定的一点利润。

其实那湾村在林改之前就已经将集体林地划分到了每一户，只是那时大家都没林权证，并且那时的林地划分受技术的限制，并未能够完全公平地划分，有些林地界限并未明确，发生过一些林地纠纷。但总的来说，林改之前农民便已经积极地利用林地了。到了林改的时候，那湾村的工作就相对简单了些，就是再次将林地界限划分清楚，再将林权证发放下去，将产权明确。之后，村民的利用林地的积极性提高了，有的种植茶树花木，也有的发展林下的养殖，主要养猪和养鸡。另外，当问到集体林权流转还存在什么问题的时候，黄先生也说出了一个现实存在的问题。那就是林地较分散，不好承包出去。那湾村的这种状况不是个例。林地和耕地交叉分布，林地的总面积虽大，但是被穿插其中的耕地分成多块。这样一来，承包商就难以对林地搞规模经营，所以这样的林地很难承包出去。再加上林地中的个别农户不愿将林地承包，也会给集体林地流转带来问题。我问黄先生有没有什么较好的解决方案，黄先生却只是说，林改的政策是好的，是对的，但是具体实施还有很大的困难。他们都认为这是非常公平的政策。

在调研中，我们发现，林地与耕地一样，是国家重要的土地资源，是林业重要的生产要素，是农民重要的生活保障。推进集体林权制度改革，是在保持林地集体所有制不变的前提下，把林地的使用权交给农民，让农民依法享有对林木的所有权、处置权、收益权。林改实践证明，实行家庭承包经营，让林农获得充分的经营自主权，能够极大地调动农民的积极性，使林业生产关系适应林业生产力的发展，进一步解放和发展农村生产力。

林地是农民的，对于广西这几个村庄来说，林子几乎是他们所有的收入来源，所以林改政策要真正有益于农民才真正有用，政策本身也应该符合广大农民群众的根本要求，要尊重农民意愿。农民群众是集体林权制度改革的主体，也是改革的受益者和操作者。推进改革，必须尊重农民的意愿，更多地听取农民的意见，让农民真正当家做主，让农民明白改革的政策、内容、方法，使农民对改革的方案、过程、结果满意。推进改革也必须充分尊重群众的民主权利，把"改不改、何时改、怎样改"等重大问题的决定权交给群众，决不包办代替，更不强迫命令、强制推行。要坚持农民得"大头"。集体林权制度改革要处理好农民得实惠与生态受保护的关系。首先是保证农民的利益,坚持还权于民、还利于民,确保农民在林地林木产权的初始分配上得"大头",确保农民在林业生产经营的利益分配上得"大头"。要切实维护农民的根本利益,该给的利益要给足,该减的负担要减够,该搞的服务要搞好。同时,要确保生态受保护,不以资源的过量消耗为代价,更不以破坏生态为代价,这是集体林权制度改革的底线。

(三) 调研点三:广西百色市

百色位于广西壮族自治区西部,右江上游,总面积3.62万平方公里。全市共辖12个县(区),总人口378万人,有壮族、汉族、瑶族、苗族、彝族、亿佬族、回族等7个民族,少数民族人口占总人口的87%,其中壮族人口占总人口的80%。它是西南地区出海出境的大通道,被交通运输部确定为国家公路运输枢纽。已基本形成高速公路、铁路、航空、航运、口岸"五位一体"的立体交通格局,成为中国与东盟双向开放的前沿。

百色市的市政建设相对较好,虽然没有大城市繁华,但是在我们所看到的几个城市中这里算是最美的了。虽然百色市市区很让我们满意,但是百色市里的一些乡镇村的交通状况却很糟糕。从村里到城里一路上坑坑洼洼没有一处是平坦的道路。这样难走的道路当然也没有班车通行,村民们出入村里只能靠家里少有的几个年轻人的摩托车或者干脆徒步,卖一些水果蔬菜也很不容易。

我们首先到访的是百城街道六苜村村民委员会,我们到达时一部分村民已经集中在这里等待我们的调研。大家分开坐着,互相访谈各自的对象,气氛很好很热烈。我采访了几个妇女,她们虽然文化程度不高,也不是家里的户主,却对家里的经济和国家林业改革比较了解。她们家里的林地相对于前几个市的村民多得多,而且大片的林子也是自己种植,没有承包给别人。林地并不是因为林改之后由国家按照人口或者是别的什么方式分配给他们的,事实上在这里,每家每户的林子很久前就已经属于他们自己了,林改对于他们来说其实影响不大,林改政策所带来的更多的是林权证以及其所带来的每家每户林地产权的保障。因此林地纠纷更少了,山林里的乱砍滥伐现象也少多了。

访谈的道路崎岖，我们一路颠簸来到最后到访的一个村即百色市右江区龙景街道凡平村。

第一个接受访谈的叫黄正辉，今年42岁，他体型偏胖，不是经常劳作的农民该有的体形。奇怪的是从小在本村长大的他家里只有一口人，就是他自己。听到这里我很震惊，为了避免尴尬，我也没有细问。因为早过了结婚的年龄，大概他也是因为家里穷的原因才至今未婚吧。他只有小学五年级的文化程度，也没有接受过什么种植之类的培训，但经营着自己家的50亩林地，这相对于别人来说已经是很多了。这50亩林地分为了6块，其中有30亩现在还是荒地，剩下的20亩林地种植着广西特有并且非常出名的鸦胆子，种得还不错，但也是刚种下一年，还没有收益，反而算算这一年在树苗和肥料的投入上花了不少钱。据说鸦胆子种得好，每亩每年可以获得8000元的收益，如果真是这样，那效益还真是可观。当然，由于家里的林地很多，当被问到选择时，他说就算在城里可以找到一份稳定的好工作，他也不会放弃家里林地的种植和看护，因为毕竟这是从父辈传下来的，需要继承和传递。对于面临的难题，他说如果可以得到政府的帮助，他想得到技术和劳动力的支持，因为这是当前困扰他最大的问题，自己没有什么技术，倘若林地发生了什么问题也不会解决，那损失可是巨大的。和上一个村相似，林改在他们眼里是非常公平的，但这也只有稳固他们林地产权的功能，对于他们各家林地的规模等并没有什么改变。

其实广西在林业补助上有一定的政策安排，只是或许这种政策没有像林改那样普及下去让群众都知晓，才会导致大家的陌生甚至完全没有听过。比如我们在2012年广西林业的网站上就找到了有关于退耕还林的补助政策宣传：

（1）退耕还林原有政策补助退耕农户自行退耕还林的，补助对象为退耕农户；退耕农户委托他人还林或者与他人合作还林的，其利益分配等问题由双方协商解决，合同约定。补助标准为每亩退耕地每年补助现金210元；每亩退耕地每年生活费补助20元；一次性给予种苗造林补助费每亩50元。退耕还林任务，国家从2007年起暂不安排。

（2）退耕还林完善政策补助。完善政策补助期限是在原有政策补助期满后，继续对退耕农户直接补助的期限。还生态林补助8年，还经济林补助5年。每亩退耕地每年补助现金105元；每亩退耕地每年20元生活补助费，继续直接补助给退耕农户，并与管护任务挂钩。办理程序：原有政策补助期满后，经自治区和国家阶段验收合格的，原有补助到期次年起兑现补助资金。县级人民政府林业行政主管部门应每年对阶段验收合格的退耕地还林保存和管护情况进行检查验收，经验收合格的，给予验收合格证明；县财政或林业部门向持有验收合格证明的退耕农户一次兑付该年度生活费补助和管护费补助。

（3）退耕还林工程配套荒山荒地人工造林、封山育林补助政策。全区所有实施退耕还林工程配套荒山荒地人工造林（乔木）、封山育林业主。从2011年起，一次性给予退耕还林工程配套荒山荒地人工造林（乔木）种苗和造林费补助每亩300元，封山育林一次性给予补助每亩70元。办理程序：①退耕农户或者其他造林业主向所在县人民政府林业行政主管部门提出配套荒山荒地人工造林（乔木）或封山育林申请书；②县人民政府林业行政主管部门根据上级下达的计划任务组织编制配套荒山荒地人工造林和封山育林作业设计；③县人民政府或者其委托乡级人民政府应当与造林业主签订退耕还林合同；④造林业主按照作业设计和合同的要求完成人工造林或封山育林任务；⑤县级人民政府林业行政主管部门对退耕还林建设项目进行检查验收，经验收合格的，给予验收合格证明；⑥县财政或林业部门向持有验收合格证明的造林业主一次性兑付人工造林种苗和造林费补助、按合同分五年兑付封山育林补助。退耕还林需要的种苗，可以由县级人民政府根据本地区实际组织集中采购，也可以由造林业主自行采购。集中采购种苗的，应当征求造林业主的意见，并采用公开竞价方式，签订书面合同，退耕还林验收合格后，种苗采购单位应当与造林业主结算种苗造林补助费，超过国家种苗造林补助费标准的，不得向造林业主强行收取超出部分的费用。

通过访谈，我们发现在这几个村子中，有退耕还林需求的人家的确很少，田地耕种几乎只是满足自家的需求，只有少数会到集市上出售一些多余的粮食。但是毕竟是一个相对来说比较重要的补助政策，各级领导应该有必要向村民们解释清楚这一政策的具体要求。但是村民们却表示不太清楚。

近年来，广西壮族自治区党委、政府高度重视林业工作，坚持把发展林业作为推进生态文明建设的重要途径，坚持"生态立区，绿色发展"，把林业摆在十分重要的位置，作出了建设生态文明示范区的重大战略决策，力争实现全国林业强区目标，并不断出台相关政策推动林业更好更快发展。自治区政府还出台了《广西壮族自治区人民政府办公厅关于大力推进林下经济发展的意见》（以下简称《意见》），通过鼓励农民充分利用林下土地资源和空间环境条件，大力发展林下经济，不断提高林地综合经营效益，促进农民增收和农业发展。

既然广西的林业资源那么丰富，林下经济也有条件配套搞好，这样才能使农民最大限度从林业中受益，才能使农民的收入切实提高。根据《意见》，从2010年起，全区力争用3年左右的时间，使林下经济发展到2000万亩，形成年产值200亿元以上的林下经济产业，着力培育一批集中连片千亩以上的生产基地，促进林下资源、技术、资本、市场有机结合，创立特色品牌产品，实现年亩均效益1200元以上，参与林下经济开发的农户达到100万户，户均收入达2万元以上。培育扶持一批具有较大规模、发展潜力大、辐射带动能力强的龙头企业，实现产前、产中、产后有机衔接，提高了产业组织化程度和抵御市场风险的能力。

随行领导讲述了他们的主要做法：一是科学规划，统筹安排。结合本地区实际，组织编制全区林下经济发展规划。各地在摸清适宜发展林下产业的林地类型、范围基础上，做好本地林下经济发展规划，把发展林下经济与林业产业化建设、农业产业结构调整、扶贫开发和社会主义新农村建设相结合，因地制宜，突出特色，统筹规划，合理确定发展规模和方向，选择、推广切合本地实际、适宜本地区的林下经济发展模式。二是加强典型示范，打造龙头企业。科学规划建设一批连片规模1000亩以上的林下经济示范基地，积极培育一批典型企业和大户，在技术和资金上予以重点扶持，充分发挥其示范带头作用。大力支持专业经济合作组织建设，积极创建森林旅游示范区，引进和培育一批辐射带动作用强的龙头企业，以龙头企业为主体，大力推广"公司＋基地＋农户"的市场化运作方式。充分利用报纸、广播、电视等新闻媒体，对成功经验和先进典型进行广泛宣传，以点带面，辐射推广。三是实施品牌战略，提高市场化竞争力。强化标准化建设，制定发布农业地方标准，严格实行标准化生产，确保林下经济产品质量。搞好林下产品产地认证，打造一批名牌产品，加大宣传推介力度，提高市场竞争力。打造森林旅游精品线路，扩大广西森林旅游的知名度，增强森林旅游的竞争能力。四是加强技术服务，推进科技进步。积极搭建企业、农民与高校、科研院所、技术推广单位之间的合作平台，推进科技协作，形成产、学、研一体化的林下产业发展机制。引进和推广适宜林间种植、养殖的新品种、新技术，加强林间种养新模式的研究，大力推广和应用先进科技成果和实用技术，加快科技成果转化步伐，建立林下产品产前、产中、产后的技术服务体系，加强对企业、示范户和农民技术骨干的信息咨询和技术培训服务。

三　结语

总的来说，从此次调研的问卷结果和各个案例的分析来看，国家这些年来在林业方面的重视和出台的一系列政策起到了明显的效果，在完善民主和谐和为人民服务上向前走了更大的一步。在广西各个村镇，林地几乎是所有农民家里收入的主要来源，为了提高自治区人民的整体收入水平，在林业政策和发展上下功夫是很重要并且很有效的。

经过这次林改，农民的林地产权得到了有效保障，并且在很大程度上提高了农民的收入和生活水平。从另一方面说，它还很有效地防止了林地资源的浪费，使荒地得到有效利用，既保护环境又对增加农民的收入有很大帮助。在林改政策实行的这些年，自治区人民对于党和国家的认同感普遍增强，因为他们感受到了党和国家给予他们的公平和民主，他们看到了未来的希望，坚持在党的领导下不断发展林业，并相信他们的生活水平会越来越好。另外，这次林改对于治安和农村风气也有一定程度的改进，因为有了林权证这一保障，他们不再敢乱砍滥伐，林地纠纷和农村纠纷也大大减少。由此可见，林改的成效很显著。

自2009年以来，广西林业厅按照国家林业局、自治区党委、政府的统一部署和要求，采取有力措施，克服历史罕见重大自然灾害的影响，扎实推进集体林权制度主体改革和配套改革工作，全区林改取得四大突出成效。一是提前超额完成主体改革年度目标任务。截至12月15日，广西完成年度勘界面积1.37亿亩，占年度任务的130.5%；完成年度发证面积1.18亿亩，占年度任务的123.2%。累计完成勘界确权面积1.78亿亩，占总任务的88.8%；累计完成发证面积1.48亿亩，占总任务的73.6%。

预计到年底，勘界确权可完成总任务的90%左右，登记发证可完成总任务的75%左右。目前，广西林改勘界确权进度比全国平均水平高9个百分点，登记发证进度比全国平均水平高10个百分点，广西林改在全国已从后进省份跨进了先进省份，也为推动全国林改工作起到了积极的作用。二是配套改革稳步推进。广西已陆续出台与配套改革相关的"1+5"政策文件，并积极筹建北部湾林业产权交易中心。全区林改对解放林业生产力、转变林业发展方式、促进兴林富民起到了重要作用。据人民银行统计，前三季度，广西林权抵押贷款新增余额超过32亿元，居全国第一位。全区林业新增吸纳就业超过30万人，林改试点县的林农来自林业的收入近1000元。符合各地实际的林下种植、养殖、森林旅游、加工服务等模式初步形成，全区林下经济前三季度累计产值超过40亿元。三是山林纠纷调解率大幅提高。截至11月底，全区共发生山林纠纷21431起，调解16158起，调解率为75.4%，较上半年26.4%的调解率提高了49个百分点。全区没有因为林改引发群体性事件，也没有出现乱砍滥伐等破坏森林资源的案件。四是涌现出一批全国林改先进典型。在10月10—11日召开的全国集体林权制度改革百县经验交流会上，广西浦北、藤县、田林、武鸣、八步区以及八步区大宁镇等五个县（区）一个镇获得了全国林改典型县（乡）称号，是全国林改典型百县中获奖名额最多的六个并列省份之一。

2009年以来，广西林改工作实现了五大转变，即从部门推动向党委政府高位推动转变，从行政力量推动向全社会参与转变，从逐步试点向全面推进转变，从勘界为主向内、外业同步推进转变，从主体改革为主向主体改革与配套改革协调推进转变。林改已成为推进广西现代林业发展、促进生态文明示范区和林业强区建设的强大动力。2009年全区造林365万亩，森林覆盖率达55.2%，比2008年增长一个百分点；实现林业产业总产值820亿元，比上年增长22.4%；林业固定资产投资280亿元，比上年增长48.7%。通过林改，广大农民成了山林的主人，开辟了耕山致富的途径，农民群众得到了更多的实惠，农村经济发展的活力大大增强，社会更加和谐稳定。

"均山到户，入股经营"是广西省根据具体情况，经过广泛调研论证之后，创新推行的一种改革模式，它解决了既要把公益林和集体流转林地彻底分到户，也要使生态得到保护及维护好现有经营者合法利益的难题。为规范"均山到户，入股经营"的模式，地方政府出台了相应的办法。各村组成立理事会，制定理事章程，建立健全入股经营管理体制，切实保障农民的利益。这样，既通过彻底均山保障了农民平等享有集体林地承包经营权，又解决了公益林和集体流转林地简单分山后生态难保护和可能引发矛盾纠纷的问题，同时促进了林业规模化经营。因此，推行"均山到户，入股经营"后，均山不再难了，各方利益得到了兼顾。

但是调查发现广西省林改并没有做到十全十美，虽然各级政府在传达林改政策详细内容的时候效率颇高，在农村里也举行了规模较大的村民大会，广泛传达国家的这一政策，使农民都很熟悉，也起到了很大作用。但是对于林业配套政策的宣传并没有起到同样效果，例如国家林业贷款政策和一系列手续、国家关于林业的补助政策、国家林业保险政策都没有真正像林改政策一样深入群众。

总的来说，此次林改政策对于广西省林业发展是一个重大的突破，效果显著。

（作者简介：钟雅娜，厦门大学2014级管理学院本科生。曾任院青年志愿者协会管理服务部部员、管理学院自律会督导部副部长。）

关于林权改革和林下经济的调查报告

林道豪

一 林权改革和林下经济的基本现状

(一)林权改革的基本现状

林权改革即集体林权制度的改革,是以明晰所有权,开展林权登记,换发林权证,确保林业的可持续发展,改善生态环境,调整规费,改革林木采伐管理制度,改革投融资体系,建立新型林业管理体制为主要内容的改革。

林权是以森林、林木和林地为客体的一项权利,凡是有关森林、林木和林地的占有、使用、收益或处理的权利都可以归入林权这一范畴中,即森林、林木和林地的所有权和使用权。对于木材的使用,林权改革实现了所有权和使用权的分离,这让农民可以将自己的零散林地流转出去,承包给生产商。这便实现了林业统一的规模化经营,提高生产效率,同时也解决了农民种植技术不足的问题。

林权改革能够解决什么问题呢?林权改革将林业的多种权利分开来,并且,林地划分为农民个人所有,农民可以按照自己的意愿来处置林地。相比于集体的林地,农民对于自己的林地更有积极性,这能提高林地的利用率。我国的林业面临着诸多的压力。一方面,国内的木材市场上,面临着供不应求的问题。根据预测,在未来的一段时间内,木材的需求量还会上升,到2050年,将达到6亿立方米。然而观察我国木材的自给率却从1993年的90%左右降到了2010年的45%左右。可见我国的木材存在严重的供需矛盾。这会造成木材价格的上涨,从而提高许多以木材为原料的商品的成本。

另一方面，林业还面临着社会对森林生态功能的要求与森林实际经营状况的矛盾。现在，人们越来越意识到森林对于人类生存的重要性。森林这一成熟的生态系统拥有许多宝贵的资源，并且还有调节气候、净化空气、涵养水源等重要功能。森林改善环境和为人们提供休憩场所的功能正在不断被重视，森林的生态旅游业也不断发展。总之，人们对森林的保护意识正在不断增强。我国现已采取措施以保证森林的覆盖率，比如天然林保护工程、森林采伐限制措施。这些都对木材的产量产生极大的影响。采伐指标限制了原本的木材供给量，这在江西省遂川县表现得很明显，2011年，这个指标就减少了15%左右。

在这样的背景下，国家开始了新一轮的集体林权制度改革。其目的是要加快森林资源的恢复，使得林业资源得到合理的利用，一方面要保证木材的供应量，另一方面又要保证林业的可持续发展，此外也能增加居民收入，促进林业经济繁荣。

2003年以来，随着《中共中央国务院关于加快林业发展的决定》的发布，我国在福建、江西、浙江、辽宁4省开始了新一轮集体林权制度试点改革。2008年6月，中共中央国务院出台了《关于全面推进集体林产权制度改革的意见》，明确提出"集体林产权制度改革是促进农民就业增收的战略举措"，"用5年左右的时间，基本完成明晰产权、承包到户的任务"。截至2009年9月，福建、江西、辽宁、浙江、云南5省已经完成主体改革，河北、湖北、安徽、重庆基本完成主体改革，上述9省共明确集体林地使用权达6233万hm^2，比重为93.78%。

全国除内蒙古、新疆、青海等少数西部省份外，已有25个省完成集体林地确权工作，全国有林改县2550多个，确权面积达25.24亿亩，占全国集体林地总面积的92.23%。其中，已发放林权证的林地面积达21亿亩，占确权面积的85.95%。在全国范围内，共完成集体林确权面积为9800万hm^2，发放林权证4464万本，发证面积为7000万hm^2。

在配套改革领域，全国20个省份开展了森林资源抵押贷款工作，抵押贷款面积183万hm^2，抵押宗数165万宗，贷款金额121亿元，平均每亩贷款439元。13个省份开展了森林保险，投保面积453万hm^2，保险金额270亿元，保费6645万元。其中，政策性补贴3104万元，平均每亩保险金额约 400 元，平均每亩保费 1 元。在资源流转领域，中国林业产权交易所、南方林业产权交易所于 2009 年分别在北京、河南等地成立。另外有 19 个省份成立了 426 个林权交易机构。

（二）林下经济的基本现状

林下经济，主要是指以林地资源和森林生态环境为依托发展起来的林下种植业、养殖业、采集业和森林旅游业，既包括林下产业，也包括林中产业，还包括林上产业。

林下经济是在集体林权制度改革后，集体林地承包到户，农民充分利用林地，实现不砍树也能致富，科学经营林地，是在农业生产领域涌现的新生事物。它是充分利用林下土地资源和林荫优势从事林下种植、养殖等立体复合生产经营，从而使农林牧各业实现资源共享、优势互补、循环相生、协调发展的生态农业模式。林下经济投入小、见效快、易操作、潜力大。发展林下经济，对缩短林业经济周期、增加林业附加值、促进林业可持续发展、开辟农民增收渠道、发展循环经济，巩固生态建设成果，都具有重要意义。

林下经济具有丰富的科学内涵，故而关于林下经济尚未有科学准确的定义。有学者认为，林下经济，就是充分利用林下自然条件，选择适合林下生长的动植物和微生物种类，进行合理种植、养殖的循环经济；也有学者认为，所谓林下经济就是充分利用林下土地资源优势，从事林下养殖、种植等立体复合生产经营，从而使农、林、牧各业实现资源共享、优势互补、循环相生、协调发展的生态农业模式；有人认为，林下经济是以林地资源为依托、以科技为支撑，充分利用林下自然条件，选择适合林下生长的动植物和微生物进行合理种植、养殖的生态系统。还有人认为，林下产业开发是以林业生态经济理论为指导，遵循自然生物生态系统和能量流动规律，以林地、林木资源为依托，合理利用林下土地资源和空间环境条件，多层次、多时序配置组合，按照规模化、产业化、市场化组织开展的林下经济活动。虽然这些定义表述各不同，但是本质并无差别，正是这些认识进一步丰富了林下经济内容。

上文提到，林业还面临着社会对森林生态功能的要求与森林实际经营状况的矛盾。以下是一些世界森林资源现状的数据。据 2005 年全球森林资源评估结果显示，2005年全球森林面积39.52亿公顷，占陆地面积（不含内陆水域）的30.3%，人均森林面积0.62公顷，单位面积蓄积110立方米。全球森林主要集中在南美、俄罗斯、中非和东南亚。这4个地区占有全世界60%的森林，其中尤以俄罗斯、巴西、印尼和民主刚果为最，4国拥有全球40%的森林。

联合国环境规划署报告称，有史以来全球森林已减少了一半，主要原因是人类活动。根据联合国粮农组织2001年的报告显示，全球从1990年到2000年每年消失森林近千万公顷。虽然从1990年至2000年的10年间，人工林年均增加了310万公顷，但热带和非热带天然林却年均减少1250万公顷。

南美洲共拥有全球21%的森林和45%的热带森林。仅巴西一国就占有世界热带森林的30%，该国每年丧失的森林高达230万公顷。根据世界粮农组织报告称，巴西仅2000年就生产了1.03亿立方米的原木。

俄罗斯2000年时拥有8.5亿公顷森林，占全球总量的22%，占全世界温带林的43%。俄罗斯20世纪90年代的森林面积保持稳定，几乎没有变化，2000年生产工业用原木1.05亿立方米。

非洲中部共拥有全球森林总面积的8%、全球热带森林总面积的16%。1990年森林总面积达3.3亿公顷，2000年森林总面积3.11亿公顷，10年间年均减少190万公顷。

东南亚拥有世界热带森林总面积的10%。1990年森林面积为2.35亿公顷，2000年森林面积为2.12亿公顷，10年间年均减少面积233万公顷。与世界其他地区相比，该地区的森林资源消失速度更快。

森林资源减少的原因有很多，但归结到个人，是受经济利益的驱使。随着经济的发展、人口的增长，人类对木材的需求量大大上升，造成供不应求的局面，这时木材的供给方获得的利润可想而知。虽然森林生态系统拥有一定恢复能力，可是伐掉一片森林只在一夜之间，待其完全成长却要十几年甚至几十年。再加上不合理的乱砍滥伐，世界森林资源正在以前所未有的可怕速度减少，然而森林对于人类又是那么重要。

森林滥伐在不同地区不同时期表现得特别明显，所造成的影响也特别严重。全世界热带雨林的40%已经被毁，热带雨林是世界上动植物种类最丰富、组成结构最复杂的生态系统，它的破坏对全球环境造成极为恶劣的影响。非洲撒哈拉地区是全球著名的干旱带，生态结构十分脆弱，而当地的毁林与造林之比为29∶1，作为生态系统主体的森林被破坏，使整个撒哈拉地区的生态环境加速恶化。包括阿拉斯加以南的北美最大的温带针叶林，正在迅速消失，其速度甚至比南美的热带雨林消失得还要快，严重威胁着当地的一些特有的鸟类、两栖类动物和珍花异草的生存。据2005年埃塞俄比亚一地方通讯社报道，在其首都亚的斯亚贝巴以南约500公里的索罗地区，由于森林遭到过度砍伐，吉布河谷甚至闹起了旱灾，狮子赖以生存的栖息地遭到破坏，一群狮子走出森林，频频袭击当地农民和他们饲养的牲畜，甚至闯进村落吃人。据埃塞俄比亚警方称，这个狮群已经咬死并吞吃了20名村民，造成另外20人受伤，还吃掉了至少70头牛。根据一份警方声明，这些袭击已经迫使至少1000人逃离家园。可见森林过度砍伐是酿成狮子吃人悲剧的根源。

森林破坏不仅造成巨大的经济损失，而且还能产生严重的环境恶果。它首先可使自然灾害在更大的范围内更加频繁地发生。在大江大河的中上游地区，森林被砍伐，使陡峭坡地上没有植被保护的表土加速侵蚀，水库淤塞，昂贵的水力发电站工程的使用年限大大缩短。同时引起下游地区的洪水泛滥。近几年来，孟加拉国、印度、苏丹、泰国以及中国相继发生严重的水灾，给灾区人民的生命财产及经济建设造成严重的损失。如印度北部山区由于森林资源全部被砍光，引起1978年的特大洪水，结果造成两千多人被淹死、4万头牲畜被冲走的惨剧。

森林锐减也能引起干旱或导致干旱加剧。干旱化目前严重限制着许多国家和地区的经济发展。它造成粮食减产，威胁着千百万人民的生命。非洲大陆的森林目前已减少一半，使长达十几年的持续干旱更加严重。干旱使20多个国家出现饥荒，夺去了上百万人的生命，成千上万的人背井离乡，1.5亿人的日常生活受到威胁。据有关部门统计，我国农作物平均受旱面积达3亿多亩，成灾面积达1.2亿亩，每年因旱减产平均达100亿—150亿公斤，每年由于缺水造成的经济损失达2000亿元。

森林破坏导致了土地沙化的进程加快。土地沙化的迅速扩展更导致了生态环境的恶化，威胁着人们的生存和发展的空间。内蒙古的阿拉善盟是2000年几次沙尘暴的沙源地。200多年前，这里曾是英雄的土尔扈特蒙古族人浴血东归之后的生息地，这里曾有湍流不息的居延海和水草丰美的绿洲。然而，如今在土地沙化的长期作用下，这里成了9万多平方公里的戈壁、8万多平方公里的沙漠。内蒙古呼伦贝尔盟和黑龙江西部松嫩平原草原曾经都是水草肥美的牧场，现在草原的退化和萎缩却日益成为困扰这两个地区的头号问题。如今，呼伦贝尔盟全盟退化草原面积达5000多万亩，占全盟可利用草原面积的30%。草原退化给当地自然生态环境带来严重影响，草牧稀疏低矮、产量锐减、优良牧草消失、低劣杂草大量侵入、草场质量变劣、裸地增加、土壤蒸发量增大，致使小气候旱化、鼠害大量发生。从森林到草原，从乡村到城市，我们无不听到绿色的呼救。随着人类将斧头伸向森林，人类也把斧头伸向了自己。当人们向草原迈出掠夺的脚步时，人们也把自己引上了灾害之路。

近几年以来，各地区大力发展以林下养殖、林下种植、相关产品采集加工和森林景观利用为主要内容的林下经济，取得了积极成效，对于增加农民收入发挥了重要作用。林下经济已经成为与传统农业和现代农业并存的农村经济发展新形式，社会影响力越来越大。不过，林下经济的发展过程中也遇到了一些生态环境的问题，引起人们重视。合理的林下经济模式是有助于林地的环境保护，促进林木苗的生长，但是盲目开发则会对森林资源和生态环境造成破坏。例如，林下种植要选择合适的区域，如果在坡度较大的区域则会加深水土流失的程度；种植过程中大量使用农药会对土壤及水源造成污染；种植过程中需要对林地进行清理，操作不当容易造成树木幼苗损伤；种植活动对林地土壤的扰动可能促进碳排放合理化性质的改变；在林下养殖和放牧，牲畜的啃食和践踏可能造成林下植被的损伤。而这些问题如果不及时解决，很可能影响林下经济产业的可持续发展。

二 林权改革和林下经济发展中的问题

（一）规模化经营

林改之前，林权归集体所有，利益分配机制不够明晰，使得集体林区的林农利益得不到保障，导致林农对林业生产的积极性不高，影响了林业生产的效率。在此次的调研中我们发现，在林改之前，林地多为荒地，农民并未对其利用进行生产，对林地资源造成浪费。我想出现这种现象的原因，并不仅仅是利益分配机制不够明确，还有林地的经济效益并不明显。

然而林改之后，的确调动了农民利用林地进行生产的积极性，但也出现了新的问题。林权改革后，林地由集体经营变为个体经营，森林资源被分割成小块，这给林业的生产经营活动带来了很多的不便。分林到户以后，林地划分为各家所有，如果承包商不能集中承包一大片林地，就很难进行规模化经营。

承包商承包土地的过程，遇到的问题之一便是部分农民不愿将土地出租。如此一来，只要个别农户不愿出租土地，承包商便很有可能无法租得一片完整的土地，无法进行规模化的经营。而农民不愿出租土地的原因有很多，部分农民是因为自己可以经营，也满足于自己经营所能获得的经济收益。大多数农民视土地为自己的命根子，根本不容转手他人。他们认为，万一打工不成，土地是自己最后的救命稻草，至少有业可从，有钱可赚。另外，许多农民并不满足于目前土地流转所得的土地租金，认为租金太少，甚至有农民要求租金随着物价年年上涨。基于上述原因，承包商时常遇到无法承包一片完整土地的问题。如果允许土地租金的自由变动，再除去农民不懂市价被承包商欺骗的因素，或许土地承包的供需就能使得承包价格变得合理，也能解决农业规模化经营的问题。

（二）采伐限额的放宽与约束

采伐权是农民对山林的经营权乃至处置权和收益权的重要体现。对采伐权限定条件增加了农民行使经营权的交易成本，这种鼓励投入而限制收入的做法已在实质上形成了产权残缺。江西省已经取消了对毛竹的采伐限额，但是对其他许多木材都实行了采伐限额。很多农民反映采伐指标获得困难。因而，很多农民在卖木材的时候，经常要求买方来获取采伐指标，这样便会降低木材的价格。而对于生态公益林，更是严禁采伐。有调查显示，采伐指标通过"省、县、乡、村、村小组"的渠道进行分配，层层下达，由村小组集中使用而不是分配给农户个人。其原因在于有限的采伐指标落实到数量众多的农民上，人均拥有的指标甚少。由于采伐指标供不应求，相关部门的寻租行为难以避免。炒卖、倒卖采伐指标的现象时有发生。调查显示许多农户认为当前采伐指标的获得存在着申请困难、年采伐指标量严重不足等问题。

然而，有些地区也存在着超限额采伐的问题。很多地区存在不同程度的超限额采伐，森林资源遭到严重破坏。绝大多数地方长期处于超限额采伐的高位运行，而更为严重的是许多超限额采伐均系政府或单位所为，与林农相比，这些政府或单位在独占或挤占采伐指标上具有更大的优势，使限额采伐制度自身的公正性遭受广泛的质疑。林政执法队伍基层建设水平较低，导致许多林区的超限额采伐问题未能得到有效控制和解决。木材价格变化多端，当价格高时林业经营主体不一定有指标砍伐，当价格低时即使有指标也收入不多，严重影响了林业的经营效益，导致在许多地区林农超限额采伐问题突出、黑色交易市场现象普遍，严重干扰了正常的市场秩序。对超限额采伐行为的处罚左右为难，很多超限额采伐行为是由地方政府与企业法人引起的，而且，在很多情况下，超限额采伐行为也并非是简单的违法、犯罪行为，其背后大都有很多无奈的理由。

另外，还存在采伐制度僵化的问题。这些僵化的制度，会严重打击林农生产的积极性，限制林农的经营权能。由于指标难以到手，林农视若珍宝，到手的人往往立刻就砍伐，根本不考虑是否为最佳砍伐期，经济价值大打折扣；还有的人只拿到一点指标，一片林子像切豆腐一样要切几块砍几年，生产成本被迫提高。其次，采伐许可过程中指标分配不合理，甚至有地方还将采伐指标直接分给木材经营加工企业，然后由企业直接与林农谈林木采伐问题，如若林农采伐的林木不卖给该企业，林业主管部门不核发其林木采伐许可证和运输证，导致木材压价，林农减收。即便可以如愿获得采伐许可证，但由于发证机关普遍存在的权力寻租现象，使申请采伐证需要付出额外的代价。

林权改革后打破了森林经营主体单一的局面，形成了多元化主体经营格局。管理者面对的是千家万户的林农。在林分相同、林龄相同的情况下如何进行限额范围内分配就成为一个难题，无证违法采伐现象就成为必然。

我国森林采伐管理体制变革要紧紧围绕"生态受保护、农民得实惠"的最终目标，转变行政管理理念，变直接管理为高效服务和依法监管。同时，引导社会或市场主体进行社会或自我管理，实现由林业管理向林业治理转变，尽快完成森林分类区划。将森林资源区划分为国家重点公益林和地方重点公益林，天然商品林和人工用材林。根据森林分类区划制定不同的限额采伐措施，放宽工业原料林采伐管理，主要由经营者按照森林经营方案确定，但经营者应当严格按照森林经营方案的内容实施，林业主管部门则应当加强对森林经营方案实施的监督检查。实行林木采伐审批公示制度，采伐指标分配科学合理公平公开，简化审批程序，做到采伐证办理方便快捷，提供便捷高效服务，做到采伐指标不突破、不串用，确保采伐指标能真正落实到符合条件的相关主体手中，建立商品林年森林采伐限额流转使用制度。商品林的生产计划和限额的管理应当适应市场变化的规律，商品林限额和木材生产计划应该实行5年总额控制的策略，以适应市场变化和建立发达的林业产业体系的需要。

（三）缺少专业的评估机构

在林改过程中，对林地的资产价值、生态价值没有专业的评估机构，无法对林地做出一个价值衡量标准，严重影响集体林权制度改革的进程。

（四）林权纠纷的产生

新集体林改实施后，触动了农村社会深层的利益调整和分配，不同程度地出现了林权过度集中在少部分人手中的现象，而广大农民却在不同程度上失山失地，强烈的相对剥夺感使得农民采取各种抗争方式来表达自己的利益诉求。

原有产权制度安排的缺陷是林权纠纷发生的内因。首先拥有林权证并不代表就能随意处置林木，林农获得的权利中还缺少真正的处置权；其次是利用流转掠取财富的不当行为。因为机会主义和搭便车等情况，政府本意是为林农谋取利益却往往异化成中间商从中牟取暴利，而林农并未能分享改革带来的利益成果，导致改革的效应出现一定的外部性。山林资源稀缺度的提高是诱因，由于林木的经济价值显著，争抢山林的纠纷时有发生，随着社会的发展进步，土地的增收空间越来越小，人们重新意识到林地存在的增收潜力和开发价值，各种利益团体、社会经济组织和个人为追求林地的最大经济利益，不断挑起新的林权争议和林地权属掠夺。农民博弈能力的增强，村干部的暗中操纵和鼓动则直接加剧了林权纠纷的产生。

林权纠纷的产生主要有三大原因：第一是政策原因，集体林权制度改革的实施，特别是明晰产权、确权发证工作的开展，提高了群众对林权价值的认识和自我权利保护意识，更加注重林权利益格局的划分调整和林权面积、四至界址的确定，一些林业"两制"前后或历史遗留的纠纷隐患便因林改而激发，出现全面爆发状态。第二是历史方面，首先是1981年林业"两制"工作时，由于时间紧、任务重、人力不足，实地勘查分山划界工作粗放，采取指山划界或将山林权属证书、表格发给村委会、村民小组在室内填写的方式，闭门造车，导致工作上出现了漏洞，埋下了一山两证、重复填证、交叉填证、面积不符、四至界址表述模糊不清等纠纷隐患。其次是林业"两制"距今已近三十年之久，如今的林相、林况，甚至地理环境和一些林界参照物都已发生了较大变化，给此次林改现场勘界带来困难，而当初参与林业"两制"的当事人有的死亡，有的年老体衰、记忆模糊，有的碍于情面，难以对一些纠纷作出正确、准确、明确的证实，从而引发纠纷。第三是人为方面的原因，一是由于长期的生产经营活动，界标自然毁损，山界一时难以确定，因为过失越界经营而产生争执；二是一些人以蓄意侵占对方山林为目的，预谋故意毁坏界碑，造成山林界址难以确定而发生纠纷；三是以种种借口推翻原有协议，或伪造证据，故意侵占他人山林，或拒不执行政府裁决、法院判决而引发纠纷，如大干镇的一曾姓村民，对十多年前就已二审终审的林权诉讼不服，长期上访，屡劝不止；四是部分群众不正视林权的历史变革，始终坚持以土地改革为准，拿出20世纪50年代初的土地证为依据，要求确权，而其要求确权的林地经历了"四固定"和林业"两制"两次确权，其权属早已产生变化，因此，认为其林权被侵占，产生纠纷；五是人均占有林地资源不平衡，群众生活困难，心理不平衡，引发纠纷。80年代初，执行"谁造谁有"大政策，凡是集体林地，谁造谁有。人口多、劳力壮的农户造林面积宽，如今占有林地林木资源多，通过林改，将会拥有更大发展空间和增值基础。而人口少或劳力弱的农户造林面积小，甚至本户的责任山也被他人造林，如今占有林地林木资源较少，生活出现困难。如：大历镇下店村部分群众认为现行林地资源占有方式不合理，多的太多，少的太少，要求打乱重新分配，引发纠纷，引起上访。大历镇白沟村六社一叶姓群众因当时人口少劳力弱，80年代末责任山被他人造林，2004年实施采伐时引发纠纷；六是法制观念淡薄，越权处置林权，引发林权纠纷。如全家迁出的农户，在迁出时不按规定处置林权，未经村社许可，与他人私立合同协议，擅自转让、变卖自己的自留山和承包山（责任山）的林权，导致受让方的权利得不到保证，引发纠纷。有的村社干部，不经群众会议，优亲厚友，擅自将"五保"户或全迁户的林权处置给亲朋好友，时间一长，既成事实，引起群众不满，形成矛盾纠纷。

林权争议应以维护林权证的法律地位、强化林木林地权属管理、强化制度保障、注重机构和队伍建设等为着手点，构建良性的利益分配机制，以减少纠纷，定纷止争，同时兼顾公平与效率，充分发挥林权使用价值和交换价值。那些流转行为规范、合同真实有效并依法履行的，应依法予以维护；对那些合同没违法违规，但流转程序和合同等方面不够规范，原则上应维护原合同，通过调处、协商、补充完善加以解决；对违法、违规签订的集体山林流转合同，明显不合理、少数人暗箱操作、以权谋私、严重侵害集体和村民利益的，可通过协商或司法程序予以纠正。

（五）林权转让行为不规范

实行山林拍卖的地方，多数林农失去经营山林的机会，不透明的暗箱操作行为、私下交易行为时有发生，很可能造成所有者的经济损失，甚至让涉林犯罪行为有可乘之机。多数林农经济实力有限，低价发包给大户，甚至由集体经济组织以外的投资者经营，当地有经营山林意愿的群众也得不到经营权。林业政策多次变动，诸多林地权属变动而形成林地手续不全，四至边界不清，国有林场与农村集体林划界粗放，造成林权利益的再分配、再组合，形成新的利益重组和纠纷。产权交易市场及资产评估制度不系统，缺乏森林资源资产评估体系及产权交易平台，林权转让无法进入交易平台进行交易，而是保持了以往传统的交易模式，容易造成资源流失或产生涉林犯罪。

应当完善林权立法，为林权制度改革提供法治支撑；建立完善林权制度改革配套体系，建立林权管理机制，做好林权确权、林权登记、转让交易、森林资产评估、林业科技法律信息咨询林权转让等中心，面向基层，服务林农，为今后林木林地产权流转、实现林业的规模经营提供中介服务。

（六）林业市场化改革进程慢

林业市场化改革的进程缓慢，与党中央确立的在新世纪初初步建立社会主义市场经济体制框架的要求还有很大距离，市场化改革中的一些重大问题还未解决，如在确立市场主体的权利地位方面，林业生产者缺乏对自有财产的支配权和对自有收入的处置权，税收制度和各方面的多项收费制度都不同程度地剥夺或限制了林业生产者的应有权力。在建立林业市场体系、加强宏观调控方面也都有待进一步加强。

通过分析，我们不难发现以上问题无不与林业的管理体制密切相关。这些问题的根源就在于林业管理的利益机制与竞争机制的不完善，激励与约束机制不够固定持久造成人们的短视行为。而林业"两危"（即资源危机，经济困困）问题直接就是过去的林业管理体制下的产物，其他问题也与林业管理机制的不完全和制度的不合理性有关。

三　实地调查案例

（一）同欧村

一早，用过早餐，我们便匆匆赶往我们的第一个调研地点。从南宁市出发，公交车摇摇晃晃地开过坑坑洼洼的泥土路，到达新圩镇，断断续续的大雨中，我们再换车继续到同欧村，也就是我们第一个调研地点。要怎么形容同欧村呢？一个普普通通的村庄，在水泥路的尽头，农户的房子毫无秩序地安落着。

由于调研日程安排紧迫，一到达同欧村我们赶紧开始了访谈工作。然而雨不合时宜地又下了起来。为了提高效率，村长召集了村民，在一个简陋的棚子下，我们集中开始访谈。

我的第一个访谈对象是一个五十多岁的大叔，令人印象深刻。大叔留着久未修理的杂乱胡子，边抽烟边配合我的访谈。大叔的普通话并不流利，我们勉强能够交流。但大叔很友好，对我有问必答。从大叔的口中，我了解到，事实上全村人拥有林地并不多，300多人的村庄，林改之前也就人均一亩左右。林改之前，大家共同拥有林地，但是林地并未给村民带来经济效益。于是我问，既然大家并未从林地中获利，那么是不是没有人管理这片林地，任其自生自灭呢？我本以为会得到肯定的回答。没想到大叔却迅速放下香烟，很惊异地说，他们自己的林地当然有管理，大叔觉得这是理所当然的。他的回答出乎我的意料。后来细想，才明白原来土地对农民如此重要。这种重要性不仅仅是缘于土地带来的经济效益，还有因世代被这些土地所哺育而产生的对土地的依赖，这是一种情感。土地流转遇到的问题之一便是农民不愿意将土地流出，不愿流出的原因有很多，情况也有很多。有时是因为农民并不相信土地转出能获得收益，另外重要的一点是，农民从来没有干过这事，从来没有把自己的土地交给别人来管理过，转出的土地不能给他们安全感。世代靠土地养活的农民，对土地的信赖远胜于承包商。像我采访的这位大叔，自己一人作为家里经济的顶梁柱，要挣钱养活全家人，还要供儿子上大学，全靠自己的那几亩地。当我问他有没有想过将自己的土地转出的时候，大叔不加思索地说了"没有"，态度坚决。像很多农民一样，土地养活了他们，他们依赖自己的土地。有时候，农民即使外出打工了也不愿将土地转出，宁愿自己留着让其荒废。

同欧村的村民们还遇到了些麻烦。因为同欧村的集体林地均分下来并不多，十几年前全村开了个会，在少数服从多数的原则下决定了将土地承包给了别人经营，每年给村民一定的地租，以人口为单位分配。考虑到通货膨胀，租金随大米猪肉等的价格上涨而上涨。开始的几个年头这片林地被经营得很好，给一些村民提供了就业岗位，还被中央电视台采访过，当成是经商致富的典范，其老板也曾被评为当地的十佳青年，于是村民一直都很乐意将集体林承包出去，并且租金也年年涨。可是近几年林地的经营却在走下坡路，老板资金紧张、再加上租金飞快地上涨，已经出现拖欠村民租金情况，村民们感到十分担心。我们刚对村民们进行采访时，他们就急忙拿出当时与承包商签订的协议给我们看，向我们解释事情的前因后果，我们一一记录了下来。

（二）冯村

我们调研日程安排紧凑，采访完同欧村，就赶往下一个调研地点宾阳市甘棠镇冯村。一路上雨越下越大，渐渐演变成暴雨。这时我收到了当地的天气预报提醒，暴雨橙色预警。不过，我们抵达冯村的时候，刚好雨停了。

冯村的村民也遇上了些麻烦，他们的承包商几乎破产了。我们见到当地村长时，他正为这事气愤着，对我们的采访十分不耐烦，一直在倾诉承包商的事。其实冯村是个非常幸运的村庄，有政府出资支持其发展，当地基础设施建设得十分完善。有老年人活动中心，有年轻人喜欢的篮球场，有儿童钟爱的儿童乐园,还有假山和湖泊,总之,村子给我们的印象是一个人民公园。但是土地承包的盈亏问题还有待解决,村民都很实在,能看见利益的事情就是好的。

(三) 防城港

我们第三个调研点是防城港。第一个访谈对象是该市那湾村的一位五十多岁的黄大叔,说话十分有条理。我一问,原来是个村干部,于是我赶紧打开录像机把采访过程录下来。黄先生是个壮族人,这让我很受安慰,因为这是我在广西壮族自治区采访的第一个壮族人。黄先生虽然只上过小学,但说话却很有见解,加之作为村干部,对村子里的情况十分了解,我的采访过程很愉快,并且了解到了很多有用的信息。

首先是关于采伐指标困难程度的信息,当我问及采伐指标是否容易拿到时,他给的答案是非常容易,但是前提是要砍了之后要再将树木种回去。我觉得这是个很好的办法。所有人都在追求自己的经济利益,其中,农民往往缺乏知识,缺乏环保意识。很多人都在以牺牲环境为代价来获取自己的经济利益,导致森林覆盖率的减少。然而我们只要让农民砍后能够再种上,就能解决农民滥伐树木的现象,还能实现可持续的经济效益。

再者是公益林的问题。从黄先生的口中,我了解到,那湾村的公益林并未划分给村民,没有实现分林到户。我很好奇这是为什么,他解释道,原来是那湾村的公益林面积很小,并且都在山地上,很难公平地划分到每一户村民,划分得不好的话就容易引起纠纷。这些就是林改中具体的实施难题。我又问,那么公益林中的补偿费要怎么分配给村民?黄先生却告诉我,补偿费并未分配给村民。村子里补偿费都由村委会直接支配了,用于集体林地的管理。我赶紧问原因。黄先生回答,由于公益林面积小,获得的补偿费用也十分少,平均分配的话每户村民能够获得的补偿费很少,还不如交给村委会这边统一支配,用于村子的建设,让这些钱能发挥更大的作用。我承认黄先生的看法有一定道理,但我却不完全认同。事实上,我采访过的很多村民都并不知道什么是公益林。公益林主要是提供公益性、社会性产品或服务的森林、林木、林地,强调可持续发展,可是村民们却是一无所知。现在我们发放公益林的补贴,就是不要让村民们破坏了这些林子。农民本来就不了解公益林,如果这些补贴不发放到农民手里,农民就更没有机会了解公益林。并且如果这些补贴不实实在在地落到农民手里，农民也不会有保护这些林子的积极性。虽然，由于公益林面积小补贴金额也少，但至少能让村民知道自己每年还能从那片林子中获得国家的补贴，那是公益林。

其实那湾村在林改之前就已经将集体林地划分到了每一户，只是那时大家都没林权证，并且那时的林地划分受技术的限制，并未能够完全公平地划分，有些林地界限并未明确，发生过一些林地纠纷。但总的来说，林改之前农民便已经积极地利用林地了。到了林改的时候，那湾村的工作就相对简单了些，就是再次将林地界限划分清楚，再将林权证发放下去，将产权明确。之后，村民利用林地的积极性提高了，有种植茶树花木的，也有发展林下养殖的，主要是养猪和养鸡。

另外，问到集体林权流转还存在什么问题的时候，黄先生也说出了一个现实存在的问题，那就是林地较分散，不好承包出去。那湾村的这种状况不会是个例。林地和耕地交叉分布，林地的总面积虽大，但是被穿插其中的耕地分成多块。这样一来，承包商就难以对林地经济搞规模经营。所以这样的林地很难承包出去。再加上林地中的个别农户不愿将林地承包出去，也会给集体土地流转带来问题。我问黄先生有没有什么较好的解决方案，黄先生却只是说，林改的政策是好的，是对的，但是具体实施还有一些困难。

林业是国民经济重要产业，同时又是个充满风险的产业，受自然气候条件影响很大，很容易因自然灾害遭受巨大损失。主要是火灾，可以轻易毁掉一片森林。这时就体现了森林保险的重要性。森林保险作为增强林业风险抵御能力的重要机制，不仅有利于林业生产经营者在灾后迅速恢复生产，促进林业稳定发展，而且可减少林业投融资的风险，有利于改善林业投融资环境，促进林业持续经营。因此，开展森林保险对实现林业的发展有着重要的意义。可是我采访的大部分村民都并不知道森林保险，就连作为村干部的黄先生，也对其知之甚少。黄先生说，自己几乎从没有获得过这方面的信息，也没有保险公司来找过他们，另外他觉得农民也并不需要森林保险。黄先生是对的，农民不了解森林保险一方面是因为信息缺乏。另一方面，大部分农民经营的林地规模较小，相比于发生火灾的风险，或许投保的成本更高。此外，农民也并没有为森林买保险的意识。毕竟这对农民来说是个新鲜事物，大部分农民都还不知道自己的林子也能够买上保险。

最后提及砍伐林木的销售方向问题，黄先生说得很实在。只要手续合法价格合理就好，他并不在意销售的对象是谁。不过对于农民来说，很可能并不熟悉砍伐林木的手续，所以最好是买方能够将这一切包办了，包括手续和砍伐的工作。

（四）百色市

第四个调研点是百色市六茴屯村。那天我们直接来到了六茴屯村委会办公室，村书记帮我们叫来了村民。村民看到我们这些外人来访，显得有些好奇。不过得知我们是来调查林改的，还是很积极地配合我们的工作。经过了两天的村民采访，这次大家很快就拿起问卷开始访谈了，显得轻车熟路。而马老师也很快地和村干部们交流，了解村子林改情况。

我采访的这位大叔是个令人记忆深刻的人，已经四十多岁，却至今未婚，一个人过日子。大叔是个汉族人，只有小学一年级的文化，我问及这些基本信息的时候，大叔毫不隐瞒，而且笑得很开心。他一个人生活却做过很多工作。他曾经当学徒，学过电焊，也学过安装防盗门，外出打工过，也有部分时间在家耕种，似乎没有做过稳定工作。想来也是，一个人无拘无束，一份稳定的工作显得没那么重要，这似乎很自由。可我转念一想，又有点难过，几十年来，一个人孤孤单单，了无牵挂却无处安心。这时我突然想起自己是来调查林改的，于是马上把这些想法抛之脑后，接着进行我的工作。可是接下来我的采访显得很简单了，问及林地，大叔说自己没有，他说自己一个单身汉没有能力经营，早就把林地全部承包出去了。再问土地转出年限，收益情况，大叔却摇头，说自己从未关心这些问题。我问林改政策，他说不清楚；问林权抵押贷款，他说没听过；问集体林改革，他也是摇头。于是采访很快便结束了，大叔几乎一问三不知。我想或许大叔关心的事情并不多。

从其他村民口中，我了解到，六茴屯的林改情况又和前面采访的几个村庄大为不同。在这个村子里，村民早在林改之前就开始利用林地种植经济作物。可是当时的集体林地并没有平均分配给村民，而是谁开的荒，便归谁所有。我想在当时这种分配办法之所以行得通，原因大概是那时的林地并不能带来很大的经济收益，村民并没有去争夺林地，才会让谁开荒归谁所有的分配方法行得通。然而到了林改时，林地也并未重新分配。依旧照老办法，林地上的树是谁种的，那块地就属于谁，并给其发放林权证。于是我采访的村民中，就有一位以前开荒较多的，现在拥有70多亩地，现在全部成了经济林，种上了果树。

采访完六茴屯，我们最后又迅速前往下一个村庄，凡平村。路还是一样泥泞不堪，我们的车左右摇晃，似乎随时都有可能开进一个大水坑里侧翻。所幸我们还是安全到达了凡平村的一个乡村诊所里，其二楼便是一个会议室，旁边是一个大门十分破旧的小学，校门紧闭，锈迹斑驳。从校门往里看，整个学校一览无余，杂草丛生，其间有两三间破旧的教室，不过，篮球场却显得很新，似乎是刚建的。

凡平村有一个较为普遍的情况，那就是向信用社贷款的农民比较多。当问到农民在林业经营的过程中主要面临什么问题，大部分的村民都回答主要是资金问题。林业在刚开始经营的时候，需要投入部分资金来购买种苗，有的还需要购买肥料。而积蓄甚少的农民经常会面临缺乏资金的问题，而这个问题在凡平村解决得比较好，因为农民能够在信用社贷到足够的资金。

凡平村的林业改革目前也遇到了一些困难。凡平村和六茴屯有些相似的情况，那就是在林改之前采取了荒地谁开归谁的分配方式，就是这种分配方式导致现在林改分地出现了问题。采访中，一位壮族的大叔一开始就向我抱怨了。他说，之前有一片一百多亩的荒地，他自己全部将其种上了松木，现在还未砍伐。然而林改时，他却没有拿到这块地的林权证。原因是这块地处于两个村子的林地交界处，当时界限划分得并不明确，现在大家还在争抢这块地。而大叔坚持认为，这块地是自己经营的，从荒地到一大片的松木林，是自己的努力和汗水换来的，所以这块林地理应属于自己。而邻村却认为，这块地一开始就是属于他们村的，双方互不相让，到现在还在僵持中。大叔说，因为自己在坚持，所以对方也不敢轻易将松木砍掉，但是自己也没有得到林权证。说这些的时候，大叔显得很着急。虽然他自己十分坚持林地属于自己，可是他也知道结果不是自己的坚持能够左右的。因为问卷上问题还有很多，我努力跳过这个话题，想要先完成其他情况的采访。可是大叔却很担心，一直在向我询问这片林地最后会怎么处理，满脸焦急，有些不知所措。其实，很多农民的文化水平并不高，他们经常不知道政府出台的政策是出于什么目的，也不清楚政策的细节。他们不知道政府为什么要进行林改，不知道林改的地具体要怎么分。可是他们相信政府，他们相信政府的政策会对农民的发展有利。可是当一些政策直接损害了自己的利益的时候，或许只是短期的，农民也会惊慌失措。他们害怕自己的努力会白费，辛辛苦苦的经营成果会付诸东流，可是又别无他法，不知道要怎么争取自己的利益，只能拼命站出来，指着自认为属于自己的东西说"这是我的，这是我的"。

（作者简介：林道豪，厦门大学经济学院经济系本科生。）

广西林改和林下经济调研报告
——以广西南宁、百色、防城港为调查对象

江跃龙

一 林改与林下经济总体情况

(一) 广西集体林权制度改革现状

长期以来，广西高度重视林业改革和发展问题。1982年广西省在全省实施林业"三定"；1987年作出《关于保护森林，发展林业，力争十五年基本绿化广西的决定》；2004年提出要实现林业跨越式发展，2007年又提出建设生态广西；同年，在武鸣县和钦北区开展集体林权制度改革先行试点；2009年自治区党委、政府下发了《关于全面推进集体林权制度改革的实施意见》，要求在林改先行试点的基础上进一步扩大试点，在全区14个市共安排了25个县（市、区）作为扩大试点，总面积300万hm²。面上的84个县（市、区）中各安排1—2个乡镇进行试点。2010年全区林改工作任务为280万hm²，占全区改革总目标任务的20%，2011年全面推开。自治区党委、政府高度重视林改工作。在2009年2—8月间，先后在南宁市、钦州市和浦北县召开了全区林改动员大会、全区林改现场会、全区林业工作会议和年中汇报会。在全区林业工作会议上，对加快全区林业改革发展、打造全国林业强区进行了部署。确立了自治区林业发展的"三步走"战略，明确提出了打造林业强区、建设全区生态文明示范区的战略目标，要求用4年左右时间基本完成全区林改任务，比中央的要求提前一年完成。在加快推进主体改革的同时，同步推进配套改革，着力构建林业发展的良性机制和管理新体制。为强化林改工作的领导，全

区上下初步形成了"五级书记抓林改"的格局。截至2009年10月10日，全区已完成外业勘界面积206.44万hm^2，占自治区下达全年任务的73.7%；核发林权证面积19.74万hm^2，占已勘界面积的9.6%。自林改以来钦北区群众自发植树造林共0.42万hm^2，是林改前的3.2倍，林地出租价格由林改前的每年270—300元/hm^2提高到现在的750—900元/年·hm^2，农民收入和村集体收益大幅度提高。农民群众参与林改的热情很高，武鸣县在林改后共造林0.81万hm^2，是林改前的1.8倍，地租价格由225元/年·hm^2也提高到900元/年·hm^2；武鸣县还开展了林权抵押贷款改革试点。截至2009年8月底，全县林农、企业法人用林木抵押贷款361宗，融资金额近8000万元。

（二）广西林下经济发展现状

广西的林下经济长期处在群众自发形成的初级状态，是在林下种植、养殖，林下产品加工，林下旅游等蓬勃发展的背景下诞生的。其发展经历了4个阶段。一是萌芽与起步阶段。林区群众采集利用林下产品的传统习惯，如采摘野生纤维资源、野生药材、野生菌、野菜等，是林下经济的最初表现形式。这一缓慢的阶段一直延续到改革开放初期。二是鼓励与兴起阶段。1985年党中央、国务院出台《关于进一步活跃农村经济的十项政策》，家庭手工业、庭院经济和户办小工业等"家庭经济"逐步兴起。随着个体经济及市场经济的发展，一些地方出现了林下培植香菇、木耳，种植砂仁、砂姜等种植模式，且面积日益扩大。三是调整和丰富阶段。20世纪90年代以后，随着绿色、环保、安全食品需求量大增，以及禽畜疫病防治的需要，部分农户及养殖企业将较大规模的养殖转移到林区。同期，广西森林旅游业逐步兴起，特别是2000年以来，森林旅游客流量一直以每年30%以上的速度增长，户外旅游逐步成为进入小康社会后人们扩大精神文化消费的热点。四是规范和快速发展阶段。以2007年农村集体林权制度改革试点启动和全面深入推进为标志，广西各级党委政府开始关注林下经济，并积极投入并引导林下经济的发展。特别是《广西壮族自治区人民政府办公厅关于大力推进林下经济发展的意见》颁布后，广大群众发展林下经济的愿望更加强烈，参与主体逐步增多，经营机制不断创新，发展模式不断丰富，组织形式日益多样，产业规模越来越大。

广西作为林业资源大省区和农村集体林权制度改革重点省区，坚持生态立区、绿色发展，把发展林下经济作为激活林业生产力和建设林业强区的重要突破口，林下经济总量和综合效益在全国呈现领跑态势。

产业发展快速，总量和效益位居全国前列。2011年广西林下经济面积达到193.51万hm^2，实现总产值228亿元，比2005年的13.9亿元增加214.1亿元，5年增长16倍多，林业附加值大幅提升。在林下经济总产值中，林下种植业18.63亿元，占8.2%；林下养殖业141.52亿元，占62.1%；林下产品加工50.84亿元，占22.3%；林下旅游17.01亿元，占7.5%。全区每公顷林地年产值1.18万元，在钦州、北海一些林下经济搞得好的县，平均每公顷林地年产值已经达到2.6万—6.5万元。分布最广泛的林地，平均每公顷林地最高年产值可以达到7.5万元。全区林下经济产值超过10亿元的地级市有8个，超亿元的县（市、区）达49个。

林农增收效果明显，有效助解"三农"问题。2011年广西林下经济涉及专业合作社1900个、企业2913个、惠及林农110万户、455万人，人均年增收1000多元。通过充分利用林下土地资源和林荫优势发展林下种植、养殖等立体复合生产经营，既解决了部分农村劳动力就业问题，有效带动了农业增效和农民增收，又改善了村容村貌，走出了一条不离乡能就业、不砍树能致富的发展之路。林下经济已经成为广西山区林农脱贫致富的新途径，成为扶贫开发的突破口。

产业类型丰富，模式独具特色。全区已经形成林下种植、林下养殖、林下产品采集加工和林下旅游四大板块。林下种植主要品种多达70多个，前11大产品有红锥菌、西瓜、香菇、木耳、竹笋、金花茶、砂姜、甜茶、兰花、金银花和蕨菜。林下养殖主要有15个种类，包括鸡、鸭、鹅、鸟、火鸡、鸽、鹿、猪、牛、羊、兔、奶（水）牛、竹鼠、青蛙、蜜蜂。林下产品采集加工涉及藤芒编织、松脂采集、竹笋采集加工、食用菌加工、林下药材加工、野菜加工、蜂蜜加工、甜茶加工8个类型。林下旅游的类型主要有城郊"林家乐"、生态休闲旅游、森林休闲山庄游、风景名胜区旅游等。

品牌影响力明显提升，竞争能力大大增强。各地根据自身的条件优势，确定当地的林下经济发展方向，着力打造"一县一产业"、"一乡一品"，初步形成了桂东和桂南重点发展林下养殖和林下产品加工、桂西和桂中重点发展林下种植、桂北和桂东北重点发展林下森林旅游的三大板块。获得地理标志认证保护的忻城金银花、金秀绞股蓝、大瑶山甜茶、永福罗汉果、田林八渡笋、马山黑山羊、南丹瑶鸡、容县霞烟鸡、环江菜牛、天峨六画鸡、隆林山羊11项产品均与林下经济密切相关。

产业链条日趋完善，产业化经营扎实起步。2011年广西林下经济实体达到14.1万个，涉及企业2913个。已建成5个林下无公害标准化生产基地，涉及林地面积约1.0万 hm^2，建成林下经济产品初级加工企业30家，年处理能力10万吨，产品增值达到15亿元，林下经济产品年交易额90多亿元。全区已初步形成带动作用较强的7种林下经济组织形式：即"公司+基地+农户"、"专业合作社+农户"、"国有林场+农户"、"公司+合作组织+农户+金融机构+保险"、"专业协会+农户"、联户或联组、单户独立经营。

（三）百色市林下经济项目建设情况

随着集体林权制度主体改革的完成，集体林地基本确权到户，实现了明晰产权的目的。在市委、市政府的正确领导下，百色市充分利用丰富的林下资源和空间环境，大力发展林下产业经济，进一步巩固了集体林权制度成果，提升林业综合效益，促进绿色增长，达到生态得保护、农民得增收的目的，并逐步转变经济增长方式、优化农林产业结构，开辟出一条农民增收新渠道。

百色市林业用地面积4221万亩，其中集体林地3862万亩。2009年开展集体林权制度改革以来，全市共完成确权发证面积3370.0万亩，确权到户面积3146.02万亩，商品林确权发证面积1882.10万亩，生态公益林确保发证面积1090.85万亩。2014年上半年，百色市林下经济产值达23.14亿元，其中林下种植产值7亿元，林下养殖产值11.98亿元，森林旅游年产值0.75亿元，林下产品加工3.42亿元。涉及专业合作社102个，从事林下经济农户数212929户，涉及林农人数416029人，林农林下经济年人均收入1936元。

百色市林地面积4221万亩，是全广西的林业大市，森林资源十分丰富，直接参与林业生产的农村劳动力面广人多，但一直以来全市林农单一重复着种树、砍树、卖原木材料的低效益生产，生态保护和林业生产率提升受到了一定的制约。为进一步挖掘林业生产潜力，扩展林业生产发展空间，提高林业生产产出率，增加林农经济收入，百色市在切实抓好造林、护林的基础上，在营林工作上下功夫，把发展林下经济工作作为林业开发的新一级，作为促进林农增收的新支点，规划了百色市林下经济发展战略：一是林药发展战略。即以靖西、那坡、右江区、西林、田林、凌云为主的林下田七、林中田七、森林生态田七主产区和铁皮石斛主产区；以右江区为主的鸦胆子主产区；以凌云、乐业县为主的十大功劳、三叶青主产区，以田林县为主的林下茯苓、灵芝主产区，以那坡、西林、田林县为主的林下草果产区；二是林下养殖发展战略。即以右江区、田阳、田东、平果、德保、田林为主的林下养鸡产业区，以那坡、靖西、田林、隆林、西林为主的林下多品种生态养殖区。经过实施，林下经济发展战略已经初见成效。

百色的林下产业，虽已经实施多年，但是起点较低，科技含量和科技普及率较低，林下经济产出率较低。百色市有针对性地加强技术服务和引领示范。一是抓好林下经济技术研发。投入15万元经费组织林业高级工程师、工程师、技术员共11人，成立了林下经济田七种植技术课题专研小组，并印发林下田七种植技术指导手册分发基层部门和林农。右江区、田林、凌云、乐业县也组织了鸦胆子、灵芝、茯苓、十大功劳、三叶青等林药项目的专门科研队伍。市林业局下发了《百色市林下种植田七实施方案》，右江区、田林等县也相继出台了相关重点林下药材科目的种植技术指导。二是抓好林下经济种养示范。百色市已逐步打造了右江区大楞乡龙和村搪兵屯林下田七示范区，龙景街道凡平村那娘屯林下鸦胆子种植示范区，靖西县五岭林场林下田七示范区，凌云泗城镇陇雅村林下十大功劳种植示范区，乐业县同乐镇上岗村罗肥屯三叶青种植示范区，那坡县德孚自然保护区林下草果种植示范区，田林县林下灵芝种植示范区，定安镇林下茯苓种植示范区，隆林县桠权镇忠义村林下金银花种植示范区，平果、德保县林下养鸡示范区，右江区、平果县、那坡县的林下养蛇和林下养蜂示范区等，有效带动了全市林下经济产业发展。目前，全市已完成林下种植田七1340亩（其中靖西县五岭林场完成种植200亩，西林县八达、古障林场完成种植240亩，右江区大楞乡惠民田七合作社完成种植900亩）；完成中草药种植48900亩（其中右江区种植鸦胆子5000亩、金银花2000

亩，田东县种植金银花2400亩，凌云县种植十大功劳20000亩、金银花3000亩，乐业县种植三叶青4000亩，田林县种植茯苓4000亩、金银花3000亩，隆林县种植金银花3000亩，西林县种植铁皮石斛2500亩）。林下养鸡1530万羽。三是加快林业专业合作组织建设。截至目前，全市已经规范建立了林业专业合作社90家，入社农户1307户，惠及林农81万人。林业专业合作社不断引导林下经济从一家一户松散型向合作化、集约化模式转变，逐步走上产业化经营的路子。右江区林强中草药种植农民专业合作社、田阳县红八角种植专业合作社、田林县利芬林下养鸡合作社等今年正在推荐申报国家级合作示范社。四是引入企业发展林下经济。市县（区）把林业招商引资，培育新型合作模式作为推进林下经济发展的重要抓手，带动职工和群众共同致富。今年，田林县平塘乡六池村弄生屯引进雄力公司通过流转林地方式已发展种植林下田七150亩，投资500万元，计划发展林下田七800亩。靖西县邀请了广西药用植物园到五岭林场合作研发林下田七回归生态项目。

政策引导，多方扶持。林下经济之所以成为百色市林农增收的新亮点，主要是区、市、县各级政府相继出台了发展林下经济的指导意见和扶持政策，根据自治区人民政府《关于大力推进林下经济发展的意见》，百色市制定了发展林下产业经济工作实施方案，把发展林下经济与林业产业化建设、产业结构调整、推进循环经济、扶贫开发和社会主义新农村建设等结合起来，合理布局，突出特色，探索和推广切合本地实际的林下种植和养殖模式，并加大扶持力度，确保林下经济发展顺利推进。一是努力争取上级项目资金支持。近两年，百色市已争取得到各项林下经济补助1719.3万元，今年上半年继续争取到自治区2014年度支持项目9个（桂林计发〔2014〕332号），财政补助675.68万元，其中林下种植230万元（含林下种植田七50万元），林下养殖320万元，林下经济项目贷款贴息125.68万元。目前，百色市正在组织申报第二批林下经济发展项目15个，计划争取项目资金1100.45万元。二是积极推进林权抵押贷款。百色市根据农行广西区分行和自治区林业厅《关于印发林权抵押监管合作协议的通知》，积极协调开展林权抵押贷款工作，上半年全市新增林权抵押贷款2.86亿元，同比增长60.67%。目前，百色市林权抵押贷款累计已达20.71亿元，为林下经济发展提供了有力的资金支持。三是扩大政策性保险覆盖面。上半年积极落实区林业厅与广西保监局共同推进政策性保险战略合作协议的要求，共完成政策性森林保险面积410.54万亩，保险金额7.02亿元，投保金额536.23万元，签单农户1451户。目前，百色市已累计完成政策性森林保险面积1005.26万亩，保险金额17.26亿元，投保金额1422.26万元，签单农户总数14731户，有效降低林农林下经济投资风险。四是抓好经济林确权发证。为拓展林下经济发展空间，百色市林业局把经济林林权发证作为深化集体林权制度改革的重点工作来抓，通过加强与国土、农业等部门的协作，非林业用地的经济林确权发证工作取得新突破。今年上半年，新增经济林发证35万亩（其中芒果林地1.88万亩、茶叶林地1.13万亩），全市已累计发放经济林林权证674万亩。经济林确权发证工作的推进，为林下经济发展奠定了物质基础，拓宽了融资渠道。此外，市林业局还在有限的经费中安排10万元专门用于林下经济发展工作经费。

为大力发展林下经济，市、县林业和有关部门深入搞好宣传，营造氛围，充分利用电视、报纸新闻媒体、办讲座等多种方式，对发展林下经济的重要意义、技术、模式及成功典型进行宣传，营造良好的氛围，激发群众发展林下经济的热情。在加强林下经济宣传的同时，全市林业部门利用自身优势，始终做到上门服务，现场指导，用心帮扶，将实用技术和新技术的推广放在首要位置，将技术服务贯穿始终，定期或不定期下乡及时解决了种养农户在林下经济发展过程中遇到的技术难题，并支持和鼓励林农发展适合市场需求的林下经济产品，及时提供市场购销信息，帮助群众与外地企业签订购销协议，解决林农发展林下经济的后顾之忧，尽一切可能降低农户投资风险，尽最大可能增加生产效益。

为进一步推动林下经济发展，确保林下经济取得实效，百色市林业局成立了林下经济发展工作领导小组，建立健全工作机构；年初就制定《2014年百色市林业工作方案》，方案中明确2014年全市林下经济总产值72亿元，力争达到89亿元，并制订了实施林下经济"123工程"计划（即林下种植田七试点1000亩，林下种植铁皮石斛、三叶青、鸭胆子、苏木、十大功劳、金银花等药材20000亩，林下养鸡3000万羽）；今年上半年，百色市林业局结合市委市政府"田七回乡"工程要求制定了《百色市2014年林下种植田七工作方案》，还印发《百色市林业局重点工作责任分工的通知》，做到目标和责任明确，为推动全市林下经济发展提供了有力的组织保障。

（四）南宁市林下经济项目建设情况

近年来，南宁市统筹规划、因地制宜，通过政策引导，资金扶持、示范带动等方式，抓规划、抓典型、抓示范，以"公司＋基地＋农户"、立体生态养殖等模式为重点，积极发展多种形式的林下循环养殖种植经济，进一步拓宽林业经济领域，不断提高林下养殖、种植的标准化、规模化、品牌化、产业化发展水平，推动全市林下经济可持续发展。目前，全市林下经济发展的模式主要有：林禽模式、林畜模式、林药模式、林下产品加工模式、林下生态旅游模式等。其中林禽模式（主要是林下养鸡）规模大、分布广、产值高、效益较好，主要是以"公司＋基地＋农户"的方式发展，由"温氏""凤翔""富凤"等食品专业化集团公司提供种鸡、饲料和饲养技术，农户提供场地和人工，出栏后扣除成本，保价收购。

截至去年年底，南宁市林下经济发展面积224.21万亩，产值36.003亿元，惠及林农87.76万人，林农人均纯收入1243元，林农林下经济总收入10.9亿元，从事林下经济林农户数20.26万户，林下经济从业人数47.73万人。全市共成立农民林业专业合作社95家，入社农户2132户，经营涉及林地面积16.4万亩，预计销售收入2.02亿元。建立56个林下经济示范项目点，项目专项资金投入2343.73万元。

（五）防城港林下经济项目建设情况

2009年防城港市防城区承担了总长为42公里的国家边境生物防火林带建设任务。经过4年多的努力，终于将这条宽50米、长42公里、总面积3148.4亩的生物防火林带建成。它几乎全部连接了防城区所有的可营林的边境线。11月初，我们登上位于边境线的峒中镇和平1331号界碑附近的山头，放眼望去，已见雏形的生物防火林带沿着边境线蜿蜒穿越丛山和沟壑，新种下的油茶树和荷木已经长有1米多高，嫩绿的叶子在风中摇曳。承担项目实施任务的国有峒中林场场长李忠彩告诉我们，只要精心管护，再过三五年，这里将崛起一条蔚为壮观的生物防火林带，日夜"自觉主动"地呵护着边关的绿色。防城港市防城区与越南海陆相连，陆地边境线长60多公里。由于北热带气候和土地肥沃，区内及边境线上的草木易于生长，特别是经过林业部门和当地群众的精心管护，草深林茂更是一年胜过一年。到2011年，全区林地面积已发展到为了边关绿更浓——广西防城港市防城区实施边境生物防火林带项目267.1万亩，森林面积231.0万亩，森林覆盖率64.21%。郁郁葱葱的边关，既给当地群众带来越来越多的欣慰，也带来越来越加重的忧心。2000年11月的一天，峒中镇峒中村围胆组附近山头突然发生火灾。如不及时扑灭，600多亩的林木将被烧毁，而且还有可能蔓延至邻国山地林木，造成不良的国际影响。幸亏当地群众发现，林业部门及时组织扑灭，才免于大火蔓延到邻国。无独有偶，2003年的一天，峒中镇峒中村北风口山头对面邻国发生火灾，也全靠当地群众奋力开辟断火带，才免于大火祸及到境内一带茂密的林木。防城区与越南山水相依，60多公里的边境线上除了极少的河流和村庄外，两国连为一体的山坡上和沟壑里，全是草木覆盖的林地，任何一方如发生火灾都有可能蔓延到对方的林地。随着草木一年比一年茂盛，边境线护林防火局势越来越严峻。边境线呼吁采取有效的办法防止火灾危害，边境线急需建设一道有效的防火线。2009年，林业部从促进边境地区林业发展和维护边境地区安全稳定的大局出发，适时提出实施中央财政投资项目——边境生物防火林带建设工程的号召，防城区成了首批实施这一项目的县（区）之一。

精心实施边境生物防火林带建设工程的消息传来，防城区各族人民欢欣鼓舞。他们说，现代科技那么发达，早就应当建设这么一条防火线了。防城区委、区政府更是把它看成是贯彻落实科学发展观的实际行动，成立了边境生物防火林带项目领导小组，一把手亲自过问，分管领导深入一线具体指导。全区各方齐心协力、上下一心，扎实推进这一具有特殊意义和作用的边境生物防火林带建设工程。落实造林地是项目的首要环节工作。项目中有14公里位于该区的国有林场内，经林业部门与林场沟通，很顺利地落实到了建设用地。然而，当规划另外28公里建设用地时，遇到了阻力。原因是这一地带属于集体林区，林改后基本承包到户。

二 存在的问题

(一) 基础设施不完善

从调研村庄广西壮族自治区百色市右江区龙景街道六苗村及凡平村来看,农村基础设施建设对发展农村生产和保证农民生活极为重要。当司机载着我们从镇政府出发后不久,就能感到颠簸的路如火星表面坑坑洼洼。司机尽量避免让轮胎陷入坑中,但是在整条路上实在很难找到一块能够让轮胎同时在同一水平面上的地面,因此我们就在左右颠簸中小心地前行。更令人难受的是,由于当天下雨,路面上的凹地都积满了雨水,这让司机必须十分注意地开车,开慢了赶不上行程,开快了怕溅行人一身。我问了司机后得知这是村子里的人出村子的必经之地,可想而知村民们若想出行得多遭罪。在路途中有些地势更低洼的地方在暴雨地猛烈攻击下加之排水系统堵塞,积水达三十厘米,大部分司机担心贸然开进会有损车子,望而却步,因此交通一片混乱。村里的基础设施建设可见一斑。常言道:要致富,先修路。如果没有一条能够满足正常生活需求的道路,村民如何走上致富之路。有一位村民向我倾诉道,他曾经在自己的田地里种上不少的白菜,到了收获季节时,眼看着就要有不错的收成,但不幸的是当白菜运出村子送到镇上时都已经抖烂了,这令他损失不少。修路是致富的一个先决条件,只有道路修好了,交通方便了,才能带动一个地方的经济、政治、文化的高速发展。

广西是少数民族聚居区,林业、水能、旅游资源丰富,但是地理位置不佳,交通不便,在某种程度上严重阻碍了地区经济的发展,交通问题成为了地区发展的一个"硬伤",为了能够脱贫致富,唯有大力开展基础设施建设,尤其是要大力发展交通,为群众出行、林业资源运输、旅游资源宣传等提供基础性保障。政府需要采取系列具体的措施,为当地经济发展打通通道,为贫困地区发展奠定坚实的交通保障,真正体现利为民所谋。

(二) 配套政策不完备。

在林下产业发展进程中,鼓励扶持政策还不够具体,林下产业经济存在较大的自发性和盲目性,仍缺乏宽松的外部环境和可持续的政策扶持;

林下产业，特别是林下养殖，需投资较大资金，但由于缺乏投融资渠道方面的政策措施，在很大程度上影响了林下种养业的发展。

（三）林地分配不公

林地太少，这是很难改变的现实，但是让受访村民叹息的更多来自于分地的诸多不合理。百色市右江区六苗村在早期实行的是"谁占谁有制"的分林方式，也就是说，早期哪户人家先对林地开荒就属于他。而这次的林改则更像是在为他们所占林地做一个证明——证明说此块地确属于哪一户。这种"谁占谁有制"的分林方式存在着很大弊端，前期先有占地想法的村民占有大面积的林地，而大部分村民则只拥有少量林地。这样就造成了一种不公平，占有大量林地的人没有足够劳动力经营，而有劳动力的却无充足林地经营。

（四）资金不充裕

广西林业生产最主要的问题是资金短缺。由于林业每年实际收入不高，因此每年投入林业生产的资金也不多，资金极度短缺。资金是拓宽市场、提高产量的基础，有了资金才能购买树种、雇用工人、建设基础设施、购买用具……，因此资金是林业生产中重要的一环，如果缺少此环将很难进行运作。而提到资金来源，调研过程中广西防城港市华石镇39岁的陈飞帆提到：主要是向亲戚朋友的无息借款，并不愿意向银行贷款。他不愿向银行贷款是因为贷款手续太过复杂，贷款需要找担保人、村委会开证明等等。他也尝试贷款，但是由于大部分人都担心有风险而不愿意做担保人，因此他贷款失败。陈飞帆希望政府能够简化贷款手续，尽可能提高贷款额度，并且由于树林需要长时间投入才能看到收益，他也希望能够延长还款的期限。

（五）政策支持力度不足

林业发展首要的就是资金支持，这是发展的需求也是前提。其次就是需要技术上的支持，林业生产是需要技术背景的，尤其是林下经济。因此技术培训有利于农民们更有效果地去种植树林。最后就是信息支持，信息包括市场信息、政策信息等，有足够的信息来源才能够拓宽市场。政府扶持力度如果能够加大，那对于绝大部分农民来说是件非常有益的事情。

发展林下经济涉及多个产业、多个部门，部门协调与资源整合的难度较大，林业、农业、畜牧、水利、扶贫、科技等部门之间仍然缺乏必要的联动机制。林下种养配套技术、疾病防控、种苗保障、加工销售、信贷、保险等相关服务仍较薄弱。

（六）经营管理水平不高，市场竞争力不强

对于重要的适宜林间新品种、新技术推广不够，大多数农户沿用传统的经营管理方式，由于技能培训与技术指导跟不上，农户在种养过程中缺乏科学种养技术和管理方法，造成病虫害发生率较高，经营成本高，市场竞争力弱。

（七）林下经济各项发展不平衡

百色市林下经济主要以传统的林下种养为主，对于近年兴起的森林景观旅游、林下产品加工等项目发展缓慢，部分县（区）没能充分利用森林景观资源为农民开创出一条新的致富之路。林下产品加工的滞后，给农民发展林下种养殖带来负面的影响，削弱了林下种养的积极性。

三　建议

（一）强化承包合同和林改档案管理

组织开展明晰产权、承包到户工作"回头看"活动，督促各地查漏补缺，进一步完善承包合同，做好确权发证后续工作，确保林权证真正发到林农手上，为实现"三个坚持"、赋予农民更多财产权利打下牢固基础。同时完善林权纠纷调解仲裁。

（二）完善合作组织发展机制培育新型林业经营主体

集体林权制度改革以来，国家林业局农村林业改革发展司始终把组建林业专业合作社、培育新型林业经营主体作为突破林业发展瓶颈的重要举措，全国林业合作组织建设方兴未艾，呈蓬勃发展之势，需进一步加快林业专业合作社发展。

（三）科学构建林权管理机制促进林业适度规模经营

林业的特点决定了应走适度规模经营的路子。林权流转是实现规模经

营的前提，但林权流转涉及山林的评估、林权抵押贷款等后续问题。这些问题处理不好，将直接影响林权改革绩效的正常发挥，带来许多难以解决的"后遗症"。国家林业局农村林业改革发展司通过科学构建林权管理服务体系，建立农村产权流转交易市场，积极推进集体林业高效发展，强化农村林业服务体系建设。规范林权依法流转，创新流转机制，壮大林业经济，推进林权股份合作制度建设，发展林地规模经济，同时保护林农能够享受流转林权未来增值收益；实施"林权流转基准价格调查发布制度"，为流转双方提供价格参考、推进林权抵押贷款等工作；吸引社会资本投资林业，壮大林业经济。同时推动银林合作解决后顾之忧，协同央行召开全国林权抵押贷款工作电视电话会议，配合开展三权抵押贷款和普惠金融课题调研工作。

（四）完善林下经济发展规划

发展林下经济是广大农民群众探索不砍树、能致富的生动实践，是实现以短养长、以短促长、以短保长的生态经济发展模式，有利于产业结构调整转型，有利于发展绿色无污染食品、药品，有利于农民就业。国家林业局农村林业改革发展司始终以巩固集体林权制度改革成果、促进森林资源保护、提高农民收入、实现农村发展为目标，进一步完善全国林下经济发展规划，努力促进全国林下经济更好更快发展。

（五）建立综合改革试验示范区引导深化改革先行先试

集体林权制度改革正处于深水区，许多矛盾需要解决，许多问题需要探索，而且林农情况和林情复杂，需要通过设立试验区的方式进行创新探索，集中研究集体林权制度改革面临的重大问题。为此，国家林业局农村林业改革发展司采取多项措施推动综合改革试验示范区建设。

四 发展优势

（一）林业资源丰厚

林地供给潜力大。广西林业用地面积为1527.17万 hm^2，居全国第五位，林地面积占全区土地总面积的64.3%，广西人工林速丰林、经济林面积均居全国第一位。全区森林（含有林地、疏林地及灌木林地）面积 1362.38 万 hm^2，除去自然保护区核心区、缓冲区、潜在石漠化地，保护等级为特殊保护，高海拔、坡度陡、交通不便利等地区不利于发展林下经济的林地，适合林下经济开发的林地面积达到 366.67 万 hm^2。目前全区林下经济发展仅涉及林地 90.98 万 hm^2，全区还有 266.67 万 hm^2 左右林地有待开发。

（二）生物多样性丰富，林下产品类型多

广西是全国生物多样性最丰富的省（区）之一，全区已知维管束植物 8562 种，居全国第三位，经济价值较高的植物有 1000 多种，陆生野生脊椎动物有 1145 种，每个物种都有可能开发出一个大产业。林下种植养殖产品类型特别多，据不完全统计，全区林下种植品种多达 70 多个，林下养殖主要有 15 个种类，涉及花卉、水果、中药材、粮食作物、蔬菜、牧草、菌类、家禽、牲畜、蜜蜂、珍稀野生动物等。

（三）科技支撑能力增强，增产提质空间大

"十一五"以来，广西农业、林业、畜牧业的良种繁育推广、重大疫病防控、高产培育技术不断取得新突破，为林下经济产业的增产提质奠定了良好基础。但是，目前广西林下经济平均每公顷产出仅 1.18 万元，整体效益仍然不高。如果从种苗、种养、加工、研发等各个环节，都能进一步加强科技支撑，可大幅度提高林下经济的效益。

（四）区位优势明显，市场需求增长快

广西位于"中国—东盟"自由贸易区和北部湾经济区的枢纽地带，毗邻粤港澳，产品销售便捷，交易成本相对较低。林下经济产品具有"绿色、有机、环保、安全"等特点，广受消费者欢迎，产品结构性需求缺口较大，从而给林下经济的快速发展提供了很好的契机。

（作者简介：江跃龙，厦门大学医学院 2013 级临床医学本科生。多次参加大学生创新创业项目，连续两年带队参加实践并获优异成绩。）

关于我国林改与林下经济的调查报告

——以广西三个县 6 个村为例

马丽

一 广西林改的基本情况概述

广西是我国南方重要集体林产区，现有林业用地面积 2.26 亿亩，其中集体林地 2.1 亿亩，93% 由农户经营。广西集体林地惠及 109 个县（市、区）1126 个乡镇 14788 个村民委的 773 万户农民。2009 年广西集体林权改革全面展开，截至 2012 年底已经基本完成。2012 年初，广西集体林权制度改革取得阶段性成果，确权集体林地面积 1.99 亿亩，发放林权证的集体林地面积 1.91 亿亩，为 500 万农户发放林权证 603 万本，落实了农户的林地承包经营权。广大农户等林业经营者发展林下经济的积极性大幅提高，林下经济蓬勃发展，发展成效日益显著，打造了一批林下经济发展示范基地，推动了林下经济由点到面快速发展。2013 年，在生态环境整体保持较好水平的基础上，广西林下经济发展面积达 4218 万亩，产值突破 470 亿元，惠及农民 1200 多万人，人均实现增收 1000 元以上，成功探索出了一条生态效益与经济效益共赢的绿色发展、绿色扶贫新路子，成为全国林下经济的先行示范区。广西林下经济快速发展的同时也存在着一些不足和弊端，尤其是没有形成效率较高并且占主导地位的发展模式。例如，在发展模式的生产形态方面，广西各地多以林下养殖特别是林下养鸡为主，生产结构不合理，面临着巨大的生产风险和市场风险，且部分地区存在过度的林下养殖现象，一旦突破了该地区的生态承载力，就会对当地的森林生态环境造成消极影响。在发展模式的组织形态方面，桂西石漠化地区、桂北公益林地区等林下经济发展模式以农户、公司等各自生产经营为主，不同市场主体之间缺乏紧密的联系，林下经济发展缺乏龙头带动，惠民效果不明显。由于林下经济发展模式的生产形态和组织形态的低效率，广西的林下经济发展仍处于粗放型阶段，产值规模小、产业化水平低、发展效率不高，难以形成区域竞争优势。因此，深入研究分析和改进广西林下经济发展模式是必要的，势在必行。

目前，在实践中林下经济发展模式不断丰富完善，在学术界关于林下经济的研究也日益增多。但是，学术界对于林下经济的系统理论研究还不太充分，特别是对于林下经济发展模式的理论研究更是偏少，研究的深度也是不足。因此，对林改背景下的广西林下经济发展模式进行系统的理论研究，有助于构建广西林下经济发展新型模式，有助于提高广西林下经济发展效率，为全国探索道路、提供典范，从而对实现林区生态保护、民生改善和社会和谐的发展目标具有重要的意义和价值。现在距离此处的林改已过去3年，广西也发生了很大变化。当前，我国林业改革发展进入了转型升级的新的战略机遇期。时代发展给林业赋予了新职责，提出了新要求；在继续发挥生态功能、实现绿色增长的同时，还要在改善民生、发展绿色经济方面做出新贡献。在集体林权制度主体改革基本完成的新的历史条件下，发展"林下经济"成为当下林业发展的新亮点。发展林下经济不仅是进一步体现集体林权制度改革成果、拓宽林业经济领域、促进农民增收致富的生态型"绿色"产业，更是协调长期与短期矛盾、协调生态与经济关系、协调国家与农民利益的一篇大文章。本报告中，我们会以广西抽样的县市区的具体调研数据和对农户的访谈资料为基础，来详细分析关于广西的林权改革与林下经济的发展概况。同时也针对广西林改和林下经济发展中出现的一些问题提供尝试性的建议。

二 案例呈现

（一）广西南宁市宾阳县

1. 本市林改和林下经济整体发展情况

广西南宁市宾阳县在"十二五"（2011—2015）林业发展规划中，贯彻落实党的十七大精神，全面落实科学发展观，坚持"严格保护、积极发展、科学经营、持续利用"的方针，以保护和增加林木植被为目标，以涵养水源、保持水土、退耕还林、封山育林等林业生态工程建设为中心，以城镇、通道、村庄绿化为重点，为把宾阳县建设成为林业大县、生态宜居之地，特制定了一系列规划，并且取得了很大的成效。主要有以下几点。

（1）植树造林绿化快速推进，森林覆盖率显著提高。

"十二五"规划实施四年以来，宾阳全县累计完成人工造林面积13.0821万亩，中幼林抚育面积21.1815万亩，全民义务植树456.5万株。在做好已实施退耕还林2万亩检查验收和政策兑现的基础上，完成配套荒山荒地造林3.1万亩。森林覆盖率达33.6%，林木蓄积量上升至360万立方米。

（2）苗木得到充足供应，苗圃建设力度加强。

生产用林木种苗达750万株左右。花卉产量稳步增长，年产花卉25万（盆），绿化苗木54.7万株。投资苗圃建设，投资购买种苗母苗费用累计达60.4万元，已购置柳微汽车一辆、小汽车一辆，开支24万元，电脑、打印机1.8万元；苗圃道路建设投资8.7万元；购买母苗5万元左右，维护国营苗圃费用8.9万元，每年投入苗圃生产人工费12万元。在宾阳县人事局统一安排下，本地苗圃经招考录用乡土人才6名，为苗圃的建设提供了人力资源保障。

（3）森林资源保护加强，森林灾害率显著降低。

"十二五"期间，森林火灾发生降低至0.4‰，比"十一五"期间降低0.1个千分点。林业有害生物成灾率控制在0.1%以下，松毛虫成灾率控制在0.2%以下，林业有害生物无公害防治率达90%以上，森林植物检疫率达98%以上。

（4）林业产值稳步增长，经济效益逐年显现。

到2015年底林产品加工实现工业增加值15亿元左右。林业投资大幅度资金增加，投资渠道进一步拓宽，宾阳县委县政府投资大幅度增加，利用外资取得新的突破。

（5）农村能源建设成果显现，农民生活日益改善。

"十二五"期间，本地农村能源建设力度明显，建设沼气池34756座，服务网点43个，培养沼气池管理与维护技术人员276人，覆盖农户

34756 户，受益达 139024 人，产生经济效益 3718 万元，生态效益显现，实现生态环境低碳效益。在沼气池全面建设下，为返乡农民工 300 多人提供工作，为农户节约能源投入达 3301 万元，使农民生活得到明显改善。

(6) 林改工作稳步推进，分山到户农民欢喜。

宾阳县作为全区林改的扩大试点县，完成全县林改任务 83 万亩，占南宁市下达任务的 102.47%，占自治区下达任务的 110.1%。林权制度改革分山到户，给农户带来了更大的林地所有权，产权更加明晰，林农实惠更多。乡镇林业站建设取得新进展，争取到上级扶持资金 25 万元，分别用作维修陈平、黎塘两个林业站和建设思陇林业站。

(7) 林下经济总体情况。

林下经济林地面积 1.13 万亩，其中林下种植涉及林地面积 0.2 万亩，林下养殖涉及林地面积 0.7 万亩，林下旅游面积 0.23 万亩。林下经济产值 10740 万元，其中林下种植产值 40 万元，林下养殖产值 10400 万元，林下旅游产值 300 万元。惠及林农人数 3800 人，其中林下种植惠及 900 人，林下养殖惠及 1400 人，林下旅游惠及 1500 人。林农年人均林下经济纯收入达到 3018 元。到 2015 年底宾阳县力争林下经济达到年产值 292 亿元以上。

2. 调研地点的实际情况

案例一　2015 年 7 月 27 日早上我们开始进村。第一站是南宁市宾阳县新圩镇同欧村。同欧村的农业作物以水稻为主，本村的林地很多。我们先对村民进行了调研内容的介绍，然后是一对一的关于林改问题等访谈，最后是关于农村林业产权改革后林下经济发展的专题问卷调查。村民很热情，我们的调研顺利地进行。有的村民还拿出他们的林权证给我们看，还有个村民因为承包方很长时间没有交纳林地租金而把他的承诺书拿出来，希望我们给想个办法，尽快让这个承包人把村民的租金欠款还上。还有的村民热情邀请我们调研员去家里了解情况。总体来说，感觉本村的村民对有关林权改革的问题了解不多，但是他们对此次国家林业局的百村调研项目很期待。他们也和我们交流了他们对现在林改的一些想法。整个村子的林地好多都承包给了别人，村民不太经营自家的林地。林地每年的租金很低，这几年随着经济的好转，租金有所上涨，相对来说还是很低，并且最近几年还出现了租金拖欠的现象。

案例二　调研的第二个地点为广西南宁市宾阳县甘棠镇冯村。我们在正式访谈前先与本村的村长进行了简短的交流，希望可以对本村概况有个大致的了解。本村也是宾阳县的重点扶持对象，村子建设和规划得很好。现在村子经济是以养鸡等为主，林地发展也可以。现在村里有小型游乐场、人工湖等休闲场所，还有各种协会，例如老年协会等，并且各个协会也有自己的一套领导班子，感觉很高大上。我们去的时候很多老年人在活动室下棋，感觉整个村子很适宜居住。根据村民的介绍，本村的林地以前曾发展过林下经济——养鸡。有些村民对我们的到来很好奇，跟着我们问东问西的，我们对此也一一解答。我们在村委会的二楼会议室对村民进行了访谈，村民们对调研的内容很感兴趣。他们也会打断我们的问题，说一些自己家的情况，这时我们会拿出笔记本进行详细记录。因为他们的谈话可能会包含重要的调研信息。本村的村长也对本村的整体情况进行了说明。我们结束问卷和访谈后，还在村子里看了一下。整个村子的规划真是非常好，当然也还有很多旧房屋，不远处就是大片的水稻田地，非常美。本村的林下经济之前发展很不错，给本村带来了很大的经济效益，现在他们也一直受益于林下经济的发展。

（二）百色市

1. 本市的林改和林下经济发展情况

百色市的林业系统积极应对林改的严峻形势，创造性地贯彻落实自治区党委、政府的决策部署，采取非常措施、非常力度、非常办法、非常政策，着力解决林业改革发展中出现的困难和问题，强力推进。以兴林富民为目标，以林地资源和生态环境为依托，因地制宜，充分利用林下土地资源和林荫优势，从事林下养殖、种植等立体复合生产经营，实现农林牧各业资源共享，优势互补，循环相生，协调发展的生态农业模式；发挥优势，突出特色，强化指导，组织和引导农民群众积极开展林下种植、养殖、林下产品加工等生产经营，最大限度地提高森林资源的利用率和产出率。深化林业配套改革，加强制度建设，加大扶持力度，逐步形成集体林业的良性发展机制，实现资源增长，农民增收，生态良好，林区和谐的目标，以集体林权制度改革为中心的林业各项工作取得了新成效。

（1）高位推进，集体林权制度改革出新亮点。

百色市林改任务3166万亩，占全区的15.1%，是全区林改任务最重的市。为了争取林改总体工作的主动性，在自治区下达404.7万亩试点任务的基础上，百色市把试点任务增加到了712万亩，田林县、平果县的试点任务分别达到118万亩，林改试点任务十分艰巨。为了实现百色市林改目标任务，百色市委、市政府把林改工作列入全市"三农"工作的中心任务来抓。市委常委召开3次会议研究林改工作。百色市委书记刘正东、市长谢泽宇亲自抓，百色市委副书记黄志伟、副市长王健具体抓，开展高密度、大范围的调研工作。仅2014年下半年，市委、市政府就先后召开了6次重要会议，全面部署推进林改工作。市委还专门下文要求各县（区）增配林业局专职副局长、试点乡（镇）增配专职林改副书记。各县（区）党委、政府认真按照市委、市政府关于"四级书记抓林改"的要求，主要领导亲自部署、亲自检查、亲自落实。林业部门充分发挥党委、政府的参谋助手和林改主力军的作用，动员全体干部职工投入林改工作，超额完成林改试点任务，确权发证面积达728.1万亩，占自治区下达任务404.7万亩的179.9%，完成百色市确定任务的102.3%，位居全区第一。

通过招商引资、政府引导、政策扶持和项目支撑等措施，吸引和培育一批规模大、效益好、带动力强、产品具有市场竞争优势的龙头企业开发林下经济，形成以公司为龙头和核心，以农户为基础，以基地为依托，以协会为纽带，组成利益共享、风险共担的利益共同体。并通过公司的良好运营，吸引部分外出务工农民回乡发展林下经济。区政府级服务机构准确了解把握当地林产品生产情况，准确向农民提供市场信息，同时放手发展社会中介服务组织，加快社会化服务体系建设，积极引导主产区成立农民林业专业合作社、果业协会、产销协会、研究会、联谊会等行业中介组织，实现市场和参与主体的有序互动，鼓励引导产业、经营、加工者成立"互动组、合作社"等联合体，开展群众性的社会互动活动；鼓励劳务、运输、技术、信息咨询等其他社会中介组织，依靠自身的人才、信息、技术优势，积极参与林产品的市场开发和建设。

（2）强化服务，林业产业发展上新水平。

百色市各级林业主管部门围绕"基地集约化、加工园区化、企业龙头化、产品终端化、经营国际化"的林业产业发展战略，积极抓好林业产业的发展。围绕解决企业实际困难，组织开展了"党组织服务年"、"项目攻坚年"、"服务企业年"活动，每个龙头企业由领导挂名、部门挂点进行专员式服务，帮助企业解决原材料、资金和政策等问题，确保企业在逆境中得到恢复性发展。在外来企业引进工作上，采取了降低门槛、优化服务、政策倾斜等办法，积极营造良好环境。近年共引进新增木材加工企业21家，企业总数达到169家，年加工能力2万立方米以上的有13家。在森林旅游产业方面，百色市充分发挥乐业大石围天坑群、靖西通灵峡谷漂流、右江区大王岭漂流、那坡老虎跳跨国漂流、岑王老山国家级自然保护区等生态休闲游带动作用，旅游人数达592万人次，森林旅游收入达7094万元。此外，百色市还全力实施速生丰产原料林基地建设，营造速丰林28.9万亩，油茶低改13.9万亩，八角低改14.5万亩，新种油茶1.2万亩，新造笋材两用竹林14万亩、低效改造4万亩。全市林业产业逆势上扬，林业总产值预计达到68.5亿元，同比增长22.3%。

（3）突出重点，造林绿化呈现新变化。

2014年以来，各级林业部门共育苗1994亩，苗木总产量达7325万株。按照自治区建设全国生态文明示范区、城乡风貌改造、绿色通道等工程建设要求，百色市及时调整工作思路，实现造林绿化新转变：一是由部门造林向全社会参与造林转变。义务植树743.2万株，占计划的100.2%；二是由面上造林向重点工程造林转变。突出重点工程造林，完成退耕还林荒山配套造林8.5万亩、新增投资珠防林9万亩、石漠化治理2.9万亩、试行项目1.8万亩，均较好地完成任务；三是由一般造林向速生丰产造林转变。完成桉树17.7万亩，良种松6万亩，良种杉6.8万亩，竹子5.1万亩，珍贵树种0.9万亩；四是由山坡造林为主向城镇、村屯、道路、水岸、庭院绿化为主转变。实施了右江河谷城乡风貌改造工程、右江河两岸竹子带工程、南昆高速路百色段绿化工程、新农村建设工程。全年植树造林完成40.2万亩，占自治区任务的100.5%。

（4）依法治林，森林资源保护有新成效。

为加强对重大项目林地使用的服务工作，市林业局与交通、公路等部门建立联席会议制度，实行主动沟通、主动服务，实现当天受理、当天审核上报，2014年报批40宗2728亩，有效推动重大交通基础设施建设项目的开工和实施。在林木采伐管理方面实行木材采伐公开公示制度，严格伐前设计、伐中监督、伐后验收制度，杜绝超计划、超指标采伐现象。为掌握百色市的森林资源情况，各级林业部门采取有效措施，2014年下半年完成了森林资源二类调查，摸清了森林资源家底，为明确林改任务提供可靠的依据。在打击破坏森林资源违法犯罪行为中，先后开展了"春季打击毁林开垦违法犯罪专项行动"等5次大的专项打击整治行动，查处了一批大案要案，查破1756起案件，处理违法人员1864人，其中逮捕190人。

（5）综合治理，森林防火工作取得新成绩。

2014年，百色市发生森林火灾102起，同比下降22.14%；火场总面积828.3公顷，同比下降18.89%；森林火灾受害率0.11%，大大低于自治区下达的0.6%指标；没有发生重、特大森林火灾和人员伤亡事故，森林防火工作保持良好势头。

（6）狠抓源头，林权调解出现新局面。

据统计，百色市各级林业主管部门受理山林纠纷案件351起，调解294起，调解率83.8%，解决山林权属争议面积86760亩，挽回因山林纠纷产生的损失约860多万元。受理并作出处理的群众来信82件，接待群众来访1360人次，劝阻和化解群众性械斗苗头68起，劝阻群众集体进京赴邕上访460人次。此外，全市在林改工作中排查的山林纠纷有7617宗，面积106.15万亩，已调解6519宗，面积82.97万亩，调解率85.58%，为以林改为中心的林业各项工作的顺利开展，营造稳定、和谐的环境。

（7）百色市创新工作方法，依托三个调处平台，强化山林纠纷调处，全面推进和谐林改。

一是人民调解平台。创建人民调解示范市，组织开展"人民调解化解矛盾纠纷专项攻坚年活动"，切实加强集体林权制度改革的纠纷调处力度，集中开展排查调处，努力化解老矛盾，有效预防新矛盾。二是"农情乡解"平台。全市各县（区）结合实际，以乡情、亲情、友情为纽带，充分发挥村林改理事会和组林改议事会作用，调动其参加本村组的纠纷调处，为林改工作扫清障碍。三是"三老"平台。在山林纠纷调处工作中，首先发挥"三老"（即老干部、老党员、老村民）情况熟、威望高、明事理的作用，为纠纷的顺利调解奠定了基础。其次从司法、调处、法制、乡（镇）、村屯等抽调农村工作经验丰富、善于调处的干部组成林改纠纷调处工作队，开展调处工作，做到纠纷出现在哪里，调处工作就到哪里。全市共抽调县（区）、乡（镇）干部2265人。

2. 调研地点的实际情况

我们调研首站是百色市百城街道的六苜村。我们出发的时候是大暴雨，路途遥远，并且山路很不好走，所以就特别担心。好在司机驾驶技术不错，最终我们平安到达。由于下大暴雨，根据他们的建议，村庄的村民自发来到百色市百城街道委员会办公室。我们先对村民进行了调研内容的介绍，然后是一对一的围绕林改问题等访谈，最后是关于农村林业产权改革后的林下经济发展的专题问卷的问答。本村的村长也对本村的整体情况进行了说明，我们就继续有关村级的调研问卷。通过访谈发现本村的林下经济基本没有，并且他们的林地利用率不高。我们结束问卷和访谈后，有的村民还拿出他们的林权证给我们看，本村的调研结束后，我们与村民在村委会前合影留念。

第二个调研村庄是凡平村。这个村庄特别偏僻，道路十分难走，并且由于一直下暴雨，村民出行十分危险，我们也在思考这里的村民怎么出行，去趟城里肯定特别费劲。"要致富，先修路"，为什么这里的山路这么难走却无人维修。和司机师傅谈起此问题，他告诉我们，每当下雨的时候这里就会积水，有的小型汽车甚至会有被淹没的危险。道路一直这样，无人来维修，村民出行很困难。看看远处的山，再看看脚下的路，觉得本村的问题真多。要解决起来真不是一件容易的事。大约两个小时后我们到达目的地——凡平村。这里正赶上义诊，好多的村民聚在村委会一楼大厅内，等待医生们给他们做体检。我们抓住机会，继续我们的访谈。我对一位村民稍微介绍后就正式开始做问卷。这位阿姨家里的林地很多，但是经营很不善，投入很多，包括购买化肥、农药以及雇人管理等，收效甚微，全部林地种植了板栗，所以怎么把板栗销售出去又是一个问题。本村整个农作物的种植、农产品的销售很不规范，无法实现产供销的一条龙。她们家的林地效益很差，对此这位村民也很苦恼。第二位访谈对象家里林地有50多亩，并且他是壮族人。来到广西调研终于采访到一个壮族村民，他们家的林地现在是种植了药材（鸦胆子），他们的林地是自留山，多年未重新分配。这位村民对林业保险、公益林、林业经济合作组织等十分不了解，对于国家此次下达的调研任务，他倒是很感兴趣。他们家的经济收入构成中林地占了很大比重，这也说明他们是靠林吃饭。

(三) 广西防城港市

1. 本市的林改和林下经济发展情况

该市是广西推进集体林权制度改革的三个市之一，于2009年开始集体林权改革。在开展这项工作中，防城港市层层落实责任制，并将林改纳入年度工作考核目标。同时，镇村两级积极筹措资金，共投入林改经费2656.48万元，投入林改的工作人员达3054人，其中技术人员367人。现已基本完成林改，取得成效如下。

（1）成立林改工作领导小组，加强领导。

像我们调研的华石镇就在2009年6月成立了由镇党委书记和镇长为组长的关于林改的工作领导机构，并作为中心来指导全镇的林改工作。设立了林改办公室，让林业站的站长担任办公室的主任，负责日常的工作，以此类推，各村也成立了小组，村支部书记担任小组长，村委会主任是副组长，村两委委员、村民代表为成员。在工作中，镇长、书记每周下村搞林改不少于2天，为了能更好地推进林改工作，对一些难度较大的村还要进行回访，了解情况。还要将《责任状》的执行考核结果作为干部成绩的一部分，并且不能按时完成任务的要启动问责机制进行问责。

（2）加强宣传，积极推进林改工作。

各级党委、政府开展深入、广泛的宣传活动，并且召开宣传动员大会。发放信件4500份，拉横幅、张贴宣传标语。召开包村领导、干部林改专题会议多次。还对工作人员进行专题培训。邀请专家来做讲座，同时也会鼓励大家外出参加培训班。不定期地召开林改分析会，发现问题及时纠正，党政领导经常找外业组人员谈话，促进林改工作的进度。

（3）调查摸底，掌握林情。

包村领导和干部进村入户摸底，并且将调查情况公示，结束后，召开村民小组会议通过林改方案，同时外出工作人员进行登记造册，落实联系方式。由包村领导亲自通知外出人员回来参加林改。关于林改均户率，重点对集体经营、联队经营以及均股、均利的集体林地进行整改，若林农主动提出，就会支持，不然就想办法引导农户均山到户。检查林改方案，对简单粗糙、操作不强的方案进行整改，确保均山到户率。纠正发大证、联户发证问题，切实提高集体山和集体商品林的到户率。

(4) 按照"两个三分之二"和"三个必须"的原则。

参加村民会议或村民代表大会人数必须超过应到人数的三分之二；表决需通过票数必须达到应参加会议人数三分之二以上，这样方案才可以通过。村里的公示栏必须及时对改革方案、小组林界、《林权现状登记表》等进行公示，并且拍照存档；对关于林改的工作人员实行问责制，明确奖惩。

2. 调研地点的实际情况

案例一 调研村庄是那湾村。在我的调研对象中有些正好是村里的干部，他们对本村的林地等情况十分熟悉，但是问及他们对林改的了解时，好多情况他们却不熟悉。像在防城港区华石镇那湾村我的第一位调研对象是一位女干部，她从当时的农业技术大学毕业，她们家的林地不多，只有三亩左右，是自留山，现在种植经济林。她告诉我因为村里的事情很多，有时候她们家的林地就顾不上管理。所以当我问及若是在城里有一份稳定工作时，她表示愿意放弃自己的现有林地。同时村里现在还没有关于林业合作组织的机构，村民的林地都是自己经营，是散户。对于林下经济，这位阿姨更是一概不知。所以我觉得有关林改的信息需要大范围的宣传。他们村子从1982年将林地分配到个人后，基本就没变过，以前还种些甘蔗之类的，但是现在改种松树了。他们面临的问题主要是销售和劳动力短缺等问题。

案例二 调研村庄是黄江村。调研对象是位普通村民，小学文化，但是个人经历很丰富，当过学徒工，参加过农机与农技培训。农闲时候会去城里打工，他们家的林地很分散，5亩地分为6块。这是从父辈那里继承来的，多年未变，并且因为太分散，自己经营很麻烦，出租给别人，也不好经营，所以这个问题他一直很头痛，希望可以早点解决它。虽然情况如此，但当我问若是在城市里可以找到一份很稳定的工作时，愿意放弃这片林地吗？他却坚定地说，不，觉得手里有土地，心里不慌。对农民来说，土地一定程度上是他们赖以生存的砝码。对于比较专业的林改问题，这位村民也是一头雾水，像公益林、林权抵押贷款等不太清楚，但是他对国家前几年进行的林权发证确权很看好，觉得自家林地终于有了国家的保护，他们普遍看好国家林业局的这个举动。所以他很珍惜他家的林权证，还专门带来给我们看。

三 对广西林业改革与林下经济发展的一些思考

（一）林下经济发展明显不足，应大力扶持

我们调研的广西几个县市区，林业经济发展很少，好多村庄的林地里无林下经济，但是整个广西的林下经济发展还可以。广西积极鼓励支持发展林下经济。例如，编制林下经济"十三五"发展规划，提前谋划"十三五"期间林下经济发展思路，把握新形势下林下经济发展的新特征，在全区范围内建设一批国家级林下经济综合示范基地、一批自治区级林下经济精品示范基地。二是进一步加强林下经济示范项目建设与管理，争取出台《自治区林下经济示范项目管理办法》，调整优化林下经济补助内容，进一步发挥林下经济示范项目的引领带动效应。三是加强林下经济信息平台建设，充分利用广西林下经济信息网与林下经济管理信息系统，进一步提高全区林下经济产品的品牌培育和宣传力度，为广大主体搭建产品营销的便捷平台。四是实施林下经济"十百千万"富民增收项目，即培育10个国家林下经济示范基地，100个自治区林下经济精品示范基地，林下经济龙头企业和林业专业合作组织1000家，到2020年，每户农民的林下经济年均增长1万元。五是优化林下经济产业结构，更多地支持既有生态效益又有经济效益的林下种植和林下旅游，加大对林下种植及林下旅游的资金支持力度，努力实现生态效益和经济效益的双赢。

林业产业投资不足。近年来，广西林业取得了长足发展，森林面积和林木蓄积量都保持了良好的增长势头，林业产值也有了大幅度增长，但是资金短缺一直是制约我区林业产业发展的难题，融资渠道不畅，林业投资不足，森林资源面积大，管护难度大，森林资源管护投资严重不足，资源管理设施设备落后，森林执法人员相对不足，盗伐、盗运林木的违法行为还时有发生，森林资源管护工作难度依然很大，水源林保护站职工待遇偏低等问题的存在已经严重影响和制约了我区林业产业的进一步发展。

林业企业市场竞争力不强。一是龙头企业带动林农增收致富有待进一步提高；二是我区生态公益林占全区林地面积的51.02%，八角肉桂经济林面积多，导致木材加工企业原料供应不足，许多企业因为原料供应不足而处于停产或半停产状态，木材的刚性需求与现阶段森林可供资源不足之

间的矛盾日益加剧；三是木材加工企业科技投入不大，财税贡献率小。我区114家木材加工企业中有98家产品是半成品，占木材加工企业的86%，企业利润低，上缴税收也不高。2014年，98家木材加工企业上缴税收仅200多万元，财税贡献率极低；四是木材加工厂缺乏科学布局，建厂选址不科学，造成木材加工业布局分散，山边林边小企业多，集中度和关联度不高，无法形成产业集群优势。

（二）林权抵押贷款方面不规范，应不断深化林权改革和改进抵押措施

广西出台了一系列措施来保障林权改革的顺利实施。在林权抵押贷款方面，加强部门合作，完善林权抵押贷款的政策环境，重点完善林权抵押贷款管理、担保、监管和森林资产收储机制，加快制定森林资源评估标准，力争用2—3年时间，使全区林权抵押贷款规模增长1倍以上，帮助更多农民将林地资源这一"定期存折"转化为"活期存款"。在政策性森林保险方面，明确工作目标，鼓励各市县加大政策支持和资金扶持力度，尤其是加强对重点投保对象的宣传力度，提高普通农户的投保意识，不断加强森林保险服务体系建设，建立健全"点—线—面"相结合的政策性森林保险基层服务网络。

在林业专业合作社方面，积极争取合作社扶持资金，加强专业合作社的培育力度，开展自治区林业专业合作示范社评定工作，提高合作社内部管理水平，进一步规范章程、工商登记、民主管理、生产经营、盈余分配等制度，完善利益分配机制，加大典型示范的宣传力度，努力提高林业专业合作社的内部管理水平。一是林权管理服务没有正式机构，没有正编人员，许多林权流转、林权抵押贷款、政策性森林保险工作难以开展；二是林权服务窗口未做到一站式管理，林业综合行政、森林资产评估、仲裁等业务分散在林业局内部机构和林业局外部机构承担；三是有关林权流转的法律法规相对滞后。

（三）林农的意识不强，需加强对他们的宣传和指导

采取多种群众喜闻乐见的方式，广泛宣传发展林下经济的目的、政策、模式、意义、好处和措施等，深入发动群众积极参与林下经济工作。

增加农民收入,林改均山到户后,林农真正成为林地的主人,对林地有充分的自主权,通过林下资源有偿承包取得收益,增加了农户收入,实现了"山中有林子,口袋有票子"。我们调研的宾阳县就积极抓好试点,典型引路,通过培育典型,带动林下种植砂姜、山地姜、药材、食用菌和其他经济作物,积极引导林农发展林下经济。在林下种植方面,重点培育新桥镇佛子岭林下种植金银花、烈山水库林下种植鸡骨草、中华镇施鹿村林下种植水栀子、王灵镇补基村林下种植草珊瑚等中草药基地;在林下养殖方面,重点培育新圩镇山大旺林下养殖山鸡,甘棠镇、露圩镇林下养殖土鸡、陈平镇、思陇镇林下养牛,邹圩镇、和吉镇林下养羊等林下养殖基地;在林下旅游方面,重点培育宾州镇碗窑原生态漂流、佛子山生态旅游、黎塘镇欧阳村农家乐林下休闲旅游和武陵镇白鹤观竹海休闲旅游度假等项目。使宾阳县林下经济工作通过试点、典型引路,带动宾阳县林下经济工作全面快速发展。今年以来,宾阳县林下经济产业蓬勃发展,成为宾阳县新的经济增长点,效益明显,好处较多。既守住了林子,口袋里又有了票子。

森林资源管护难度大,管护投资严重不足。广西山大沟深,森林资源面积大,管护难度高,森林资源管护投资严重不足,资源管理设施设备落后,森林执法人员相对不足,盗伐、盗运林木的违法行为还时有发生;森林资源质量不高,林业产业发展不快。虽然广西森林覆盖率高,森林面积大,但是林地单位面积蓄积量较低,另外林分结构单一,林地管理水平低,以致森林资源质量不高。再者,广西林地以生态公益林为主,而能产生经济效益商品林面积仅占全省林地的48.98%,农民增收效益不快。加上木材加工企业多而不精,林产加工品产值率低,严重制约了广西林业产业的快速发展。

(四) 林农组织化程度低,相关部门应加大扶持力度

因地制宜,合理规划。依照农民意愿,引导农户成立林业专业合作社,采取"协会(合作社)+农户"的模式,建立一种能适应新形势发展要求的林业经营管理体制和运作机制,形成规模化经营,降低经营管理成本,提高生产经营效率和综合效益,提高林农抵御市场风险和抗击自然灾害能力。因地制宜,合理规划,根据各地不同情况建立适当的林业发展

模式。如宾阳县的陈平镇、思陇镇、和吉镇、洋桥镇群众有养牛、养羊的传统，适合发展林下养牛、养羊产业；古辣镇、露圩镇、甘棠镇林下养鸡已初具规模，可发挥原有优势，进一步扩大林下养殖肉鸡、牛、羊等禽畜及野生动物养殖；武陵镇、黎塘镇、思陇镇、中华镇等大力发展速生丰产林；陈平镇、黎塘镇、王灵镇等发展林下山地姜种植。各地按照农民意愿，组织成立旅游、速生丰产林造林、林下种植和养殖专业合作社，做到一镇一特色，一村一品牌。

完善制度，政策扶持。根据宾阳县林下经济发展特点和优势，出台相关扶持政策和措施，目前，宾阳县出台了《宾阳县促进林下经济发展的意见》、《宾阳县林下资源合理开发利用的实施方案》等措施办法，同时，对农户发展林下经济从政策上给予支持，县妇联给予农村妇女创业者最高5万元无息贷款扶持，县林业部门按照县的总体规划，适时申报了新圩镇同欧村天凰山鸡养殖、甘棠镇冯村林下养鸡、新宁村林下养鸡、新桥镇余村、新民村林下种植金银花、王灵镇补基村林下种植草珊瑚等作为本县林下经济发展专项资金示范项目。同时要求各镇每年创建一至两个林下经济发展示范点，进一步促进宾阳县林下经济的快速发展。部门协作，强化服务。县各单位、各部门结合本单位业务特点，为林下经济发展提供一切便利。宾阳县在县林改办设立林下经济指导窗口，定期或不定期邀请农业、水产畜牧部门技术人员到林下经济指导窗口对农户发展林下经济进行指导，提供政策咨询、技术指导等服务。对利用林权证抵押贷款发展林下经济的农户，贷款额度30万元以下的金融部门免予评估，并且缩短办事流程，简化办事程序，极大地方便农民群众。宾阳县林业局财政局共同监督专项资金项目的实施，定期或不定期组织人员到项目点指导、检查项目实施情况，及时帮助实施单位解决项目遇到的各种问题。保护生态环境，合理利用资源。从生态方面来看，林下资源是永久性的可持续资源，如果能合理开发利用，既可发挥它的最大效用，又能有效地保护资源，避免资源浪费。

（五）林业站的建设不完善，体制不健全

广西的99个县1282个乡镇中成立了1032个乡镇林业站机构，其中独立设站的有1004个，设区域站的有28个站。在111个县（市、区）中有28个县（市、区）的乡镇林业站属于县级林业主管部门的派出机构，占28.3%；有15个县（市、区）的乡镇林业站属于县级林业主管部门管理和乡镇政府的双重领导，以县级林业主管部门领导为主的双重管理体制，占15.2%；有56个县（市、区）的乡镇林业站属于镇政府领导的管理体制，占56.6%。管理体制的不统一，使得大部分县林业局对林业站人员的合理调配和集中使用困难，造成有的林业站技术人员多，有的过少甚至没有的局面；下放的林业站由于过多参与"中心工作"，林业技术人员无暇顾及本职业务。林业发展受自然、气候条件影响较大，林业产业发展受风灾、水灾、病虫害、自然区域条件影响较大，林农及林业企业组织在发展过程中抗风险能力较弱，如今年受"威马逊"和"海鸥"两次台风影响，林业受灾严重。据不完全统计，全区金花茶苗木受灾1200万株，沉香受灾面积4000亩，直接经济损失2亿多元，林农和林业企业组织抵御自然风险的能力较低。

四 结 语

广西不只是林业需要发展，而且很多的问题都需要及时解决，尤其是道路问题，没有发达的交通，一切都是空谈。村民被局限在落后的村庄，他们的文化水平很低，好多外出打工，只能从事一些以体力劳动为主的工作。有的村民外出打工受挫后，只能回到村里，经营他们的林地，但是资金、技术、销售等配套跟不上，经济效益很差。还有他们的观念有些落后，当时我们问到是否可以把林地按照人口重新分配时，很多的村民不愿意，并且表示即使在城里有好的工作，即使自家的林地效益再差，他们也不愿意放弃林地的经营权。我们在广西调研的那些天，基本天天是暴雨，我们经常被淋湿。当时就想，天天下雨，这里的人们怎么出行？但是我们在附近的村庄发现，大雨天村民照常在种植水稻，他们确实很辛苦。广西农民现在的生活状况是全国广大农民的一个缩影。中国作为一个农业大国，真的应该好好考虑下如何让广大的村民共享改革的成果。

空谈误国，实干兴邦。

（作者简介：马丽，山东潍坊人。厦门大学公共事务学院2013级政治学系硕士。曾任学院研究生培训部部长、区域发展研究会会长。现任2013级政治系硕士班班长、厦门大学"农民之子"协会会长等。连续两年带队参加暑期社会实践并获优异成绩。)

第二篇　村民自治研究

全力推动村民自治 政府与村民孰对孰错

张雪冰

一 调研背景

20世纪80年代初我国农村开启了村民自治的时代，此后，它越来越引起研究者的广泛关注。在30多年的发展中，村民自治促进了农村经济的发展，进一步保障了农民群众的民主权利，为帮助农民提高生活水平作出了一定的贡献。它在中国基层民主中占有十分重要的地位，是农村民主政治建设的核心内容，关系到农业的发展、农村的稳定，关系到农民的直接利益，关系到全面建设小康社会的进程。村民自治研究不仅成为我国农村问题研究的一个热点，而且在当代中国的政治研究领域也占有重要地位。

（一）调研缘由与意义

1982年我国修订颁布的《宪法》第一百一十一条中规定"村民委员会是基层群众自治性组织"，由此提出"村民自治"的特色社会主义形式。从1998年11月《中华人民共和国村民委员会组织法》的正式颁布至2010年10月修订后的组织法公布，各地普遍建立了村民委员会组织。作为现阶段具有中国特色的农村基层民主最基本的形式，它不仅提升了全民族的民主意识和民主素质，加强了农村社会的稳定，而且在巩固党对农村的领导方面也有突出的贡献。因此，我们选择了村民自治这一课题进行研究。

孝感，简称孝，中国唯一一座以"孝"命名的地级城市，中国孝文化之乡，毗邻武汉，是武汉城市圈成员之一，也是中部地区最具潜力和竞争力的城市之一，综合竞争力在湖北省排名前六位。它地处湖北省东北部，长江以北，汉水之东。因东汉孝子董永卖身葬父，行孝感天动地而得名。面积8910平方公里，至年末，全市常住人口486.13万人，其中孝感城区人口55万人，常住人口90万人。城镇常住人口254万人，城镇化率52.25%。为适应经济的快速发展，孝感在越来越快地推动城市化进程。而在此进程中，村民自治既表现为农村社会政治民主化的发展，又面临农村社会城市化的机遇与挑战。因此，我们选择孝感作为村民自治的研究区域，希望发现更深入的问题。

(二) 研究综述与思路设计

村民自治的兴起与发展，引起了诸多学科学者的关注，他们从各种不同视角对这个热点问题进行了广泛而深入的研究，取得了巨大的进步。

其中，有学者对村民自治的功能目标进行了研究：村民自治不仅有利于充分调动和激发广大农民群众的政治积极性和主动性，提高农民的民主意识，而且是现阶段社会主义民主政治建设的起点和突破口之一，它有利于在社会主义改革进程中逐步实现国家权力归还社会的远大目标。如果从国家与社会关系的角度切入，则倾向于将提高国家对农村社会的渗透能力及对社区资源的动员能力作为村民自治的功能目标；如果从完成国家任务的方位切入，则倾向于将推行国家意志的能力作为村民自治的功能目标。如果从多方面角度切入，则倾向于国家推行村民自治的目标和功能至少有两个：一是把处理农村社区事务的权利交给农民，推进农村的基层建设；二是在党的组织功能健全的情况下，在一定程度上利用村民自治组织来履行政府机构的行政职能，又不增加自己的财政负担。

基于此，在借鉴以往对村民自治研究的基础上，根据当前村民自治发展的趋势，以及最新的政治、经济、社会、文化环境，本项研究设计具有以下特点。

第一，本项研究接受村民自治有多方面角度的功能目标，将研究对象设定为村民、村委会干部以及开发区工作人员三大群体，不单一局限于对弱势群体的调查了解。

第二，本项研究选择开发区这一与村民生活息息相关的基层社会单位，作为孝感城市化的观察视角和窗口，观察经济发展对村民自治的冲击。

第三，本项研究将村民自治的研究对象从单一的农村变为农村与社区，既考虑村民自治在最基层的农村发展状况，也着眼于当前的经济发展，从建立城市化的视角出发，调查城市化过程对村民自治的影响。

（三）研究方法与样本选择

本次调研采取的研究方法是调查法，它是科学研究中最常用的方法之一，是有目的、有计划、有系统地搜集有关研究对象现实状况或历史状况的材料的方法。而我们采取的是问卷调查法，它是以书面提出问题的方式搜集资料的一种研究方法。我们制作了面向村民的基本资料以及对村民自治的了解情况评分调查表和面向村委会的村庄基本资料的万村调查表。问卷调查设计合理，可以充分反映近年来村民自治的能力和村庄的基本情况，且为了保证调查的真实性与可靠性，调查小组分为两两一组，一人为会说孝感话的当地学生，另一人则为有扎实调查经历的外地学生。填写问卷的同时，会进行有效的记录与录音。

选择的村庄样本是平常来往比较多的镇子和村庄，政府会协助我们调查，配合度比较高。选择的村民样本则是随机抽样，在村庄区域内随机抽查村民，不愿配合的不会强求，不愿透露基本资料的问卷作废，最终收集13本有效的万村调查、88份有效的村民自治问卷。

二　村民自治

（一）村民自治的概念

实行村民自治，是宪法和村委会组织法规定的，是党领导亿万农民建设有中国特色社会主义民主政治的伟大创举。党的十五届三中全会提出全面推进村民自治，因此，办法明确规定了村民自治的含义，即"自我管理、自我教育、自我服务"，村民委员会是"自我管理、自我教育、自我服务的基层群众自治性组织"；同时针对有些地方对开展村民自治工作仍有模糊认识的态势，办法进一步明确了村民自治的内容是"民主选举、民主决策、民主管理和民主监督"。村民自治的主要目标是实现自我的更好发展、实现可持续的发展。只有在发展的基础上，自我管理、教育和服务才更有意义。因此，全面推进村民自治，也就是全面推进村级民主选举、村级民主决策、村级民主管理和村级民主监督。"四个民主"的提法始见于1994年民政部下发的关于开展村民自治示范活动的通知之中。从"村民自治"到"四个民主",我们对基层民主的认识是逐步完善、逐步提高的。

(二) 村民自治权的种类与内容

村民自治的关键在于村民由被管制对象向自主权利主体的转变,此转变的第一步是村民必须明确知晓自己是权利主体,并知晓自己具体享有哪些自治权利。虽然国家出于完善法律制度、推进村民自治发展的目的,近年来出台了一系列的政策,但政策本身的阶段性、易变性、非强制性等特征决定了其内容通常很难给行为人提供长期预期以及保障村民自治权利的有效实现。

通过查阅文献以及老师的讲解,本文认为关于村民自治权利的种类,应包括三大类:一是村民的财产性自治权利,如村集体财产所有权、土地承包经营权、宅基地使用权等;二是村民的非财产性自治权利,如自治组织组建权、选举权与被选举权、经营建议或质询权、知情权等;三是村民自治的救济性权利,如检举控告权、司法救济权等。具体确定的权利内容有:选举权与被选举权、参与决策与管理权、知情权、质询权、罢免权、提案权、评议权、申诉控告权、土地承包经营权。从与村民自治活动的关联度等方面看,本次研究认为村集体资产所有权、宅基地使用权、自治规范制定权、获得集体救助权、司法救济权、自治组织组建权等也应纳入村民自治权的范畴。

(三) 村民自治的发展与意义

村民自治在中国的基层民主中占有十分重要的地位,是发展社会主义民主的基础性工作。从这30多年的发展中可以看出,村民自治从实践中的新生事物逐步推广,最终获得国家法律层面的认可,成为中国民主化进程的重要里程碑。

很多学者就村民自治的发展进行了研究,对村民自治的动力来源认识也越来越清晰,其中有的认为村民自治是一种政府行为,源于政府自上而下的推动;也有的认为民主的动力来自经济发展,民主的出现是由经济结构的分化程度决定的,而民主的发达程度则是由经济的发达程度所决定的。村民自治从雏形到越来越成熟,取得了很好的成果,它不仅扩大和保障了广大农民的各项民主权利,而且为农村社会经济发展注入了活力,促进了农村的社会稳定。它所引发的理论价值和时间功效远远超出了农村基层,而对整个国家的政治发展和经济社会的全面进步产生积极而久远的影响。

村民自治取得的发展与成绩固然应该肯定,但其中存在的问题也不容低估。虽然农村普遍实行了村委会直接选举,但许多地方村民自治还未真正落到实处。只有很少一部分农村从形式到内容都达到了《村委会组织法》的要求,而绝大部分农村都是仅仅具有了一种形式。因此,本项研究对我国村民自治的现状进行了调查与研究,旨在发现落实程度和村民自治的发展情况。

(四) 村民自治的调查结果

2015年7月,我们在老师的带领下成立了专门的村民自治调研小组,先后多次就村民自治现状、政府征地拆迁等问题赴孝感展开调研。

1. 访谈案例

本次调研主要访谈了13位村委会负责人、2位开发区办事处工作人员以及30位左右村民代表。为保证访谈的真实性以及可靠性,每次访谈都有录音,访谈后再根据录音内容由工作人员翻译成文字模式并进行记录。

2. 村庄基本信息

本次调研主要访谈了13个村庄基本信息以及开发区发展现状,在此选录东杨社区的基本信息。

东杨村隶属湖北省孝感市槐荫办事处,村域位置紧贴高新区,与西杨村相邻。村区域包括2个自然湾,6个村民小组,总面积为2.45平方公里,总人口为1080人,现没有耕地林地亩数,全被政府征地开发所用。去年村集体经济收入为1200万元,村民人均收入1万多元。近年来,孝感市在搞城市化,东杨村也因此改名为东杨社区,响应政府的征地拆迁政策。

2004年,政府开始征地,因城市化建设之需要,搬迁安置近百农户,在老村前面建起了新小区，视野十分开阔，是居家休闲的好去处，已被政府征地的地块，成功吸引了市人民政府、乾坤豪府、民邦槐荫东岸、红星美凯龙、中央文化中心等项目落户。另外还有联通、合作社等即将落户。

新村建设按照整体规划、合理布局、统一管理，此举既妥善安置了搬迁农户，又为村庄的美观建设奠定了良好的基础。如今，一幢幢崭新的农民小区都已完工，道路、绿化等配套设施工程也都及时跟进。

东杨村自政府征地搬迁以来，除推进新村建设外，对老村也进行了全面改造。对通往村庄的道路已重修并硬化。对老村的环境建设也进行了进一步的规划，按照净化、绿化、洁化、美化的"四化"要求，从治理"脏、乱、差、散"入手，加大环境整治力度，不断优化村民生活环境。对生活垃圾统一进行处理，购买专门收集垃圾的铁桶，遍布村庄各个角落，并雇专业卫生员进行运送处理。

美丽村庄，环境先行。东杨村在村委会的领导下，在全村村民的配合下，正努力朝环境整治先进村、财务公开民主管理示范村的目标前进。

3. 村民访谈情况

访谈总共进行了三天，采取分组形式，各小组负责所要调查的村庄。在此记录村民访谈时遇到的情况与困难。

由于有6个小组，分配到不同村庄，每组调研一个，我们组全是女生，也因此受到了他们的特殊照顾，去离镇政府最近的农益村。农益村的村委会书记也热情地骑着小电动车过来接我们，并帮我们拦了一辆专门载人的"麻木"，他们这边的特色称呼，其实是三轮电动车。村委会干部们很热心地开着车带我们去找村民代表，比如退休老教师和致富代表，但结果并不尽如人意，因为退休老教师不关注政治，很多自治方面的问题都不懂，只是简简单单过日子，典型的淳朴老教师形象。而致富代表本打算采访一个饭店的老板，但因为人不在，只能退而求其次访谈老板娘。老板娘一脸疲倦，除了照顾生意还要带两个很小的孩子，更是没精力关注政治，只能跟我们谈一下他们是怎么发家致富，一步步把饭馆做大的。所以我们决定不再麻烦村委会，自己去走访村民，这样调查的村民更有代表性，更能体现整个村庄的自治状况。

最开始有些碰壁，因为连续碰到几个村民都以为我们是政府伪装人员，不愿接受调查，或是觉得跟我们反映也于事无补，做问卷也就含含糊糊。磕磕绊绊，我们到了一户年轻人的家中，可能是看我们出的汗比较多，知道我们也不容易，他就愿意接受访谈。也从他口中听到了很多和村委会方面说的不一致的情况。比如，村委会并没有三年进行一次选举，干部一直都是连任，村民也并没有多少决策权，大的事情没有跟村民商议，敢代表村民说话的干部也早就没有了。就像之前带领东杨村发展的老干部，因为上书反映情况，被抓去关了 10 多天，最后放出来后还被迫辞职。

这些情况我也只能站在调查员的角度，保持中立的态度来叙述，虽然自己已经变成了一个愤青。最后临走的时候，大哥还特别友好地送了我们西瓜，真的还是村民最憨厚淳朴，即使他拉着你说很久的家常话。

4. 政府人员访谈情况

集体调研访谈的对象是高新技术产业开发区槐荫办事处肖主任，因为她比较忙，而且正好有工作上的问题需要解决，所以花了更久的时间去等待访谈的开始，所幸肖主任百忙之中抽出了时间接受我们的访谈。

任务开始得很顺利，我们也从肖主任幽默睿智的语言中了解了更多情况，虽然最初计划是让她跟我们讲一些关于社会组织如何运转，村民自治情况的问题，但时间有限，我们只有幸学到了办事处的工作内容性质以及解决办法等。据她介绍高新技术产业开发区槐荫办事处于 2007 年成立，此开发区占地 12 平方公里，有 1.2 万人口，管辖 7 个社区，具体计划涵盖的有孝感市市政府，市级各部门办公集中区，如市委市政府、劳动人事、人大、政协、公安局、法院、检察院、信用合作社等，城市综合体项目以及红星美凯龙、中都巴黎国际城等。

此外，她还讲解了办事处的工作内容，主要是征地拆迁。这时候我们才了解到办事处的不容易，他们的中心工作是项目落地建设，这就像一个战场，而孝感市是城市化的主战场。说工作是一个战场一点不为过，基层工作人员每天都跟农民谈，是拓荒者，要搞城市化就少不了要征地拆迁，少不了与群众打交道，具体原因有以下三点：（1）村民的原因。村民一般有三个特点，利益性、关联性、仿效性。因为征地拆迁涉及利益问题，从古至今只要涉及钱的问题就会扯不清，更何况涉及那么多人的征地问题，关联性又会导致村民之间存在互相攀比，觉得别人拿得多自己也该拿更多。世上本来就不存在绝对的公平，比如政府从开始征地到现在每亩给的补贴价格都一样，但由于通货膨胀，纸币越来越不值钱，相同的金钱补贴却并不能买到同样多的东西，后来被征地的村民就会觉得不公平；（2）工作人员的工作方式有问题。因为是面对基层村民，如果不设身处地为村民考虑，不善于细致地做群众思想，再直接的传话人也会变得很复杂。政府的政策对于村民很好，比开发商许给村民的政策好很多，但就是因为基层干部不善于做思想工作，就会让村民觉得有干部贪污，没有把补贴的真正资金发到群众中去，双方都会存在误会。另外，听肖主任说，90%的干部做事不担当，不愿意承担法律责任，每天所做的工作就是只在办公室写报告，因为很多干部的观点就是不做事就不会有做错事的记录，保本就好，这也导致工作的不积极；（3）合法强制推进的手段。因为在中国集体拆迁没有法律，而工作人员又不愿意承担法制和责任，所以只能自己制定，使得政策多样化没规范。举一个案例，有一个村民在工作人员丈量田地多少的时候做了手脚，使得田地面积比实际多了两倍，当怀疑有问题想重新测量时，该村民又不愿意丈量，而实际GPS测量表明第一次测量的面积确实有问题，这时候工作人员采取的方式主要是协商，把该村民从群众中隔离出来，宣传他的行为为村民带来不好，涉及集体利益，每个程序也都做得无懈可击，并且走法律程序，告知该村民对土地只有经营权，没有所有权。最终处理的结果当然也是好的。

列举征地拆迁的难处之后，肖主任又说出了到底该怎么做才能让这个问题更加容易解决：（1）强化自身组织，与群众做朋友；（2）为群众排忧解难；（3）招纳善于与群众做思想工作的基层干部；（4）适时推进合法强制的法律手段，提高基层干部依法治国的思想。

5. 调查问卷信息

除了万村调查表格，本次调研重点分析了面向村民的基本资料以及对村民自治的了解情况评分调查表。问卷分为20个问题，循循善诱，一步步使村民对村民自治了解越来越深入。在此选取了其中具有代表性的5个问题。（调查结果如图所示）

（1）您对所在村委会最近一次选举满意吗？
（2）本村村委会是如何产生的？
（3）您认为村委会是一个怎样的组织？
（4）您相信村委会公布的内容吗？
（5）您对目前的村民自治的总体情况的评价是？

全力推动村民自治　政府与村民孰对孰错

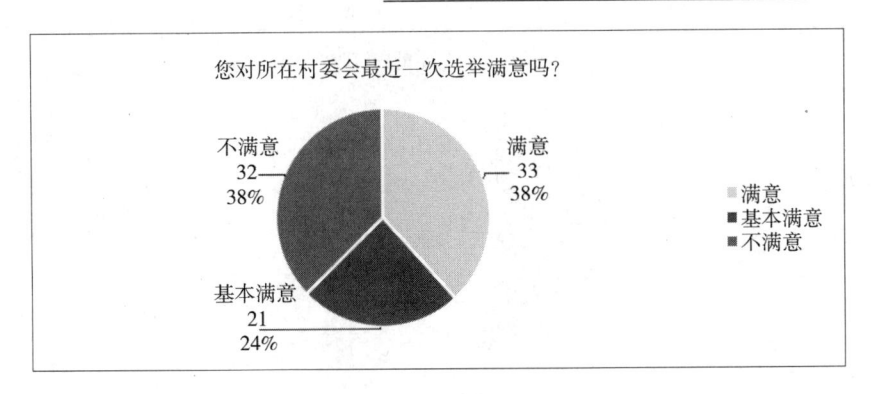

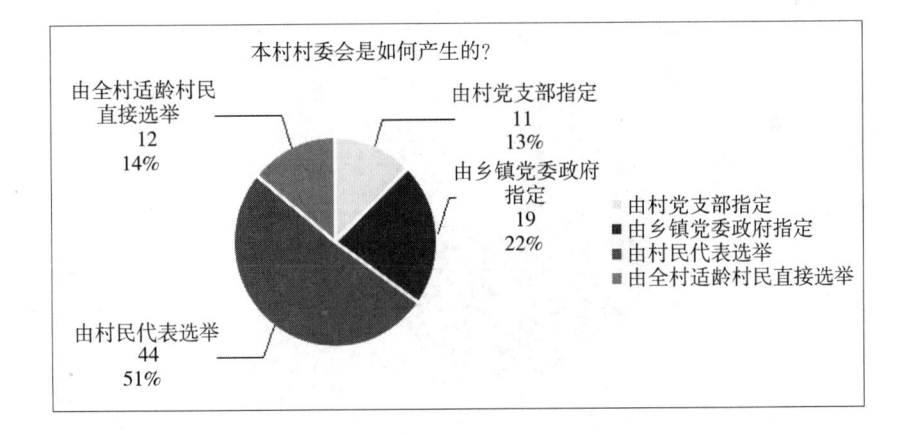

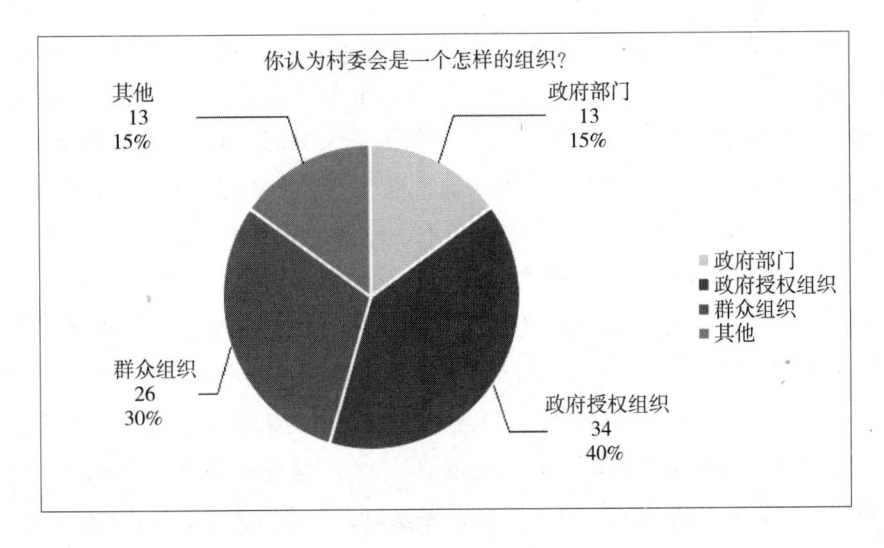

您对所在村委会最近一次选举满意吗？

- 满意　33　38%
- 基本满意　21　24%
- 不满意　32　38%

本村村委会是如何产生的？

- 由村党支部指定　11　13%
- 由乡镇党委政府指定　19　22%
- 由村民代表选举　44　51%
- 由全村适龄村民直接选举　12　14%

你认为村委会是一个怎样的组织？

- 政府部门　13　15%
- 政府授权组织　34　40%
- 群众组织　26　30%
- 其他　13　15%

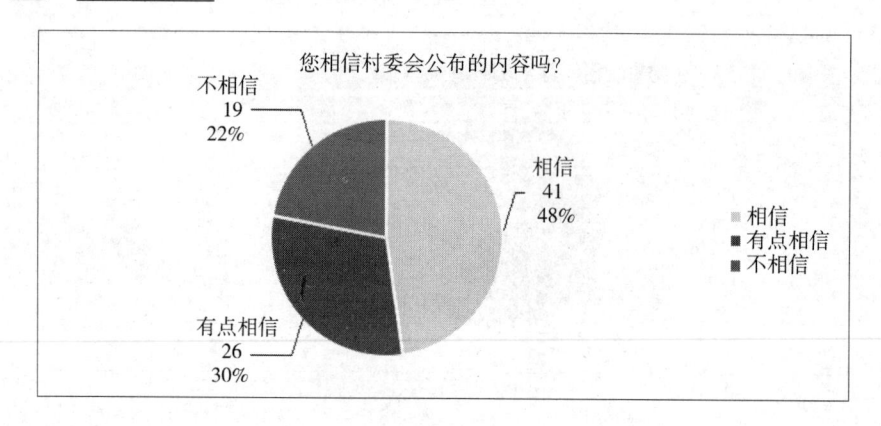

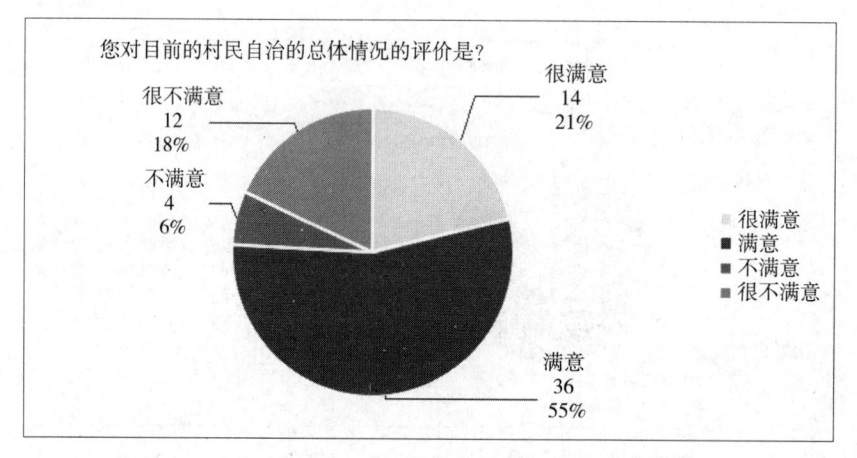

您相信村委会公布的内容吗？

- 相信 41 48%
- 有点相信 26 30%
- 不相信 19 22%

您对目前的村民自治的总体情况的评价是？

- 很满意 14 21%
- 满意 36 55%
- 不满意 4 6%
- 很不满意 12 18%

针对以调查问卷信息的统计结果，在此指出调研的不足：（1）村民调查问卷对象没办法控制，代表性不强，单单只说我们这个组的调研对象，年龄分层太大，40岁以下的村民很少，大多都是60岁左右的老人；（2）村民调查问卷对象不够重视我们，以至于真实性还需要进一步提高，很多村民觉得跟我们说实话我们也帮不了什么，索性敷衍了事，答案很含糊；（3）访谈对象不够，没有村民代表，访谈内容也就有些不能反映真实情况；（4）调研时间选择不当，导致下午村民都在忙自己的事情，比如干农活、打麻将、午休。这样村民调查问卷对象就会很少；（5）村委会基层干部本身对村里情况了解不够多，使得万村调查这个问卷有些信息没有填好，比如年降水量、海拔高度等；（6）调查员和访谈者交流有些障碍，我们对孝感方言了解不够多，导致访谈听到的信息有所遗漏。

三 现阶段我国村民自治存在的问题

（一）乡镇政府与村委会关系不和谐

自从宪法确立了村民委员会的地位，乡镇政府与村委会的关系越来越紧张，制约着村民自治的发展，对农村基层的稳定造成不利影响。《村民委员会组织法》第五条明确指出，乡、民族乡、镇的人民政府对村民委员会的工作给予指导、支持和帮助，但是不得干预依法属于村民自治范围内的事项。村民委员会协助乡、民族乡、镇的人民政府开展工作。然而在当前工作中，人们还是按照传统惯例，习惯性地认为村委会是政府组织，把政府看作是领导，而许多镇政府干部对村民选举大不以为然。村委会的成员也逐渐异化为乡镇政府的代理人，而不是村民的代理人。变成了政府政策的下达、行使机构，而不是代表村民、实际帮助村民解决问题的群众组织。

调查发现，很多村委会的机构、协会都很健全，但实际只是徒有形式，实际并没有起到作用。它们只是一味执行或迎合镇政府的要求，完全听命于镇政府，置村民的意见和利益于不顾，从而呈现出"附属行政化"倾向。

（二）村民与村委会关系紧张

调查发现，很多村委会与村民存在矛盾。如征地拆迁时，村委会认为不能为凶狠的人破了全村的规矩，该补贴多少就按照政府下发的原则补贴，但调查的村民却有很大怨气，说村委会的基层干部欺软怕硬，谁硬就给补贴，老实人的补贴就会迟迟不发；村委会方面声称有村务公开，都张贴在了黑板报上面，但村民却说十几年没有村务公开了；村委会方面说社区组织很规范，但很多村民却反映说不知道有社区组织。

这么多矛盾、说法不一的调查结果让我们深刻反思了现象背后的本质。村民自治，顾名思义，自治权应该由村民行使。但实践过程中，发现往往是村委会主任以及干部手中握有实权。村干部权力得不到有效制约，某些决策不民主，村务不公开。涉及村里的重大事项的处理，村民代表和村民会议很少召开，村委几个人聚在一起就决定了，这样往往会造成决策失误，从而导致村民与村委会的关系越来越紧张。

（三）村民自治主体的公共参与不足

虽说宪法颁布的村民自治法很大地推动了村民自主当家权利的使用，但由于农村经济文化长期落后，农村的人口文化素质普遍偏低，文盲、半文盲主要集中在农村，而有一定文化水平的农村劳动力则流向了发达地区，使得村民自治落实度降低，参与度低。在村民自治的实践过程中，有的村民自治意识比较薄弱，例如调查访谈过程中遇到了很多态度冷漠、对村民自治参与毫无积极性的村民。很多人抱着"这事是大家的，我不做，别人也会做"的想法，很少参与村民集体利益的会议。例如问卷结果显示，知道村委会是群众组织的村民仅占30%，不足一半。等到危害到个人利益的决策出来时，更多的就都是不相信村委会是代表村民的利益，只有抱怨而不是想怎样解决。

另外，村民的公共参与方式单一。大多数人的公共参与是被动员参加的。例如说参与投票选举，村民是以被告知、被组织商讨某一确定的议题等方式，被动地参与到村庄的公共生活，村委会往往在公共活动中起主导作用。使得原本由村民自主解决的公共问题变成基层处理，不仅增加了基层的负担，还导致了许多不必要的矛盾产生。

（四）其他问题

之前的村民都是按照传统的耕作方式，整天围着土地，过着面朝黄土背朝天的生活。然而随着改革开放之后，经济的迅猛发展，城市化进程的加快，耕作也逐渐由人工方式逐渐转化为机器，农村出现了大量剩余劳动力。村里的大多数青壮年都涌向城市之中，有的打工，有的上学，有的做生意等，留在村里的大多数是上了年纪的老年人、家庭主妇以及一些留守儿童。这些村民普遍综合素质低，难以充分行使各项民主权利。而很少回到村庄的村民，参与农村政治生活的意识则很淡薄。比如访谈时遇到的发家致富代表，反而比普通村民对自治情况了解得更少。

四 结语

村民自治在中国农村的实践，不仅大大丰富了中国社会主义民主的实践和理论，而且对中国的政治发展产生了广泛而深远的影响。虽然本次调研还存在着很多不足，村民自治在推行过程中也还存在着村民自治意识淡薄、村委会权力过分集中等现实问题，但作为党领导下的中国农民对社会主义基层民主建设的伟大创造是社会主义民主史上的全新事物，在积极解决各种存在问题的前提下，必将推动中国农村政治文明的建设。

（作者简介：张雪冰，厦门大学医学院生理学硕士，本科为厦门大学医学院护理系，并以保研第一的成绩成功留在厦大深造。）

增强农村社会自治能力 优化农村社区治理结构
——对孝感市农村自治的调查报告

赵子慧

一 调研背景

（一）研究缘起与意义

通过对已有研究成果的梳理，发现此领域研究主要集中于培育社会自治能力的理论与经验事实依据研究和社会自治能力增长的机制研究两个方面。

1. 培育社会自治能力的理论与经验事实依据研究

关于培育社会自治能力的原因，学术界从相关理论与中国实际及国外先进经验上进行了探讨。就理论层面而言，从国家与社会的关系理论上分析，有学者认为今后我国将从国家主导型向国家与社会合作型转变，会逐渐形成"小政府、大社会"运行模式（王甲成，2005），社会不再被行政吸纳，而是与政府处于互动中，社会的自治能力需要不断增强。从马克思主义理论上讲，权威具有政治性和社会性双重属性，政治性会随着人类社会的发展而逐渐消失，社会性会逐渐凸显，强化政治权威只是为社会权威的成长和成熟创造条件，所以必须积极培育和引导社会自治能力的成长和成熟（王志强，2010）。公民社会的本质在于社会与国家良性互动基础上的自治状态，因此依法加强社会自治能力是社会治理的有效路径（张明军，2012）。从社会体制变迁理论来分析，以非营利组织发育为特征的整个社会自治能力的成熟是事业体制进行根本性变革的一个关键条件（孙建华，2006）。从"善治"理论而言，政府在达成"善治"目标中必须要培育社会的自治能力，进行有效的社会管理（颜如春，2006）。以"反思的理性"为基础的自组织治理，能够有效地弥补市场机制"形式理性"和行政机制"实质理性"的不足，有助于实现"善治"目标（程宇，2007）。

就国外先进经验而言，西方国家公共管理社会化的主要经验包括突出社会中介组织的职能，美国在社会管理方面形成了"三只手"（即政府之手、上帝之手和民众之手）的立体管理优势和特点，其中，民众之手主要通过发挥众多的非营利组织的协调和桥梁作用，提供政府做不到、做不好的服务，从民众自治层面提升社会管治水平（蒋乐仪，2009），因此，我国也要大力培育和有效管理非营利组织，提升社会自治能力。就我国发展的实际而言，从市民社会发展来看，改革开放后，不断发展壮大的市民社会在完善社会主义市场经济、建设社会主义民主政治等方面发挥着日益重要的作用。当前国家必须培养社会中间层和各类社会组织的社会自治能力，培育具有自主品格和公共精神的市民社会主体，以建构社会主义市民社会（刘虎，2011）。从现代国家建构来说，我国的现代国家建构已经进入一个新阶段，它要求农村社会在国家赋权的基础上形成社会组织的网络，发展社会自治能力，从而与自上而下的国家直接统治相结合，创造横向的社会认同一体化，从而将农村社会纳入可治理的市民社会中（赖晨野，2010）。从国家与社会转型来看，中国面临着政府与社会关系变革的重要问题。在这种变革中，从社会方面说，应提高社会自治能力、培育社会中介组织、建立社会对政府的监督制约机制、建立社会保障体系等具体措施（王瑞华，2000）。

2. 社会自治能力增长的机制研究

通过培育社会中介组织来提高社会自治能力。中介组织的培育和发展，为政府还权于社会提供了途径，也使社会自治能力的提高成为可能（金乐，2003）。培育社会组织有如下措施：创新政府监管体系（王洁，2011）；政府为其创造有利的制度环境，民间组织要提升自己的公信力和运作能力（蒋乐仪，2009）；民事纠纷中非诉讼方式能够培养起有良好社会自治能力的社会组织（方鹏赛、张明吉，2009）；政府可采取加强资格审定、规范组织形式、强化行业管理、促进行业联合、提高人员素质、提供资金援助等手段，积极培育社会力量（罗双凤等，2009）；政府将适于公民社会管理的公共事务交给公民社会管理，在实践中培育公民社会的自治能力（肖柯，2006）。

通过政府的市场化改革来提升社会自治能力。通过公共行政民营化，培养社会的自治能力（肖瑜，2012）；从当下中国县域经济社会发展而言，继续推进市场化的改革进程，实现政府向社会的充分放权，提升社会本身创造力，增强社会的自治能力（崔开云，2011）。

从制度建设角度增强社会自治能力。首先，应大力推进基层民主自治，完善农村及城市社区居委会的选举制度；其次，建立健全相关的衔接配套机制，特别是公民利益表达、监督、反馈的体制机制，让社会自治在制度框架内健康有序推进（吴玉敏，2011）；最后，落实和加强对非政府组织行为的法律规制，落实和加强对非政府组织的法律监督和救济（文正邦，2004）。

有些学者从农村社会自治能力建构角度出发来讨论，认为深入推动农村民主的发展，当前的一个关键点就是从国家、市场和民主的协调性需求出发，构建以社会自治能力为导向的农村社会组织机制（刘义强、陈明，2010）。在国家与村庄自治的关系上，国家应该赋予以村落社区为基础的地方社会以"受保护的社会自治能力增长权"，允许村落社会就地方自治的相关事宜与基层政府进行协商（赵晓峰，2012），重塑村庄社会网络；培育村庄社区认同（赖晨野，2010）。

此外，学者们还从其他角度提出了增强社会自治能力的措施：重建社会结构，从"金字塔形"向"菱形"结构转变，扩大中产阶级数量（颜如春，2006）；推行"区域化党建"，将不同社会组织和个人通过党组织关系联合到一起，促进协商合作（刘玉东，2011）；保障信息权利（安耕，2011）；加强基层建设（彭澎，2000）；丰富社会资本（王强，2005）。

农村社会自治能力提高后，农村基层民主才能顺利发展，农村协商民主才能够建立起来，农村社区治理结构才能顺利调整。十八大报告正式提出，要完善社区治理结构和发挥基层各类组织协同治理作用，但是当前社会发育不足、社会自治能力不强越来越成为社区治理变革的瓶颈。当前，农村基层民主经过了二十多年的发展，依然存在着诸多乱象，在某些地方甚至出现了失控的局面。而协商民主的发展也更多是一种陪衬,没有达到十八大所提出的要求:广纳群言、广集民智,增进共识、增强合力和坚持协商于决策之前和决策之中,增强民主协商时效性。增强农村社会自治能力将会推动农村社区治理结构问题的解决。

本研究将有助于提高孝感市乃至全国农村社会的治理能力,改善农村在国家与社会之间的关系。国家与社会两个主体间关系的变化,使社会需要承担越来越多的国家在职能改革中释放出来的管理与服务功能。但是当前,在孝感市农村社会实践中,国家急需将一些职责与功能转让给农村社会,却找不到有能力承担的承接者。正是因为农村社会太弱,国家与社会两个主体的权力分配才会失衡,本地的经济社会的发展才会受到诸多限制。

(二) 研究思路与研究方法

本课题将遵循"理论预设—实证考察—比较分析—理论提炼与政策建议"的总体思路。首先,认真梳理关于我国社会自治能力的研究,进一步完善理论预设;其次,对湖北省孝感市相关乡镇的农村社会自治能力的发展进行实证调查,收集整理各方面的材料,并对材料进行初步分析,抽象出农村社会自治能力增长的事实逻辑;再次,将实证调查中找到的农村社会自治能力增长的事实逻辑与国外相关理论及其在中国的发展进行比较分析,希望能够用中国的事实去修改国外的相关理论得出适合于中国当前社会发展的具有本土化意义的理论;随后,将实证调查中找到的农村社会自治能力增长的事实逻辑与中国传统自治进行相关性分析,希望能够找到将中国传统自治方式加以改造的方法,使其可以增强当前农村社会自治能力;继而,对农村社会自治能力增长的各种影响因素进行剖析,特别是国家基层政权建设对农村社会自治能力增长的影响进行分析,提出当前现代社会治理体系构建中促进农村社会自治能力的具体措施与方法,并提出具体可行的政策建议;最后,就本课题研究的限度和未来的研究方向进行讨论和展望。

本研究强调问题意识和学理分析,注重实证研究、规范研究、文献研究与应用研究相结合,具体研究方法如下:

1. 经验研究

本课题秉承中国政治学和社会学对社区治理研究的传统,立足社区的深入调查和实证分析,秉持"实证、实验和实践"的研究风格。课题组将在深入观察、实地调查、充分占有湖北省孝感市相关农村乡镇社区的第一手资料的基础上,进行理论分析和政策研究。经验研究的目标在于揭示社会事实是什么。本课题力求通过观察和调查以回答中国现代社会治理体系构建中农村社会自治当前的发展状况如何?当前存在的突出矛盾有哪些?当前农村社会自治与政府政策间的关系如何?政府和居民对于农村社会自治的需求是什么?等等。在调查过程中,课题组在对典型个案进行微观观察和调查的同时,进行比较分析,力求掌握当前我国现代社会治理体系构建中农村社会自治能力发展的整体性特征。

2. 文献研究

迄今为止,我国学术界及一些国外学者对现代社会自治进行过大量的研究,历史文献、研究成果及当代城乡基层的调查资料丰富。另外,在现代社会治理体系建构中增强农村社会自治能力,国家出台了不少政策文件并采取了一些措施来促进农村社会自治能力的增长。文献研究的目的主要是回答已经做了哪些研究及还需要研究什么的问题。本课题的文献研究力求在比较全面掌握现有文献资料的基础上,进行整理和分析,主要回答在现代社会治理体系建构中增强农村社会自治能力的实践方面及其理论研究方面已经做了什么?还需要做什么?当前现代社会治理体系建构中农村社会自治能力改革实践和理论研究的重心、重点是什么等问题。

3. 规范研究

我国的现代社会治理体系建构中农村社会自治能力增长是一个历史发展的客观过程,并非一个单纯的自然过程,其中隐藏着人们的价值判断和追求。为此,在研究过程中,不仅要对实践中的价值取向和目标进行分析,也必须对现代社会治理体系建构中社会自治能力增长的事实及发展目标做出独立判断。在课题研究中将严格遵循科学规范,以客观事实为依据,运用科学发展观,对当前现代社会治理体系建构中社会自治能力发展存在的问题和发展方向提出自己的判断,并做出理论解释。

4. 政策研究

本课题具有很强的理论性、实践性和操作性，研究的目标不仅在于理论的发展和创新，更重要的也在于服务于国家和地方的社会实践，促进其社会发展。本课题研究的一个重要目标，是为国家进一步推进现代社会治理体系建构提供政策支持。为此，课题组将围绕现代社会治理体系建构中农村社会自治能力增长的实际问题，提出对策性思路，就一些具体的政策、制度和措施提出具体建议及可操作的办法，为加强和改善现代社会治理体系提供决策咨询和政策参考。

（三）研究调查与实施

2015年7月初，我们在贺老师的带领下成立农村自治调研小组，先后多次对孝感市所辖的祝站镇、槐荫办事处及其下面的13个村就村民自治现状和村里社会组织运转情况进行走访调研。

在此之前，2015年5—6月，我们学生小组中心成员以了解村民自治能力及现状为出发点，选择了现代农村自治能力影响因素这一视角展开调研和设计，并于2015年7月展开了面向孝感市镇、乡政府、村干部、村委会及村民的问卷调查和访谈。为保障项目的科学性和合理性，小组成员分为6组，每组2—3人，赴孝感各村展开专题调研。共调查孝感3个县市区，13个村庄，68个自然湾，典型访问18余人，问卷调查200多位村民与村干部，涉及镇政府、办事处、居委会、妇联、村委会、街道办等多个职能部门，市、县、街道、社区（村）等多个管理层次。

我们对问卷调查进行了科学设计和抽样。具体而言通过多段抽样法分别对代表县（市、区）、社区和调查对象进行三个层次的抽样。在综合考虑调查的科学性和调查人力、财力、物力的基础上，确定祝站村、农益村、董永村、继光村为此次调查的主要村（市、区）；并在95%的简单随机抽样条件下，确定68个村子样本数量（置信率为90%，抽样误差为7%）。同时根据林南在《社会研究方法》一书中所提出的总体规模与样本规模的相关函数模型和风笑天在《社会学研究方法》上对大小型调查样本量的定义，本项目确定在所选的13个村子调查村民、村干部共220份。

表1　　　　　　　　　　　问卷调查样本分析

类型	名称	自然湾总数（68个）	问卷数量（220份）
城中村	祝站村	7	18
城郊村	董永村	5	24
	继光村	5	23
	西杨村	4	15
	东杨村	5	12
	观音堂村	4	14
	五龙村	5	10
农村	喜联村	6	22
	大会村	5	13
	鲁集村	4	12
	群生村	7	14
	农益村	5	26
	东李咀村	6	17

在具体操作中，本次调研共发放问卷243份，其中村民230份，村干部13份，收回有效问卷240份，其中村民227份，村干部13份，有效问卷率为98.8%。具体如表2所示。

表2　　　　　　　　　　问卷调查对象基本信息

项目	选项	村民 频数	村民 频率%	村干部 频数	村干部 频率%
性别	男	127	56	7	58
	女	100	44	6	42
年龄	25岁以下	27	12	1	3
	25—35岁	70	31	3	29
	35—45岁	63	28	5	38
	45—55岁	43	19	3	21
	55岁以上	24	10	1	9

续表

项目	选项	村民		村干部	
		频数	频率%	频数	频率%
文化程度	小学	61	27	0	0
	初中	70	531	1	7
	高中、职高、中专或中技	44	19	1	7
	大专	27	12	1	7
	大学本科及以上	25	11	10	79

二 村民自治基本状况

孝感市是武汉城市圈成员城市之一，也是中部地区最具潜力和竞争力的城市之一，城镇化率52.25%，农村人口比例大，而农村自治能力是否适应现代农村社会是影响农村发展的重要问题。本报告立足于对孝感市13个村、230多位村民的调查和访谈，主要从民主选举、民主决策、民主管理和民主监督四个方面分析了当前孝感市农村社会自治状况。

（一）民主选举基本满意，但村干部不作为

第一，过半数的村民重视农村基层民主选举。村民的选举权是中国公民的一项重要的政治权利，尤其在基层民主自治中。村民多数都有选举意识，希望可以选出办事公道、敢代表村民说话、能带领村子奔小康的村干部。村民迫切希望村干部能服务农村，能为村民提供帮助，满足他们的诉求。所以村民是关切和重视村里的民主选举的。

表3　　　　　　　　村民是否重视农村基层民主分析

	选项	频数	百分比（%）
（村民）您重视农村基层民主选举吗？	重视	124	54.8
	一般	72	31.7
	与我无关	31	13.5
	总计	227	100

第二，绝大多数村民认为自己的实际参与对村委会选举的作用不大。在访问村民的过程中，在问到村委会是如何产生的时候，村民反应比较迟疑，有时还问旁边的人，是如何产生的，部分人说是选举产生的，但是他们几乎没参与过选举，有的村子甚至十年都没有举行过换届选举。问到村民时，村民说是上面指定的，我们选也只是从指定的里面选。所以，选举的权利并没有在村民那里落实，村民的实际参与微乎其微，自然对于选举的作用不大。

表4　　　　　　　　　村民实际参与选举的作用分析

	选项	频数	百分比（%）
（村民）您认为您的实际参与村委会选举的作用？	非常重要	8	3.7
	重要	18	7.8
	比较重要	35	15.4
	不重要	166	73.1
	总计	227	100

第三，对于最近一次的民主选举结果基本满意。虽然村民的选举参与度不高，但是对于最近一次的（有的已隔十年）民主选举还是比较满意。这个满意度已经很低了，对于不贪农民钱的村委，他们就比较满意了，而不是说这个村委为村庄做了多少贡献。

表5　　　　　　　　　村民对选举的满意度分析

	选项	频数	百分比（%）
（村民）您对您所在的村委会最近一次的选举满意吗？	满意	52	22.9
	基本满意	131	57.8
	不满意	44	19.3
	总计	227	100

第四，村民许多诉求无法满足，抱怨村干部不作为。在走访调查中，我们发现一个奇怪的现象，就是村干部说的和村民说的往往有出入，村干部是非常认真为民排忧解难的形象，但是到村民那就面目全非，甚至恶语相向。了解到村干部为村内做的事主要是在村内清洁卫

生等方面，有的村委会在每个自然湾设立垃圾桶，请保洁员定时倒垃圾，解决了农村垃圾污染的卫生问题。可是村民的诉求，多种多样，在经济上农民希望可以将土地转让费交到自己手上，希望可以将村里的经费用来修路、修水塘；在文化上，村民希望建有活动娱乐中心，或者跳广场舞的小广场。但是对于这些，村委会没有应村民所求，按照村民所说，村里的钱是被村委会的人私自消费了。

（二）村民没有决定权，民主决策难实现

第一，村民认为村里的重大事项应该由村委会决定，村民决策意识不强。村民的意识就是那种依赖村委会，所有决策可以不参与，但是村委会每出一个决策，村民都会找毛病，或者指出这里或那里不如意的地方。至于如何解决，不管，那是村委会的事，好像与自己不相关，反正达不到满意就把责任推在村委会身上，自己不会去想怎么解决，不会去想参与决策。所以说，他们认为村子里的重大事项应该由村委会决定而不是所有村民协商决定。

表6　　　　　　　　村民认为村里的重大事项由谁决定分析

	选项	频数	百分比（%）
（村民）您认为村里的重大事项应当由谁决定？	村委会决定	124	54.6
	全村人共同决定	44	19.4
	村委会主任个人决定	49	21.7
	村党支部决定	5	2.2
	乡镇党委政府决定	5	2.1
	总计	227	100

第二，村民愿意参与民主决策，但是村委"吝啬"机会。村民大会以及投票选举，村民都是很乐意参加的。只是在我们走访中，都得到类似的答案，那就是"只要他们叫我们去，我们当然愿意"。实际上，村民大会很少召开，就算召开也是选择村民代表，而所谓的村民代表也很少是村民一票一票讨论选出的，并不能代表多数村民的意愿。

表7　　　　　　　　村民是否愿意参与村庄民主决策分析

	选项	频数	百分比（%）
（村民）您愿意参与到村里民主决策中去吗？	愿意	140	61.9
	不愿意	24	10.6
	无所谓	18	7.8
	有条件参与	45	19.7
	总计	227	100

（三）民主管理范围有限，效果甚微

第一，村民对于村里社会组织不了解，但村干部可以列举好多。我们在访问村干部的时候，村干部向我们列举了好多村里的社会组织或协会。例如：自来水管理协会、环境管理协会、路灯管理协会、文明新风协会、和事佬协会、老年人互助协会、村民小组以及监督委员会等。但是我们发现这些协会的组成成员严重重复，也就是说，只有那么几个人参与社会组织的管理与组织，这么多的组织其实并不能充分发挥所能。而这几个人，据了解，都是一些退休的老干部，或是村里德高望重的老人，他们无偿管理这些协会和组织，所以管理效果不是很好，一些问题并不能有效解决。更重要的是，村民对这些组织很陌生，很多不了解，甚至还有听都没听过的。而为什么说民主管理范围有限呢？是因为像一些家庭矛盾的小纠纷，和事佬协会是可以起到一定作用的，但是像财产纠纷就起不了什么作用。而且，村委会解决不了的，协会也不能解决，大多数村民也根本没有参与到这些协会中。

表8　　　　　　　　村民是否了解社会组织分析

	选项	频数	百分比（%）
（村民）您是否了解一些社会组织？	了解	18	7.9
	有点了解	26	11.5
	不了解	183	80.6
	总计	227	100

续表

（村干部）您是否了解一些社会组织？	选项	频数	百分比（%）
	了解	10	76.9
	有点了解	2	15.4
	不了解	1	7.7
	总计	13	100

第二，村民有兴趣参加社会组织。村民的土地大多被政府征收，能外出务工的都去打工了，剩在家的大多都是老小或有重病或丧失劳动能力的村民，当然也有失业的健康村民。他们在村里希望参加，有兴趣参加一些社会组织，来丰富他们的生活，促进村子进步。所以由此看来，社会组织这一块，是农村发展自治的一块沃土，要加强加快农村社会组织的建设和发展，使村民的自治能力得到提高，从而提高农村自治水平。

表9　　　　村民是否有兴趣加入社会组织分析

（村民）您是否有兴趣加入一些社会组织？	选项	频数	百分比（%）
	有兴趣	179	78.9
	没有兴趣	48	21.1
	总计	227	100

（四）民主监督无门路，村民、村干部难和谐

第一，村民"懒"提意见，村干部"不听"。村民个人对村委的决策有不同意见时，村民大多都是抱怨但不采取行动，如果真的采取行动的话，那就是联合其他村民抵制村委的偏暴力行为。村民提意见，村干部不会轻易为此做出改变，村民觉得提意见也没用，就干脆没有人愿意去提意见了。所以这到底是村民的民主意识不强，还是村干部不听取民意，很难说清楚。

表 10　　　　村民对村庄重大事项决策有不同意见的行为分析

	选项	频数	百分比（%）
（村民）个人对村子重大事项的决策有不同意见时，您会采取什么行动？	抱怨但不采取行动	182	80.2
	向村委会反映，提出自己的看法	10	4.4
	有抵触情绪，不服从决策	8	3.5
	向上级政府相关部门反映	0	0
	求助网络、广播、报刊、电视等媒体	0	0
	联合其他村民抵制决策实施	27	11.9
	总计	227	100

第二，村务很少公开，公开了村民也不相信。村民对于村干部在经济上，在钱财上的事情，是非常敏感的。农民的利益在他们"潜意识"里是被剥削的，他们认为村干部收取了他们的钱财用以吃喝玩乐，对于村干部有敌意，不信任。而村干部呢，确实也没有把村务公开做到位，有的几乎不公开村务，村里的村务公开栏似乎是一个透明的东西，没有人关注，没有人更新。

表 11　　　　　　　村务公开程度分析

	选项	频数	百分比（%）
（村民）您觉得村子里村务公开程度如何？	完全公开	3	1.3
	部分公开	58	25.5
	不公开	145	63.9
	不了解	21	9.3
	总计	227	100

表 12　　　　　村务公开内容的可信度分析

	选项	频数	百分比（%）
（村民）您相信村委会公布的村务内容吗？	相信	4	1.8
	有点相信	19	8.3
	不相信	204	89.9
	总计	227	100

第三，村里监督机构问题大，监督无门路。目前村子里的状况就是，一切几乎都是村干部说了算。当问及为什么不监督他们时，村民却反问道，谁去监督啊？怎么监督啊？监督有用吗？监督机构的设立是保障村民自治民主的重要环节，没有有力的监督机构，村子财务、公务如何有效如实公开。重点就是监督机构如何设立，如何运转，真正让村民自己参与监督，并取得效果。

表 13　　　　　　　　　村务监督机构分析

	选项	频数	百分比（%）
（村民）您所在村庄是否设有村务监督机构（村务监督委员会等）？	是	17	7.5
	否	186	82.1
	不清楚	24	10.4
	总计	227	100

综上所述，可以看到：当前孝感市农村自治中的民主选举、民主决策、民主管理和民主监督四个方面都存在很大问题，村民的民主意识还不是特别强烈，村委会这个基层政权组织在落实民主自治上不到位，未能与村民形成良好和谐的官民关系，村民的政治权利得不到应有和充分的发挥，导致村民自治困难，农村社会自治能力低，也很大程度影响了农村发展。

三　目前农村生活中的复杂矛盾

步入新世纪，随着国家的现代化、城镇化和工业化水平的快速提升，农村社会自治问题也引起了有关部门的重视。目前农村自治效果不理想，村民自治能力和水平都还有待更大的提高。村里的矛盾多且错综复杂，要想厘清并解决，并非易事。

（一）村庄建设与村庄拆迁的矛盾

在问到村委会村干部为什么不把路修一修、把路灯装好、把自来水通了、把广场舞的广场开辟出来、把村里的老年人活动中心建起来等问题，村干部是这样回应的，上面一会儿说村里要拆迁一会儿说不拆迁，村子的建设问题就一直搁置。如果说我们花大力气把村里建设都搞好了，可马上，村里就拆迁，那么对于这些投资的人力、物力、财力就造成了一种浪费。确实，处于转型中的中国社会、处于转变中的农村社会，现在是一个尴尬的处境。在拆迁和建设之间是一个棘手而又现实的矛盾。如果说村里要拆迁，那么何时拆，怎么拆，在征地拆迁的过程中，做农民的拆迁工作又是一件颇有难度的事。重点是，在还没拆的这段时间里，村里的状况就维持原状，村民生活得不到改善，村民诉求也很难得到满足；如果说村子要搞好建设，把村子的整体水平提高，让各种需求得到满足，就要从文化、经济、政治各方面大力建设，投入人力、物力、财力，那么如果村里在近五年之内拆迁，这些投资是否就算是浪费，建设过程中也不是一蹴而就，必定工程也不小，而且要达到效果也必定需要不少时间来验证，那么在拆迁之前这些能否达成呢？这正是村干部的纠结之处，也是目前农村现状的尴尬之处。

（二）村民无地失业与生存生活的矛盾

村民的利益是否能保障永远是村民和村干部之间能否和谐相处的最根本的问题，我们走访的所有村子，这个问题几乎没有一个村子能很好解决，更多的是因为村里的账目出了问题，村民和村干部处于对立状态。因为开发和发展的关系，许多村里的土地都流转给开发商了，我们经过的村子，有大面积的土地荒着，杂草长了一人高，农民不种地，都干什么呢？如何获得生活来源呢？为什么不种地呢？一个退休了16年的老村干部，跟我抛出了这样一个问题：为什么农民不种地？他说2002年以前农村都分配有任务，还要交农业税，但是家家户户都种田，甚至连路边的荒地都不放过，争取多种一些。但是现在，政府还有补贴，都几乎没有人愿意种田，这是怎么回事呢？首先，大面积的土地被征收，农民无地可种，那还有小部分没有征收的土地，为什么也很少有人种呢？老书记说，一是化肥价高，农药价高，种田的成本高；二是国家不收购，由私人收购，价格就压低了，这样销售额就不高。总的来看成本高，售价低，获利少，现在10亩田赚5000—6000元，所以很少有人种了。那么，这些无地农民，身强力壮的，干得动活的都外出打工去了，从事的也都是建筑工人、泥瓦匠这类辛苦且收益不高的工作，而干不动活的就领着可怜的低保或补贴在家坐吃山空，他们的经济来源几乎是没有的，有子女的就指望着子女养老，而这些子女基本上都是外出打工的低收入者。你可能要问了，村民转出的土地应该有钱啊，其实这就是问题的关键了，镇政府买农民的责任田卖给开发商，并没有把钱交到农民手上，说是用于建设农村，但根本就没有大力建设，村民都不知道这些钱在哪，所以很多村民都觉得村委以及上面的机构把这些钱给贪污了，挪为己用，所以村民和村干部的关系非常糟糕，不信任村委，也很无奈，不知道怎样处理，只等着国家出台好的政策。

（三）村民诉求与村干部不作为的矛盾

一边是焦急的村民困苦的诉求，一边是保守的村干部不会轻易有所作为。老书记说出了这样一句话："镇里管人多，村里胆子小。"村干部领着工资有作为也是一天，无作为也是一天，相比有作为会影响上下级利益也会影响自己的职位稳定，村干部当然选择不作为。这样问题就来了，村民的各项需求，村里的各项建设，哪一样不需要村干部牵头来做，如果村干部为了自保，为了轻松当个父母官，什么都不敢也不愿做的话，那要村干部干吗，那还是父母官吗？这就牵扯到民主选举与民主监督了。当初选村官的时候，是否做了建设好农村的承诺，村民是不是公平公正公开地选出村干部的，如果一开始都是指定的村干部，那么还能指望这些村干部做出什么为民为国的好事来。再就是，当村干部不起作用，消极怠工，并没有履行村干部的义务，不尽力服务农村农民的时候，监督机构是否执行监督的权利，对村干部是否有监管的作用。显然，从调研来看并没有什么有力的机构来监管这个父母官，所以村干部不作为对村干部来说只有好处没有坏处，自然村干部不作为就不奇怪了。因此，基层干部队伍建设真的需要优化和加强。

（四）村民监督制约村干部与无力的监督机构的矛盾

农村在民主监督这一块，好像是一张白纸，对于决策不满意或是村干部办事不力时，村民好像只能听之任之，抱怨也好，恼怒也好，到最后也只能妥协。他们不会坐下来和村干部好好谈心，说说他们的心里话。因为村委会也是生活在这个村子里的，他们知道农民需要什么，但就是不去做，跑去跟村委会的人说，想必不会改变什么吧，而村委会的人，只听上面的安排，上面没有下达任务，村委会不会轻易有什么作为。而至于向网络、广播、报刊、电视等媒体求助这样的事，一般的村民是不会去做的，所以就算想监督村委也没有合适的机构，没办法行使监督的权利，这是一个比较悲哀的事情。如果有一个合适的机构监督，那么村干部必须为民服务，成为真真正正的父母官，这个机构必须与法律相连，只有法律的威力才能制约村干部。

四 农村自治能力的影响因素

在构建现代社会治理体系的过程中，国家政权建设、传统自治与社会发展状况是社会自治能力增长的重要变量，社会自治能力增长的有效机制就是这些变量在互动过程中产生的契合性措施。

（一）中国传统自治与现代农村社会自治能力的发展具有契合性

中国历史上有"皇权不下县"的历史传统，县以下属于社会自治范畴，这种社会自治多是以血缘、地缘、业缘等联系起来的家族、宗族、小亲族、商会、同乡会、用水协会等社会组织的自我治理。黄宗智研究认为，实际上国家通过"第三领域"对社会自治实现了某种程度上的引导或宰制。这些传统自治方式在通过利益相关性建构起来的现代农村社会里其实是可以起到自治作用的。在现代社会的自治中，传统自治方式要加以改造变形，来适应现代农村社会自治。在传统自治中，去其糟粕取其精华，建立以血缘、地缘、业缘等联系起来的各种组织及协会来达到村民的自我治理。

（二）国家政权建设是农村社会自治能力增长的重要变量

自改革开放以来，"单位制"逐渐解体，国家失去了对基层社会整合与控制的体制支撑。正是在此背景中，社区制浮出水面，成为国家整合与控制基层社会的要件。张静教授提出了两个基本观点：基层政权更多为国家服务；越加强基层政权建设，农民权利越遭到削弱，出现了地方专制格局。这两个基本观点依然体现于当前基层社会管理体制改革中存在很强的国家意识倾向性方面。从区域化党建等现实案例中来探讨国家政权与农村基层社会的互动关系，国家权力向农村社区渗透对农村社会自治能力增长会有怎样的影响？社会自治能力的发展会面临什么样的现实问题？前文所述村干部不作为的问题，也是这个范畴。国家政权建设是关系到农村社会自治的重要变量。孝感市一个办事处的主任说，基层都是不愿意做事的人。她说，基层其实是改革创新的最前线，正是需要人才来"打仗"的地方。可是人往高处走，有成就有能力的都升职调走了，谁愿意在基层付出大量精力，所以基层不给力，政策再好都不能顺利推行。

（三）农村社会发展程度规定了农村社会自治能力增长的内容

就历史唯物主义角度而言，经济社会的发展状况决定了社会自治能力的增长需求。在历时研究与共时研究相结合中，梳理现有相关理论与现有研究成果，厘清目前我国农村社会发展到了转型的关键时刻，农村公民对社会自治需求更加具体清晰。在这种现状下，农村社会自治能力需要发展，需要在农村经济发展的基础上，发展自治能力，使自治能力适应经济发展，经济发展促进自治能力的提高，满足发展需求，满足农村社会发展要求。

五　现代农村社会自治发展方向

当前，国家主导农村村民自治的现状没有发生改变，在我国，政府依然是农村村民自治的主导力量，因此在某种程度上讲，村民自治并不是完全的自治。国家主导的存在，会束缚村民自治中好的思想的发挥，束缚了他们的动手动脑能力。不利于他们所有才能的发挥，也会限制农村地区自治建设的发展。但具体到操作和辨识层面，则尚缺乏清晰的界定，自治维度缺乏严格的一贯性。要全面系统把握这一问题，对现代农村社会自治给予清晰准确有针对性的定义，还需要回到现实中去、回到历史中去。

（一）培养多元化的具有自主性的村级自治组织

组织是权力运行的依托，组织分化则是现代性的一个重要标志。1980年以来，随着中国农村逐渐由人民公社时期的"总体性社会"向"分化性社会"转变，村级组织开始分化，出现了性质和功能不同的多种组织。从一定意义上说，一个村庄的治理和发展，很大程度上依靠村庄社区组织。而村庄社区组织的强弱，关键在于组织成员之间的团结，以及核心人物的权威和整合能力。村庄社区组织如若具有较高的整合度，那么有可能提高组织在村庄和村民中的动员力和凝聚力，从而充分实现组织的治理功能。当前，相当部分村庄的自我管理、自我教育、自我服务没有达到村民群众和政府部门满意的状态，客观上与村庄社区组织建设薄弱密切相关。因此，提升村民自治和发展农村社会，有待村庄社区组织的重构和整合。

村级社会自治组织在现有的农村数量少，农民知晓度、参与度低，所以基本上没有起到自治效果。现代农村需要的是一些有血有肉的，多元的，自主性的村级自治组织，使农民群众愿意参与到组织管理自治中来，达到一种村民依靠多元的自治组织满足自身需要、解决生活问题、实现自治权利价值的状态。从文化、政治、经济、社会四个组织需要方面，可以开展建立培养如文化中心、管理协助小组、理财协会以及生活管理会等村民自治组织。在这些组织中，全由村民自主成立、自主管理。村级配套组织是村庄社区组织体系的重要组成部分，是村民群众直接参与村务管理的重要依托。在现有的农村社区组织体系中，村级配套组织大致分如下类型：一是传统沿袭的群众组织。主要有共青团、民兵连、妇代会等。二是根据村民自治制度新设的自治组织。主要有村民会议、村民代表大会、村务监督小组、村民小组、治保委员会、调解委员会等。三是根据农村经济社会发展的需求新兴的民间组织有老年人协会、专业合作经济组织等。上述村级配套组织性质不同，在现阶段村民自治运作中扮演的角色和发挥的功能有异，而且在不同地区不同村庄又有不同的表现。有关部门应当在充分调查和理性分析的基础上，进行村级配套组织设置的调整，实现组织重构。

（二）依法规范村民自治，深化村民自治进程

卢福营《村民自治的发展走向》一文提到，村民自治势必逐步走向制度化。村民自治的制度化，就是要通过中央、地方、村庄等各建制主体的建章立制，制定一整套村庄治理的制度规范，并依据法律和制度实施村庄公共事务的决策和管理。不可否认，村民自治还没有形成一套完善的法

律和制度，部分事务尚处在无制可依的境况。同时，即使制定了相关的法律和制度，有制不依、违规不究的现象也普遍存在。在这种治理环境下，一些人会利用制度不完善带给的"方便"，通过无序性博弈，扩大自己的利益，甚至侵害村民群众和村庄集体的利益。所以，加强农村法治建设，逐渐规范和完善村民自治的运行机制，使村民参与有序，办事有据，也是提升村民自治的根本之策。

重视建章立制工作。中央、地方、村庄各级建制主体都要高度重视村民自治的立法建制工作，特别是地方和村庄应当根据当地和本村的实际，制定一系列切实可行的、具有较强可操作性的村民自治规章制度，努力实现有制可依，以政治制度化的方式，逐渐将村庄治理导入制度化轨道。当然，各级建制主体在村民自治制度建设中应当有所分工、有所侧重、有所区别。在中国农村地域辽阔、情况复杂、发展多样的现实背景下，中央政府应当重在制定宏观指导性的村民自治原则和规范，通过立法建制，逐渐构建村民自治的国家法律制度体系。在建制过程中，要注意给地方制度创新留下较大的自由空间。地方政府则应重在构建村民自治运行的程序性制度和操作性规范，形成一套切实可行的实施办法。在制度建设过程中，要把国家法律、中央政策与本地农村实际相结合，从当地实际出发，制定出具有地方特色的村民自治地方性规范。村庄则需要切实地结合本村实际，制定相关的村规民约。在村规民约建设过程中务必注意：（1）村规民约不能与国家法律相抵触，也不应当与符合国家法律的地方政策相违背；（2）地方和基层政府在村规民约建设过程中要提供必要的指导，但应当尊重农村发展多样化的客观事实，不能做强制性、一致性的规定，不应要求各个村庄使用政府提供的统一文本；（3）必须尊重村民群众的民主权利，尊重农民的创造，强调村规民约建设中的村民自主性。

在村民自治制度建设中，需要特别关注两个方面：一是注重制度自身的完整性、体系化。一个有效运作的制度往往是一系列具有有机联系的制度元素联结起来的闭合系统，应当内在地包含组织制度、管理制度、监督制度，以及救济制度等。目前尤其要加强民主监督制度和权利救济制度的建设，逐步把村民自治中的规范性制度与惩戒性制度结合起来，实现行为模式与救济机制的统一；二是注重制度的更新和发展。有关部门应当不断地发现农村经济社会发展的新情况、新问题，不断地进行制度调整和创新，及时将农村社会中出现的新生事物纳入到制度规范之中。

重视依制治村工作。制度建立后如若不执行也是徒劳无益。因此，在农村法治建设过程中，不仅需要加强制度建设，构建一个完善的村民自治制度体系，而且需要强调依制治村工作，切实把法治精神落到村庄治理的实处。在当前，一要加强对农村管理者的教育和监督，引导和规范其治村行为，让管理者真正懂得依制治村的意义，自觉接受法律和制度的刚性约束；二要加强对村民群众的法制宣传和教育，提高村民的法治素质，引导和规范村民的公共参与行为，让他们真正懂得依制治村的必要性，自觉遵守法律和制度。同时，学会使用法律和制度的武器保护自身利益，制约管理者行为的知识和技能。

此外，在现有的宏观政治体制背景下，地方政府也应当在推动依制治村过程中发挥其独特的主导作用，特别是要在促进农村管理者依制治村中发挥重要的指导和监督作用，也应充分认识基层群众自治制度在中国特色政治发展中的特殊意义，自觉转换角色，转变传统的行政化管理方式，扮演好村民自治、依制治村的指导者、促进者的角色。

六 走向和谐：发展新型现代农村社会自治

综上所述，可以看出当前现代农村社会自治集中面临认识观念亟待转变、配套法律尚不健全、体制改革未能跟上、人员素质有待提高、制度操作性亟须加强的事实性问题。当前孝感推行的农村自治建设行动是新时期富有地方创新和特色的典型探索，虽然还存在进一步突破和完善的空间，但在破除制度改革方面确实取得了重大进步和经验。因此基于孝感的经验总结和农村自治的理念指导，我们认为，现代农村社会自治，让农村社会自治能力大幅提高需要着力于以下几个方面。

（一）突破传统自治弊端，实现村民自治自主化

当前农村的这种社会自治多是沿袭传统自治中以血缘、地缘、业缘等联系起来的家族、宗族、小亲族、商会、同乡会、用水协会等社会组织的自我治理。但是其中的弊端就是，并不能使全村大多数村民参与自治管理，村民自治太被动，在新型现代农村社会中，希望可以激起农民充分民

主自治管理的激情和积极性，实现村民自治自主化，创新村民自治。培育农村村民自治民主意识。农民群众是村民自治的主体，他们能否参与村民自治，在村民自治中能否正确享受权利，履行义务，对村民自治的健康发展关系重大。要让群众在实践中锻炼，在实践中提高。通过民主选举，把选举村干部的自主权交给村民；通过民主决策，把村务大事的决策权交给村民；通过民主管理，把日常村务的参与权交给村民；通过民主监督，把对村干部的评议权和重要村务的知情权交给村民。在实践中使农民群众逐步增强民主法制意识，逐步养成依法办事和依法维护自己合法权益的观念。并逐步创造出完善民主程序和民主制度的范例，从根本上推动村民自治日趋完善，进而加快整个基层民主政治建设的进程。

（二）优化国家基层政权结构，使基层干部更多服务于民

首先，要理顺村与乡镇的关系，同时实现村务管理的制度化。要转变乡镇政府原有的治理结构和治理方式，改变传统的公共权力自上而下地单向式运行，还权于民，使村民自治名副其实。特别是要切断乡镇与村的经济利益联系，改变"村务乡管"、"村财乡理"的局面。要变以事后监督为主为以事前监督为主，变更多的行政干预为更多的司法监督。其次，要理顺党支部与村委会的关系。村党组织与村民自治组织的关系是否协调和规范，直接影响着村民自治能否正常有效运作。要在加强和改善党对农村工作的领导这一原则下，从制度上合理划分村党组织与村民自治组织的职权范围，尤其要明确村党组织对村民自治所承担的"支持和保障"的责任及履行责任的方式，在制度化和操作性上保证二者关系的规范运作。党组织应将主要精力用于对村的发展方向的把握，对其他村级组织建设的指导，对各类组织之间关系的协调以及自身建设等方面。由村民自己能够处理好的事情，应尽可能让群众根据法律制度自主处理，以支持和帮助村民自治组织独立负责地开展活动。第一是要使村民自治制度与县乡人民代表大会制度、乡镇领导体制和农村党支部的领导制度协调一致；第二是建立和完善各种财务管理制度和村务公开制度，促进村财务管理的规范化、制度化，提高村务管理的质量和水平；第三是建立一支相对稳定熟悉财务管理规则的农村基层会计队伍。会计人员应通过统一的考试，持证上岗，不得兼任村干部。县、乡两级政府应做好基层会计人员的培训工作，不断提

高他们的管理素质和业务水平；第四是建立健全农村审计监督机制，包括财务管理审计、专项审计、离任审计等多种形式，以严肃财务管理制度和财会纪律，促进财务管理效率的提高。

（三）发展农村经济社会，缓和官民矛盾

20世纪80年代，根据国家制度的统一安排，村民自治在全国数十万个村庄普遍推行。30多年来，中国农村在改革和发展中发生了分化，形成了各不相同的社区发展模式，呈现出明显的非均衡性和多样性，导致了村民自治模式的多样化格局。正如有的学者指出："人民公社体制废除后，由于经济社会的发展和转型，中国农村村级治理正在发生重大变化，并开始形成不同的类型和模式。"可以预料，随着农村经济社会的非均衡化推进，村民自治的发展将进一步朝着多样化的方向演进。不仅如此，随着村民自治赖以存在的特殊条件的逐渐转化，村庄治理的形式势必发生相应变化，发展到一定的阶段，就有可能最终突破原有的社区格局和村民自治的框架、原则，实现由村民自治向新的治理形式的创造性转换。可以说，"从亚里士多德到现在，人们一直认为，只有富裕社会，才能出现这样一种局面：大批民众理智地参与政治，培养必要的自我约束，以避免盲从不负责任煽动的呼吁"。我国农村经济基础相当薄弱，村民自治组织的吸引力、协调力、凝聚力和抵抗力严重缺乏；人们关注村民自治的程度不高，更关心的是自己的经济利益；乡镇政府推进村民自治的积极性也受到一定影响。因此，社会主义新农村建设要把发展农村经济作为首要任务。农村地区基础设施的建设、公益性社会事业建设等方面的公共投资，在解决了农民在各方面的后顾之忧后，农民参与基层民主管理的热情就会被激发出来。

（四）完善农村自治体制机制，依法有序推进现代农村社会自治

通过制度建设，保证村民代表会议的决策地位。村民代表会议的法定决策地位之所以没有在村庄治理的实际运作中充分体现，与其制度不完善、不配套密切相关。现行法律法规明确规定村民代表会议具有决定重要村务的权力，并规定村民代表会议由村委会召集，但没有具体规定村委会不召集村民代表会议，以及重要村务决策不经过村民代表会议讨论、决定该怎么办。制度的缺陷给村干部留下了较大的弹性空间，致使村民代表会

议的决策权力在村庄治理实践中受到侵害。因此，必须进一步完善村民代表会议决策制度，既在法律中规定重要村务必须经村民代表会议决策，又明确规定重要村务未经村民代表会议讨论的决定则无效。在此基础上，进一步构建一套预防和惩治违法、违规决策的具体制度。并建立相应的权利救助机制，当村民代表会议的民主决策权利受到地方政府和村干部等强势人物侵害时，可以诉诸法律等途径获得救助。运用法律和制度，保障村民代表会议的民主决策权利，进一步提高其在村庄治理中的地位。

通过制度创新，完善村民代表会议的运作机制。应当肯定，村民代表会议制度已经在中国农村初步建立。同时也应当承认，村民代表会议的运行机制很不完善，其实际运作还带有相当的随意性，而且各个村庄的村民代表会议运作情况存在着极大的差异，致使村民代表会议的活动处在一定程度的无序状态，难以发挥应有的民主功能和治理效能。故此，急切需要完善村民代表会议的运行机制。现阶段的重点：一是创新村民代表选举制度。像村民委员会选举那样制定一部较完备的村民代表选举办法，具体规定村民代表选举的程序和要求；二是要健全村民代表会议的议事规则和程序。制度的好坏关键在于是否符合实际，是否切实有效。因此，应当从各地农村村庄治理的实际出发，在国家宏观法律制度的指导下，由地方政府部门结合本地实际，构建切合当前当地农村、农民实际，具有可操作性的村民代表会议议事机制。通过制度和机制，保障村民代表会议的有效运作，充分发挥其在村庄治理中的作用，建立健全有关法律制度。发展民主必须同健全法制相结合，没有法制的民主，只会导致无政府主义。农村村民自治是一种大规模的、广泛的群众参与活动，更需要不断完善法律法规，并以法律法规为依据，指导基层健全具体制度。因此，在推进村民自治实践中，始终要把村民自治与法律建设、制度建设相结合，把完善村民自治的配套法律法规、建立健全相关的村民自治制度作为重要任务来抓，使民主在法制的范围内进行。配套好法规制度，落实好"四个民主"，确保村民自治的效果。

七 结语：提高现代农村社会自治能力势在必行

在中国，农民问题始终是革命和建设的主要问题，从孙中山先生三民主义中的"民生"思想，到毛泽东时期的土地改革思想，以及到邓小平时期开始在农村地区以家庭为单位的包产到户,都说明了近代以来的中国政治家,都把农村问题、农民问题放在了一个很重要的位置。特别是从邓小平时期以家庭联产承包责任制为基础的经济体制改革和由此而引发的以村民自治为核心的政治体制改革等决定中国命运的重大改革,都说明中国农民是决定中国命运的主体力量,决定着中国政治的基本走向。中国农村村民自治是中国农民在自己的土地上进行的最广泛的社会主义民主实践,新农村建设的战略举措及其实施又促进了村民自治制度的深化与完善。所以必须求真务实、开拓创新,促进村民自治的发展和完善。要解放思想,从已经变化了的农村经济社会实际出发,及时对村民自治制度做出适应性调整和改革,推动村民自治日臻完善。对于那些因经济和社会迅速发展,确已失去村民自治赖以存在的条件和环境的村庄,应允许和鼓励当地群众自主选择新的基层群众自治方式,及时实现基层治理形式的创造性转换。大幅提高现代农村社会自治能力是时代所需。

(作者简介:赵子慧,女,1996年6月出生,现为湖北工程学院政治与法律学院2014级社会工作专业学生,厦门大学中国特色社会主义研究中心与湖北工程学院政治与法律学院共建的孝感合作调研基地调研员。)

农村村民自治情况调查报告

曹蕾

村民委员会是村民"自我管理、自我教育、自我服务"的基层群众性自治组织。民主参与、民主管理和民主决策都是基层民主自治的关键环节和重要内容，健全可行的民主参与、民主决策、民主管理程序对我国基层民主自治的健康、持续发展和基层民主政治建设都有重要意义。本报告从农民对民主参与、民主管理、民主决策的认识、参与本地区民主政治的行为方式以及对民主及民主参与相关知识的掌握程度等方面，对湖北省孝感市孝南区村民自治参与意识的现状进行了分析，在深入分析的基础上，总结农民自治中存在的问题，并提出一些培养和提升农民民主参与意识的对策和建议。

一 村民自治的现状与问题

调查显示，大多数村庄村民委员会能够按照《村民委员会组织法》的要求，在村党支部的直接领导下，努力发展村级经济，认真办理本村的公共事务和公益事业，调解民间纠纷，协助维护社会治安，做好村务公开等各项工作，确保村民实行民主选举、民主决策、民主管理、民主监督，较好地发挥了基层群众性自治组织的作用。具体来说，包括以下几个方面。

（一）自我管理水平进一步提高

在村委会查到的文件显示村委会在发展经济、社会事业以及精神文明建设诸方面，都有切实可行的工作目标，健全落实各项制度，实行民主管理并坚持做到村务公开，在群众关心的财务以及公共事务和公益事业方面，都能坚持公示和由村民代表会议商定，改变了过去几个村干部说了算的状况，加强了民主、法制意识，充分发挥了村民代表的作用，村民自我管理得到了加强。80%的村民对村委会的工作给予了肯定。例如，在对农村低保户、无保户老人的确定，农民安装自来水、清洁家河，计划生育照顾二胎，农村住院医疗保险费收缴等方面，一改过去支部作决定，村委管执行的片面做法。

（二）自我教育能力进一步加强

祝站镇继光村村务栏里悬挂了继光村村民自治章程和村规民约，加强了教育引导，使广大村民在普及科技知识、破除封建迷信、提高民主法制观念方面的水平得到了提高。调查显示，在解决纠纷和矛盾过程中，努力做好说服教育工作，做到小事不出组，大事不出村，较好地改变了过去鸡毛小事找书记、找主任，稍大事情找政府、找领导甚至越级上访、集体上访的局面，有效地维护了社会稳定。如农村住院医疗保险、为群众安装自来水和有线电视等社会福利方面产生问题和矛盾时，村委会大都能发挥村民小组长和村民代表的作用，开展自我教育，自我解决问题。从而较好地维护了生产和生活秩序，维护了一方的稳定，促进了村级经济的发展和镇政府各项工作的顺利推进。

从总的情况看，继光村村民自治工作基本上是好的，但是也存在着以下一些不容忽视的问题。

（三）村民自治存在的问题

1. 村民选举普遍性低，公正性较差

调查表明，对选举持积极态度的村民仅占全村选民的38%，参加过最近一次选举的村民也只占被调查对象的68.4%。更突出的问题是投票方式是全村集体开放式投票，使得这种村民选举带有"暗箱操作"的可能；相信村委会公布内容的只有48%，其余都存在怀疑态度；只有58%的村民认为村委会是由村民代表选出来的。这些因素显然会影响村民选举的公正性，影响村民对选举的态度，从而导致村民选举的普遍性降低。

2. 村民民主监督意识不强，对村务公开的信任度偏低

调查显示，有很多村民都不知道村里村务公开，就算知道公开了也不一定去看，对里面公布的内容也不太感兴趣，甚至认为那些只是用来应付上级检查的，内容可信度很低。

3. 村民民主决策参与意识薄弱，决策者漠视民意

被调查村民很少有人愿向村干部反映自己的意见；60%以上的人认为村里的事情村委会决定就可以了；仅有少部分的村民认为村里的重要事情必须通过村民代表大会决定。调查表明，70%的村民在自己对村委会的决定存在异议时选择沉默，不提出意见与建议。而且60%左右的村民认为村里的大小事务都是由村委会决定，很少征集民众意愿，村民对好多村务都毫不知情。

4. 村党支部与村民委员会的关系有待于进一步理顺

在村民自治建设过程中，村党支部具有领导核心作用。但是在实践中，党支部替代了村委会，甚至替代了村民代表会议，使村民自治组织形同虚设，村委会成了支部的办事机构。调查显示，85%的村民分不清党支部与村委会的区别，甚至在选举中还出现了"村长"这一并不存在的职务。

二 加强村民自治建设的建议

（一）加强村民自治建设是加强基层组织建设的重要抓手，同时也是广泛推进基层民主法治建设、维护广大群众的根本利益和民主权利，推进依法治镇、依法治村的重要举措

为此，我们要以加强村民自治建设为契机，以法制道德教育为切入点，以保障村民民主权利，以维护社会稳定为目标，进一步建立健全以村民代表会议制度为核心的民主决策机制，完善以村民自治章程为基础的民主管理机制，强化以村务、财务公开为重点的民主监督机制，努力实现村级工作六大转变，从而进一步密切党群干群关系，规范村级管理，壮大农村集体经济，巩固党在农村的执政基础。

（二）健全民主管理机制，实现由人治林到法治村

民主管理是村民自治的重点。要按照"规范、完善、创新、提高"

的要求，推行村级规范建设。为使村民自治规范化、制度化，各村要在镇党委的领导下，在镇政府的指导下，按照农村"有章理事"的要求，以民主、公开、法治为核心，以村级制度建设为重点，抓好村规民约建设，建立健全并落实村民代表会议制度、村干部管理制度、集体资产经营管理制度、村级财务管理制度、村务财务公开制度、村情恳谈制度、公章管理制度、村民议事规则、档案管理制度、村民教育制度等村民自治约束制度，并将《村民自治章程》印发到户，对村委会组织的性质、村民的权利和义务、村务管理、社会主义物质文明建设和精神文明建设等方面都作出明确具体的规定，从而有效地规范干部群众的行为，保证政策、法规和各项工作的落实，使村级工作实现由人治到法治的转变。

（三）严格"两公开"制度，实现监督由后到前

要进一步落实村务、财务公开。镇党委、政府要统一规定公开内容、公开场地、公开程序、公开时间，并把它作为村干部年度工作考核的重要内容。除此之外，还要在各村集中交通路口设置涉农收费公示牌，对涉农收费部门的收费项目实行群众监督。同时通过多种途径，广泛宣传村务、财务公开的重要性，增强村干部做好村务、财务公开的自觉性，变"要我公开"为"我要公开"，使村务、财务工作由过去的"暗箱操作"转为"透明操作"，变事后监督为事前事中监督。通过村务、财务公开，畅通干部与群众之间的沟通渠道，变误解为理解，变怀疑为信任，进一步密切党群、干群关系，使党和国家的各项方针、政策得到更好的落实。

（四）重视村干部的选拔教育，实现素质由低到高的转变

民主选举是实行村民自治、推进农村基层民主的首要环节，民主选举中"民主"的程度如何，直接关系到村民自治制度能否顺利运行。为此，要严格规范民主选举程序，从而把群众普遍认可的熟悉市场经济知识的，有带领群众调整经济结构、共同致富的能力；有一定的政治素质，能够贯彻执行党的路线、方针、政策，有一定政策水平和较强的法制观念；办事公道，具有一定的领导和办事能力，热心为全村群众服务，热心村公益事业，年富力强的同志选拔到村级领导班子中来。要进一步抓好村干部的教育，使村干部进一步提高能力，改进作风，做好群众致富的带头人。同时

要适时调整和优化村民小组长结构，把热心群众工作、有较好素质的年轻同志充实到村民小组长行列中来。

（五）强化民主决策制度，实现决策人数由少到多

民主决策是村民自治的核心，而村民会议和村民代表会议是进行民主决策的有效载体。通过建立民主决策机制，进一步明确村务管理的主体是全体村民，重要议题由村两委联席会议研究确定，涉及村民整体利益的重大村务由村民代表会议讨论通过，绝不能让村领导个人说了算，从而使参与决策人数由少变多，进一步扩大群众基础，便于集思广益，科学决策推动工作。村民会议或村民代表会议讨论决定的事项，由村委会在党支部领导下贯彻落实，并将执行情况及时向党支部和村民会议或村民代表会议报告。

（六）规范民主理财制度，实现财务由暗到明

为真正落实广大群众知情权、参与权和监督权，要选举产生财务监督小组（民主理财小组），负责对各村经济收支情况进行监督。通过规范民主理财工作、加强村民的监督权，形成从形式监督到实质监督的转变。财务的审批、支出和使用由原来的"暗箱操作"转变为"一律公开"，民主理财小组全程监督，达到还干部一个清白、给群众一个明白的目的，从而避免财务管理混乱、违规违纪现象的出现。

三 结束语

通过本次社会实践调查，我感触很深。

首先，我深刻地认识到我国的基层民主法制建设还存在很大的不足和缺陷，基层民主自治的发展任重而道远。我们应该从基层做起，从点点滴滴的小事做起，特别是基层的相关领导和部门，应切实加强村民自治教育和普法教育，完善民主自治的渠道和保障措施，以身作则，做农民的好公仆。在农民自身方面，应加强学习和掌握实现自己合法公民权利的法律法规，增强权利意识，维护自己的合法权益，积极地参与到民主管理和民主决策中来，积极参加政治生活。

其次，我觉得农民的身上确实有着一种朴实的性格特点，他们大多受传统习惯的影响，小农意识浓厚，这也在侧面反映出了农民阶级的固有的、难以消除的局限性，这一局限性使得农民不可能在政治生活中发挥主导性的作用。

最后，就本次社会调查而言，我觉得我们以后在进行社会调查时应当尽量地融入到被调查者的生活中，增强与被调查者的同质性，从而为调查的开展提供更多的便利条件和可行性，方便调查活动的开展。

（作者简介：曹蕾，湖北工程学院政治与法律学院2014级社会工作专业学生，厦门大学中国特色社会主义研究中心与湖北工程学院政治与法律学院共建的孝感合作调研基地调研员。）

新时代条件下村民自治的发展与困境

高绮

一 调研背景

(一) 农村的社会形态

传统的中国农村社会形态,被称为"乡土社会"。乡土社会是"一种并没有具体目的,只是因为在一起生长而发生的社会",是以村落为单位、以土地为依附、以群体为本位、以熟人社会为模式的社会。然而,中国改革开放和市场经济体制对中国农村产生深刻影响,农民的公民意识增长,中国的农村社会正发生着急剧的变化,传统的乡土社会开始逐步消退,现代公民社会开始缓慢发育。当前中国农村社会正处于从乡土社会向公民社会过渡的起始阶段。

农村经济体制的转换、农民生产方式和生活方式的调整,都对农村公民社会的建立和发展起着关键的推动作用。尤其是农村社会主义市场经济的建立和逐步发展,为中国农村社会向公民社会发展提供了经济基础和社会基础。改革开放以来,农民的自主性和独立性相对加强,农民生存与发展的空间不再局限于农村的土地,农民有了流动的自由,从而有了更多的选择空间;农民受组织限制和身份限制也日益减弱,他们有了选择职业的自由,他们的需求有了更多的诉求渠道,也受到更多的关注和尊重。

农民的传统身份正在发生变化,随着他们自主意识、自由意志、公民权利意识的逐步增强,农民公民化的前景已经显现。农民强烈的主体意识和公民意识,为社会自治提供了合格的主体条件。农村市场经济的发展突破原有的传统产业界限,多元化的产业发展模式及多种形式的产销联合体大量产生,在繁荣农村产业的生产和流通的同时,还迅速与城市现代产业相连接，使得农民的权益体现不仅仅限于农村，更向城市甚至国际广泛延伸。

可见，公民社会的兴起为社会自治在非国家的社会公共领域开拓了活动空间。中国农村社会从乡土社会到公民社会的过程虽然会比较漫长，但并不影响乡土社会向公民社会转型这一根本趋势。公民社会的兴起与发展，使农村社会自治的发展与繁荣成为可能。①

（二）村民自治

村民自治始于20世纪80年代初，联产承包责任制解放了农村的社会生产力，同时也宣布了公社体制的解体。从农业集体制度到家庭承包责任制的制度变迁，虽然为农业的高速增长提供了很强的激励机制，但却没有为农村地方性公共产品的供给提供同样有效的制度安排。当时的中国农村社会面临着三个方面的问题：一是由于失去了行政化的组织纽带，政府在农村社会的职能难以有效地完成，权力资源面临短缺；二是农民与政府的沟通距离拉大，政府无法将来自庞大农村社会的政治参与纳入制度化框架；三是乡村社会的公共产品难以有效提供。在一些地方基层组织体系处于瘫痪状态时，农民就创造了自己管理自己的村民自治的组织形式：村民委员会。

正是在这种情况下，村民自治作为建构新型国家与农村社会关系的制度安排体现出了历史性的作用。村民自治确立的意义，在于它是一种划分国家与农村社会组织边界的制度安排。村民自治条件下，乡镇政权与村级自治性组织的关系实际上是国家与农村社会关系的一种组织化、具体化的表现形式。当权力资源的配置遵循权责一致的原则时，其运行才可能是公正合理的。当宪法和法律在赋予村民委员会作为自治性组织角色的同时，也就赋予了它作为村级社区公共产品提供者的法律角色，这一义务性规定主要体现在《村民委员会组织法》之中。更为重要的是，村级社区授权方式的改变使村民委员会有了代表村民的内在动力和外在压力。所谓授权方式的改变，有两层含义：一是村级组织的负责人由基层政府任命，转变为由村民通过民主选举决定；二是村委会换届由等额民主选举转变为差额

---

① 陈叶兰：《论公民社会对我国农村社会自治的意义》，《社会科学家》2011年第4期。

民主选举。① 村民自治作为一种国家法律制度，是在中国的现代国家建构历程中产生的，是一种以现代社会的自由、民主理念为指导的政治实践活动，是在由亿万农民构成并极具传统性的乡村社会中发生的。必须从中国现代国家构建的历史视野中看待村民自治的发生发展机制，伴随村民自治发展、推动村民自治前进的力量，正是现代化进程中力图实现对整个社会进行直接统治的现代国家。②

（三）农村自治组织

培育农村服务性、公益性和互助性社会组织，完善社会自治功能，是党的十七届三中全会《关于推进农村改革发展若干重大问题的决定》做出的健全农村民主管理制度的重要决策。构建以社会自治功能为导向的农村社会组织机制的政策导向，是建立在对新世纪以来农村民主管理制度发展的困境深刻思考基础上的，体现了进一步深化农村基层民主制度的一种方向性思考。

根据相关研究，我国农村各类社会组织约有200万个，一般包括经济合作组织、公益性组织和互助组织等，如各类专业经济协会、老年协会、庙会、灯会、用水者协会以及环境保护协会等，构成了农村社会中一种重要力量。

从农村社会组织的目的和性质看，农民组织主要是由农民自发组织，或是农民在政府的推动和支持下组织的，为更好地实现农民的政治、经济利益或完成某种社会保障功能而组建成的民间社团。为此，他们将农村社会组织区分为政治性组织、经济性组织和基层自治性组织。还有学者则更为强调农村组织对农村经济建设和文化福利建设的价值。另外，一些研究者则侧重于从组织的非政府、非营利性、公益性或互助性等入手来界定农村社会组织，强调其民办、民管、民受益的基本原则。

最近有研究者从农村社会组织的自愿互助和民主管理性质着手来界定其内涵，认为农村民间组织是农民在自愿互助基础上联合起来，实行民主管理，以实现和维护自身利益的组织。从农村民间组织的职能角度可将其

---

① 李志勇、白士宾：《村民自治：重构国家与农村社会的关系》，《中共福建省委党校学报》2001年第8期。

② 刘义强：《构建以社会自治功能为导向的农村社会组织机制》，《东南学术》2009年第1期。

划分为权力组织、服务组织、专业经济协会以及附属性组织等。

李熠煜根据较为复合的标准，将现实存在于农村中的社会组织分为五种：一是和官方有密切关系，具有合法身份的组织，比如共青团、妇联等；二是原有的乡村社会团体，如花会、香会和庙会、宗族团体等；三是新兴的农村非政府组织，由农民自发形成的公益性组织，如一些教育基金会、行会等；四是各种宗教组织；五是带有帮会性质的类似黑社会的组织[①]。

（四）研究方法

本文采取的方法是实证研究中的社区研究，选取的地点是湖北省孝感市的部分村庄。为了更加真实有效地评价近年来实行自治的成果和村民自治的能力，我们的实践队员分成几个小组，深入农村对乡村干部、教师、村民代表、普通村民等各种类型的村民进行了问卷调查及访谈，了解乡村的基本状况，包括经济作物、灌溉、生活状况、致富经验、教育、自治组织、政治生活等各个方面，从多方面了解村民对农村自治的认知状况、了解程度、满意程度、意见及建议等，填写万村调查问卷和村民自治调查问卷，同时进行有效的记录和录音，以便回来后整理形成完备的资料。

（五）样本选择

我们选择了平常就有来往和合作的镇子进行调研，这样配合度会比较高，对我们也没有特别强的戒心。针对自治主题，我们的访谈围绕着对自治的了解，自治内容、自治组织的发展而设定问题，选择修路、修井等村里的重大事务着重调研，并从中挖掘一些问题，询问和剖析原因，各村调查内容大致相同，根据具体情况和访谈路线做出部分变动。

二 案例分析

（一）村庄简介

1. 农益村

农益村，湖北省孝感市祝站镇下属的一个小村庄，距镇政府与集市3

---

① 刘义强：《构建以社会自治功能为导向的农村社会组织机制》，《东南学术》2009年第1期。

公里，人口 1000 人左右，共计 250 户人家。占地 3000 亩，其中可耕种面积约 1000 亩，其中 400 亩左右的田地产量较高，主要农作物为水稻，丘陵地形，由于地形不平整，给机械化种植带来了很大的困难。村子里到目前为止还没有自来水，饮用水、种地用水都是井水和水塘里积攒的水。全村只有两户人家种植面积超过了 20 亩，总计 50 亩左右，拥有三台拖拉机，无大型收割机等。到目前为止村里还没有路灯，这给夜晚出行带来了极大的不便，没有第二产业，村里的青壮年几乎都外出打工，所以村里的人员构成变成了以老人和小孩为主，造成了部分土地的荒废，也容易带来农业发展停滞不前的困境。整个村子缺乏青壮年劳动力，产业结构单一，作物种类单一，机械化程度低，年人均收入不足 1 万元，属于比较贫困的村庄。

村委会和党支委于 2006 年成立，由四人构成，是通过村民大会和村民代表大会简称"两会"选举产生的，虽然人少，却承当起了村里大大小小的各种事务的处理任务。为了实现民主，村里的重大事务都是村民代表、村委会、协会成员共同决定，少数服从多数。尽管十分艰难，村委会在不懈努力下，仍然带领着村民给村子带来了很大的改善。村里的房屋都修成了砖土结构，每户都有电视机，除常年在外的人员外，每户都有有线电视。村委会本着小事不出湾，大事不出村的宗旨，力图最大限度地实现村民自治。

经济的不发达使得农益村的发展相对迟缓，但我们有理由相信，在全村人民的共同努力和国家政策的扶持下，村子会发展得越来越好，奔向全面小康社会。

2. 东杨村

东杨村隶属湖北省孝感市槐荫办事处，村域位置紧贴高新区，与西杨村相邻。村区域包括 2 个自然湾，6 个村民小组，总面积为 2.45 平方公里，总人口为 1080 人，现没有耕地林地亩数，全被政府征地开发所用。去年村集体经济收入为 1200 万元。村民人均收入 1 万多元。近年来，在孝感市的城市化运动中，东杨村也更名为东杨社区，响应政府的征地拆迁政策。

2004 年，因城市化建设之需要，政府开始征地，搬迁安置近百户农户，在老村前面建起了新小区，视野十分开阔，是居家休闲的好居处。已被政府征地的地块，成功吸引了市人民政府、乾坤豪府、民邦槐荫东岸、红星美凯龙、中央文化中心等项目落户。另外还有联通、合作社等即将落户。

新村建设按照整体规划，合理布局，统一管理，此举既妥善安置了搬迁农户，又为村庄的美观建设奠定了良好的基础。如今，一幢幢崭新的农民小区都已完工，道路、绿化等配套设施工程也都及时跟进。

东杨村自政府征地搬迁以来，除推进新村建设外，对老村也进行了全面改造。对通往村里的道路进行了硬化，重新修路。对老村的环境建设也进行了进一步的规划，按照净化、绿化、洁化、美化的"四化"要求，从治理"脏、乱、差、散"入手，加大环境整治力度，不断优化村民生活环境。对生活垃圾统一进行处理，购买专门收集垃圾的铁桶，遍布村里各个角落，并雇专业卫生员进行运送处理，且处理陈旧垃圾。

美丽村庄，环境先行，东杨村在村委会的领导和全村村民的配合下，正努力朝环境整治先进村、财务公开民主管理示范村的目标前进。

（二）调研结果统计及分析

本次调查问卷包含了两个镇子的十个村庄，合计 86 份问卷，以下是一些主要的统计结果：

2.1 您对所在村村委会最近一次选举满意吗？

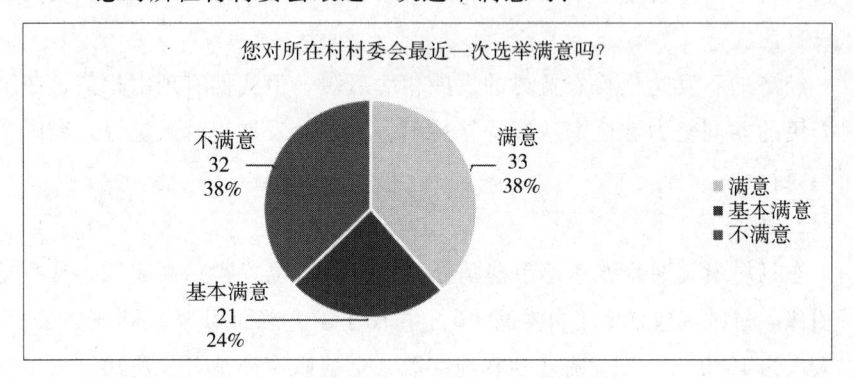

您对所在村村委会最近一次选举满意吗？

- 满意 33 38%
- 基本满意 21 24%
- 不满意 32 38%

2.2 本村村委会是如何产生的？
2.3 您认为村委会是一个怎样的组织？
2.4 您相信村委会公布的内容吗？
2.5 您对目前的村民自治的总体情况的评价是？

调研结果表明，很多村民对村委会以及村务方面都不够了解，这

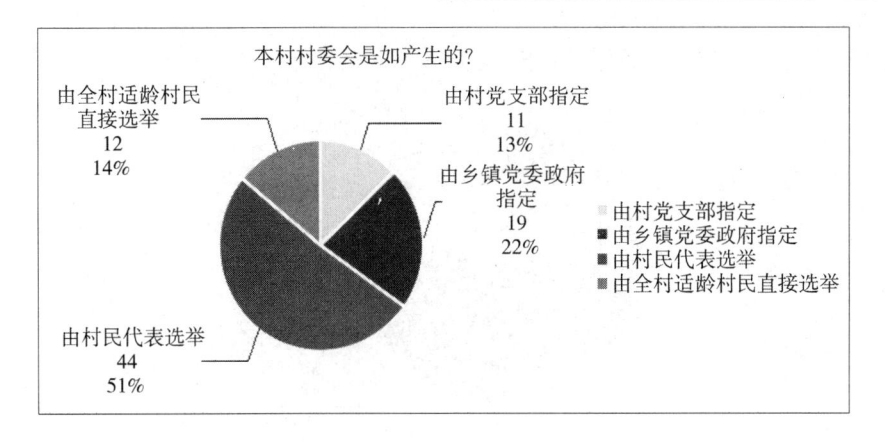

本村村委会是如何产生的?

- 由村党支部指定：11，13%
- 由乡镇党委政府指定：19，22%
- 由村民代表选举：44，51%
- 由全村适龄村民直接选举：12，14%

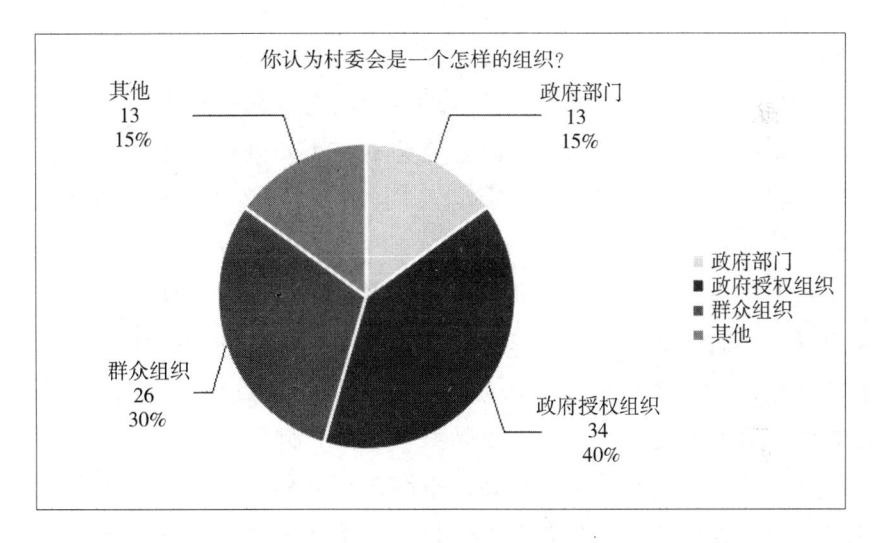

你认为村委会是一个怎样的组织?

- 政府部门：13，15%
- 政府授权组织：34，40%
- 群众组织：26，30%
- 其他：13，15%

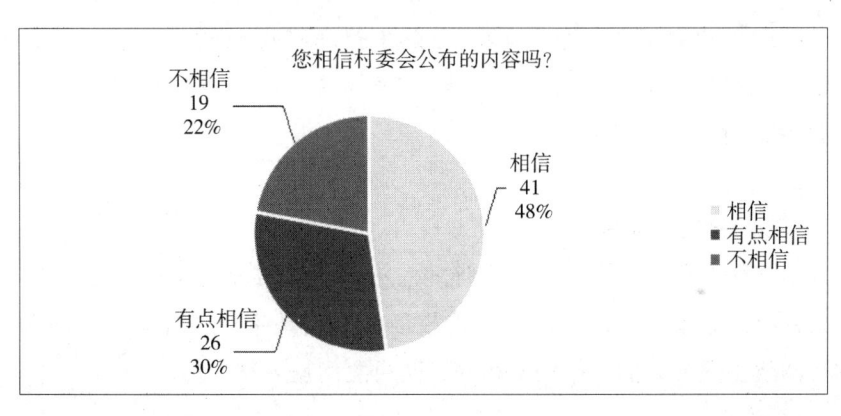

您相信村委会公布的内容吗?

- 相信：41，48%
- 有点相信：26，30%
- 不相信：19，22%

您对目前的村民自治的总体情况的评价是？

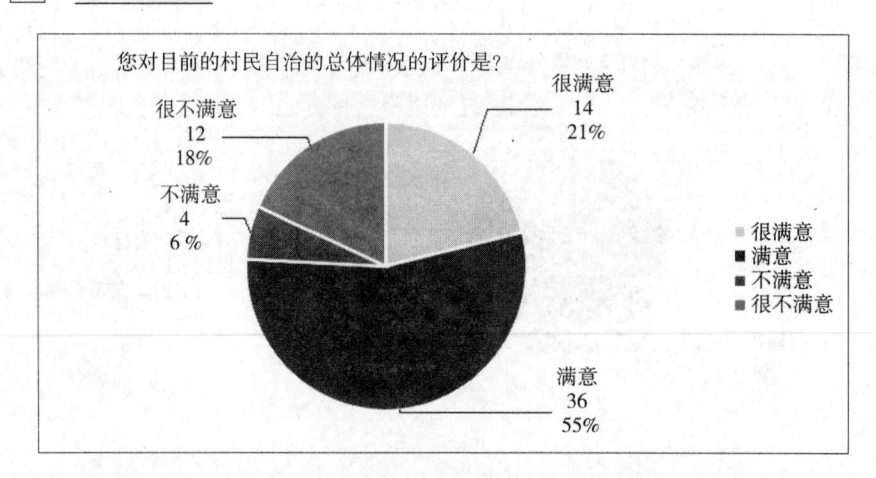

- 很满意 14 21%
- 很不满意 12 18%
- 不满意 4 6%
- 满意 36 55%

可能与村委普及不够和村民自身本来就不关心村内事务有关系。有些人表示关注也没作用，拿主意又不由他们决定，索性村委爱怎样就怎样好了。而且不同镇子的村子满意度是有很大差别的，相比之下，农村满意度更高，城郊村相对较低。我们调研的对象大多是老年妇女，人群的年龄和组成都会对结果造成影响，但很多人都已经外出打工，村里剩下的基本都是老人和儿童了。大多数人认为村务什么的与自己没关系，有的说自己老公有参与过，自己没有，有的干脆表示没听说过。也有的人自己不是这么认为的，但觉得应该是哪个就填了哪个。比如村干部怎么选出来的，回答是大家选的，问她有没有参与过，又说没有。有的人对调研十分敏感，拒绝参与调研，还说自己什么都不能说，不知道为什么一个调研而已也搞得草木皆兵。最不可思议的是我们找到村民代表的时候竟然因为正在打麻将拒绝我们的访谈，我们等了十几分钟无果后也放弃了，连代表都这么不在意这件事情，那村民自治的意义就可想而知了。

（三）村庄访谈情况

由于两个村庄一个是比较纯粹的农村，主要靠种地和外出打工为生，另外一个是城郊村，处于城市建设新区的规划地带，二者面临的问题不同，围绕主题展开的工作也不相同，两村之间反差很大。

1. 农益村

从镇政府出发，我们三人坐了一辆小"麻木"（即当地的三轮车），在镇上干部的带领下上路了,刚开始的路是土路,走过一段就变成了水泥路。农益村是我们小组实践调研来到的第一个村子,距镇上大约3公里,一进村就可以看到村委会的牌匾,村委会是一座低矮的小白房子,里面又分成好几间,有调解室、医务室、办公室等。我们进去的时候还有个人专注地写着东西,村支书和村里的干部特别热情,招呼我们坐下,然后介绍起了村里的情况。村委会和党支委一共就四个人,是通过"两会"选举产生的,每个人都担当了好几个职位,虽然人少,却承担起了村里大大小小的各种事务,村委的人员在值班期间一般没有重大的事情需要解决,但琐碎的事情也不少,比如证件的办理、退休金、低保、五保、各种证明等,有些村民文化水平太低,没办法自己完成时还需要带着村民去镇上办理。

说起村民自治的问题,村支书就像打开了话匣子。村委会的宗旨就是小事不出湾,大事不出村,最大限度地实现村民自治。比较成功的例子,就是为了响应国家"村村通"政策,通过国家补贴和村民自筹两个方面筹集资金。从2008年开始,进村道路铺上了水泥路,逐步地各湾的道路也铺成了碎石路,但还是不够平坦,等到有更多资金的时候可以争取都铺成水泥路。另外,村里一些协会起了作用,如和事佬协会。村委会不直接干预村民纠纷,而是委托德高望重的老年人即和事佬协会去协调矛盾。比如有一家老人去世,有四兄弟争抢责任田,出现了一些矛盾,村里调查情况,得知老四情况比较差,和事佬协会对其他兄弟晓之以理,劝说给老四多分一点,最终平息了争执。而且从2014年开始矛盾排查,都要存档。环境协会通过宣传工作,让村民认识到保护环境的重要性,每户分到一个垃圾桶,安排了负责的保洁员,而且这个人是一位老实本分的村民,在农忙闲余的时候完成村里的卫生工作,环境有了很大的改善。自来水协会管理村里的灌溉用水、井水和公用水,通过申请、自筹、企业资助,挖成了很多大大小小的水塘,极大地解决了灌溉问题,但因为没有大水井,干旱的时候灌溉仍然会出现问题。

村里的重大事务都是代表、村委会、协会成员共同决定,少数服从多数。当问到还有什么问题需要解决时,村支书说,村里的道路修得还不够,路灯还没有修,自来水还没有通,每个湾预期需要建成公厕两个,医生退休后医务室最近都是空的,目前还没有合适的人选,好几个村共用一个医生。

谈到如何更好地发展村民自治，村支书说，现在要成立一个老年活动中心，免费提供给村民，丰富村民的文娱活动，提高村民的精神文化水平。现在正在申请建立一个小广场，有了这个广场以后，村民们饭后可以有个散步锻炼的地方，也方便以后开展较为丰富的文娱活动，如秧歌、腰鼓、广场舞等等，既能强身健体，也能加强村民间的交流，增进邻里间的感情。

下午，我们需要去村民家填调查问卷，还要访谈精英人物。但是很快发现了问题，做得比较好、已经发家致富了的都搬离了这个村子，根本找不到人，我们只好找一些在村里开饭店的，还有老教师、退休老干部之类的访谈一下。可是访谈一开始就出现了问题，很多人对村民自治似乎并不了解。我们访谈一位饭店的老板娘。她家里开着一家在镇上来说算不小的饭店，一共有两层。问到如何想到开起这家饭店，因为夫妻双方并没有谁本来就是厨师，老板娘告诉我，因为当时这里并没有比较大的饭店，办满月酒什么的都没地方可去，于是就从这里看到了商机，来填补这一块的空缺。起初是十分艰难的，自己积攒的钱并不够，跟亲戚朋友借，加上贷款才开了起来。我们说到很多精英人物都搬出去了的时候，老板娘说道，孩子们都还小，在上学，不方便离开，不然也想搬走的，因为村里路不够好，交通不方便，不通自来水，也没有路灯，可是旁边的村子却都有，感觉不太公平。问到关于村民自治，社会组织的问题，似乎很不了解，但是她也表示，如果村里集资修路或安装路灯，是很愿意出一份力的，多出点钱也无所谓。

我们走访了村子的很多人家，但下午大多都不在家，而是很多人聚在一起打麻将，村子不大，打麻将的"据点"倒是不少，还有看起来很高级的全自动麻将桌。其实这个现象也好理解，村子里的老人大多不识字，除了打牌打麻将没有别的娱乐活动，这也让我看到了提高人民精神文明水平对于祖国建设和新农村建设的重要性。刚开始做问卷时在书记的带领下还是很顺利的，不过后来自己做的时候就比较艰难了。打麻将的不愿意腾出时间接受访谈，去村里砖厂访谈工人，好像戒备心也挺强的，不愿意说什么，有些农户家也是，说自己什么都不知道，让我们去别人家问。不过也还是有人很热心的，有一个大哥不但很积极地配合我们的问卷调查，还切了自家的西瓜给我们吃，最后还让我们带走一些分给一起来的队友。

2. 槐荫办事处

从住处坐公交半个小时左右然后走一公里，穿过很多林立的大楼和正在建设的楼群，来到一排低矮的活动板房前，周围尘土飞扬，我们抵达了槐荫办事处，真心感觉工作环境还是十分艰苦的。今天与孝感市高新技术开发区槐荫办事处的党委副书记肖继玲一起，听肖书记给我们介绍情况。槐荫办事处于2007年成立，占地12平方公里，人口1.2万人，所辖7个社区，具有众多的区位特点，首先是具有突出的位置优势，是市政府及各职能部门的办公集中地，比如市委市政府、人大政协、劳动人社、公安局、国税地税局、工商局、军分区、法院、检察院等，以及移动、联通、工商、信合等也将办公大楼落户于此，称为东城新区，是新城区的政治、经济、文化中心。市文化中心，作为新城区的重大项目，投资12亿元，占地200多亩，在此落户，将建成多功能的文化广场，更大程度地满足市民的精神文化需要。商业中心也正在筹建中，力图建成现代化的城市综合体，如红星美凯龙，就是集家具、购物广场、步行街、住宅区为一体。此外的项目还有滨湖天地、民邦、中都、华农、巴黎国际城等，同时也是高新区的一部分，而办事处，负责的是项目工程的落地建设，一方面要对市委市政府负责；另一方面也要对高新区负责。

问到工作内容，肖书记谈到，由于是城郊村，属于城乡结合部，主要任务就是搞好拆迁工作，保证项目的落地建设不受阻碍，是孝感市城市文化建设的主战场。征地拆迁有难度，但作为城市的拓荒者，必须高效按时地完成任务，于是，三个镇子合并成了两个办事处，负责相关事宜。

家家都有本难念的经，拆迁工作进行得并不顺利，遇到了很多困难和阻碍，肖书记为我们分析了其中的原因和道理。拆迁的难度主要表现在两个方面：一是由于本身缺少文化素养和长期以来比较贫困，表现出以下几个特点：（1）利益性。土地没了就再也没地方种地了，生活来源没了保障，所以提到拆迁问题就总想多要钱。（2）关联性。农户之间会相互打听、通气，造成相互攀比，牵扯到公平性的问题，但永远都做不到绝对的公平。（3）仿效性。有些人不通情理，会狮子大张口，要的价格远远超出土地应有的价值，一遇拆迁就变刁民，其他村民也会效仿，导致问题的扩大化。二是干部队伍在执行工作的时候也有一定的问题：办事不够公平；工作人员的办事方法不到位，不善于深入细致地做群众工作；缺少强制性的手段。

其实国家本着让利于民的宗旨，在拆迁方面的政策对民众是非常有利的，这片区域的拆迁工作统一由政府负责，给农民的补偿是远高于开发商的，有面积补偿还有配套的环境处理，是有利于生活环境改善的，所以最主要还是工作人员需要做更多的思想工作，让农民意识到这个问题。由于各地的政策不统一，尤其是在农村集体房屋这块政策不明确，强拆风险大，大家都不愿承担强制拆迁的责任和压力。现在的社会舆论呈现一边倒的态势，只要出事都会认为是干部简单粗暴而致，基层的干部也是有忍辱负重的感觉。比如2013年发生了一件事最后都上了《焦点访谈》，村民自己摔倒，媒体拍照后大肆渲染，说政府强制拆迁，将八十岁老太打伤，推倒在地，弄得工作人员百口莫辩，有理说不清。肖书记说，其实征地和征兵征粮一样，都属于国家征收，应带有强制性的手段，但征地方面相对于其他困难更大，在工作中既要软硬兼施，还需斗智斗勇。

要如何解决问题？肖书记也提出了几点：（1）要强化自身组织建设。（2）要与群众做朋友，真心为他们排忧解难。（3）要培养一支善于做群众工作的队伍，要能招之即来来之能战战之必胜。（4）适时地采取法律手段，强制推进拆迁。同时，她还给我们讲了个有趣的故事。由于测量是人工拉尺子，农户在测量时对尺子做了手脚，原来2.67亩的面积一下子测成了5.8亩，多出一半还多，由于严重与事实不符，政府对面积进行二次丈量，而农户不但百般阻挠，同时也不承认真实的丈量结果，要价比应得多出二十多万元，严重影响了拆迁进度。于是办事处采取了"三步走战略"：第一步，向当地土地管理局咨询了相关法规，走法律程序，让农户知道土地的所有权属于国家，农民只有使用权，把他从人民群众中剥离出来，让大家知道想要多占的钱就是在侵占他人的利益，让群众去憎恨他，不与他做朋友。第二步，三次丈量土地，将所有的工作过程形成文字材料，全程录像，做到合情合理合法，深入细致，无懈可击，避免造谣和媒体断章取义，胡乱报道。第三步，拆迁用三台挖掘机同时动工，破土开荒，全面推进，避免农户用身体阻挡挖掘机。

听完后，我们真的被这位书记严谨的逻辑、雷厉风行的办事作风和一丝不苟的态度打动，也为她的智慧和口才所折服，引经据典，党的政策和毛主席语录更是信手拈来，我们还听说书记是省级的三八红旗手，因此也忍不住向她提出了更多的问题，想要听听她的看法。

她说，有点令人失望的是，基层干部代表着党在人民心目中的形象，最需要有能力的干部，然而在这个人人自危的时代，由于社会舆论的导向，干部却成了弱势群体，使很多干部不作为、不担当，只想着保持原来的成绩，不想着新的突破，虽然习总书记很重视基层，但却没有相关的政策来推动，国家需要傻瓜型的干部，但是傻瓜们都伤心了。说到国家治理出现的新问题和反腐问题，肖书记告诉我们，很多事情的出发点是好的，只是执行过程中的方式出了问题。做事要讲方法，就像得了癌症，化疗大多只能让人更加虚弱，要找对方向，更要找对方法。国家处于经济转型各方面变革的重大时期，就像搅浑了的水，需要时间的沉淀，也相信我们的党有能力反省和改正自身的错误与不足。

谈到对我们的期待，肖书记说到，要多跟基层干部做朋友，了解实情，搞对方向，做切实有用的东西。就像唱戏要唱到心坎里去，做事要做实事，把事情搞透，稳准有效，不要搞那么多的题目，又大又空，有什么用呢？最后，留给我们一句意味深长的话，站在垃圾堆上打苍蝇，怎么可能打得完呢？睿智的问答，留给我们诸多的思考，有时候我们就像个小愤青，对诸多事情看不顺眼却又无力解决，也许我们更应该着眼脚下，从小事开始，来改变我们周围的环境，打苍蝇也没错，但或许清理掉垃圾堆才是更有效、一劳永逸的方法呢？

3. 东杨社区

东杨社区，占地 2.45 平方公里，是新城开发的核心区域，市人民政府、乾坤豪府、槐荫东岸、民邦、红星美凯龙等在此落户。有人口 1080人，包括两个自然湾，六个自然小组，有三个正式干部，分别是书记、副书记和妇联主任，还有三个协调员和六个小组长。每三年进行换届选举，还成立了综合治调委员会，由杨书记担当主任。村里财务由办事处会计代理中心统一管理，开支都需要通过理财小组的审议，开支较大的还需开会讨论。理财小组由三人组成，包括组长和普通村民，现已改名为财务监督委员会，从去年开始就比较正规了，有了财务小组专门的方章，开支需要理财小组每个人签字同意。问到自治组织和村里的民主自治，主任说他们成立了腰鼓队和中老年健身队，并配有 3 套音响供其使用，村里有时遇到红白喜事也会找他们表演。族委会管理族谱，组织一些大型的庆典活动。村里的民主决策是由 10 位村民代表开会决策，他们可以反映民情，再交由大会讨论，也有村民直接反映诉求的，比如外出打工土地交由兄弟帮种，结果回来后发现地没了，钱也被兄弟拿走了，然后反映到社区让他们处理。近年来通过民主自治实现了一些改变，如路面的维修，为了出行方便，为大家修了路；建立了环保站，有专人清扫卫生，卫生员采取自愿原则，并设立了两个垃圾转移箱，集中回收处理垃圾。

提到工作推进中遇到的问题，杨书记说，由于城市建设的需要，住这边的住户要整体拆迁，两百多户中已拆迁一百多户，在市场经济的冲击下，民风没有以前淳朴，拆迁中困难重重，拆迁一亩地给 2 万元已经算比较多了，60 岁的人享受养老保险，以前每人每月 55 元，现在涨到了 70 元，虽然依然很少，但是有进步，然而抱怨却越来越多。民众的期望值很大，以现在的经济水平却没法满足，这就产生了矛盾。作为干部，既要支援国家经济建设，也要关注民生。对没有生活出路的农民是十分关注的，但自身并没有能力解决这些问题，写报告向上边反映也没有得到回应，大政策决定的东西只能跟着走。征地从 2004 年就已经开始，到现在的情况越来越复杂。如近年来货币大幅贬值，而土地征收的价格却没有相应提高，那之后被征收土地的农民就会觉得不公平。原先测量土地并不把田埂计算在内，现在纳入了计算，每亩地大概能多给两三千块钱，然而之前的农民就觉得不公平。杨书记说，从来都没有绝对的公平，公平都是相对的，要掌握住大原则，再狠的人不要怕他，再软的人不要欺负他。在工作中遇到困难时，首先要做好思想工作，有时还会去找他的亲朋好友，有些说不通的农民可能要几个月甚至半年的时间去做工作。村里有百分之四的预留地，合九十多亩，以后这些地的收益可以用来补贴无业农民的生活，还有居民们的医疗保险，以前是 80 元现在是 120 元都是由这部分收益来出的。在财务公开上，没有拆迁的村里和已经搬到住宅区的地方都有宣传栏，会公开财务内容和各种名单。

问到自己对村民自治成果的满意度，杨书记说大部分村民是通情达理的，但也总少不了胡搅蛮缠的人，比如之前联通要盖办公楼，征地二十多亩，但上边有很多坟地，迁坟的统一标准是 800 元，有些人却要胡乱要价。但是我们不能粗暴执法，要依法行政。近年来国家经济建设有所放缓,很多外出打工的就没事干了,没有了收入来源,加上农村恋土情节很重,总有些故土难离,所以有些事情也是可以理解的。杨书记说其实国家政策还是很好的,拿他自己来说,花费十几万元盖了个三层半的小楼,一共四百多平方米,住了没多久就遭遇了拆迁,虽然有点不舍,但还是要配合,杨书记说补偿是按人头算的,每人 50 平方米,如果房子实际面积比这个大,就折合成人民币,可以用这个钱再来加购房屋。这样房子小的不至于没地方住,房子大的也不至于吃亏。书记说自己 1979 年当兵,1982 年复员回来,教了两年书便开始担任村干部,三十来年了,农村的工作越来越不好做,以前都很淳朴,现在却很是浮华,说的时候眼里也是充满了无奈。之后书记带我们去看了村务公开栏,下午就是继续走访村民了。

（四）访谈结果分析

几天的调研中,我们基本了解了所去村庄的状况,了解到一些情况,也看出了很多问题。像农益村,感受到了村干部的有心无力,他们也想为村民办实事,但是没有集体经营的企业工厂等,村里公共经济没有有力的支撑,仅依靠国家政策扶持和村民自筹来实现,做得稍有起色的也都搬离了村子,在城里安家落户,最多在村里集资的时候多出一点,劳动力流失越多,土地荒废越严重,村子就越难发展。而东杨村,主旋律只有一个,就是拆迁,为数不多的干部们几乎所有的工作重心都放在这里,从 2004 年到现在十几年过去了,年轻人还好,可以出去打工,维持生计没有问题。但是年老的呢?他们留在这里,没有了土地,他们就没有任何的收入来源,去打工又因为年龄大没人要,也不识字,没办法看书读报什么的,本来还可以种点地打发时间,也够自己吃饭什么的,现在没了地,补偿又那么少,一个月 70 元的补助哪里够他们生活,而且村里忙于拆迁,基本没有组织起来什么文娱活动兴趣小组之类的,会让他们的生活显得比较单调和乏味,从这方面看,生活质量没有提高,反而陷入了尴尬的境地。

调研的村子不一样,但有相似的地方,说到村务管理,村干部和村民的说法往往大相径庭,听着村干部说会觉得大家一起努力,一幅和谐美好共创家园的景象,而听着村民却总有一种民不聊生、水深火热的感受,作为我们短短的几天调查根本不可能妄下评论,但其中的原因还是值得分析的。第一,每个村子都有村民的自治组织,按理说这些组织应该在平常的生活中发挥着重要的作用，但当我们问到具体事例的时候却很难举得出来，一些组织根本就是形同虚设。我问和事佬协会是干什么的，村长告诉我解决纠纷，而村民却告诉我小事自己解决，大事会直接上法庭什么的，根本没听说过和事佬协会。看到村里都是老人和小孩，我就好奇老年人保护协会是怎么运作的，有哪些人来服务大家的，具体都做些什么，因为那么多老人我总感觉需要一支强大的志愿者服务团队，结果也说不出什么，最后村长说这个模式是学习别的村子的，这边的村子都是这样，这些协会也是刚刚成立起来，所以有些还没有实际用处。那个模范村由一个贫困村迅速转变确实是值得学习的，然而只学习表面，没有真枪实干，也很难改变什么吧？第二，刚开始走访村民是村干部带着的，村民一致好评。等我们自己走访的时候，听到的东西却不一样了，很多村民说根本没有什么民主投票选举，啥都是村长说了算，民主自治实现程度很低。回想起看到的人员委派上，尽管有那么多组织，那么多机构，可负责人几乎一样，过来过去就是那么几个人，权力集中的状况下难免导致民主程度下降。然而如果有很多负责人的话又会出现一些问题，就是拿工资的人太多，增加村里负担，而事实上又不需要这么多人去做很多事，就变成了个不可调和的矛盾。第三，对于村务公开，村民们分成了两大阵营，一边是完全信任，而另一边就是完全不信，说钱都被村官贪污了。我觉得那么多村子不可能村官都会贪污，就像不是所有医生都会收病人红包，只是小部分人而已。那村民的说法就一定有不属实的，当我们问到他们是怎么贪的，村民会说他们怎么贪怎么可能让我们知道，问到有什么表现时往往也拿不出证据，这是个令人深省的问题。村官原本是服务人民的，应该和民众打成一片的，可是为什么会让民众产生不信任，问到村官的时候，几乎都是一句话的总结，农民素质太低，这是个不可否认的原因，但是与民众缺少真正的沟通与交流才是最关键的问题所在吧？第四，不管是哪个村子，都体现出严重的青壮年劳动力的流失。当年农村包围城市的战略取得伟大胜利，农村为新中国成立立下了不可磨灭的功劳，但一直以来，国家的发展重心几乎都放在城市、工业上。新世纪以来，推行"工业反哺农业、城市支持乡村"的政策，但城市包围农村并没有给农村带来繁荣，而更多的是环境污染、劳动力流失、土地荒废、留守老人与儿童急剧增加。农村人口占我国人口的很大比重，我不知道这样成长起来的孩子会对他们的以后造成多大的影响。对农村的支持很多都是只有政策倾向，少有切实政策，而很多利好和补助一层一层被分刮下来，拿到农民手里的也就所剩无几了，农村只能在国家高速发展的情况下与城市差距越来越大。

几天的调研下来，接触到的负面的东西比较多，至少在所调研的这几个地区，村民自治成果不是很好。相比以前，农民的生活确实有了很大的改善，这是不争的事实。然而与城市的发展相比，农村的发展滞后、缓慢，公共设施与城市相差甚远，很多地方甚至没有自来水。相比之下农村与城市差距越来越大，人都会有攀比心理，这必然导致农民的心理不平衡，期望与现实反差较大，这也是农民普遍对村干部不满的原因。而村干部，作为自治制度下的一个重要环节，既得不到民心，又没有实权，工资也很低，严重降低了优秀的人担当责任的积极性，也降低了干部在人们心目中的威严。这让村民自治制度变成了纸上谈兵，自治效果也没有预期中的好。

与没文化的老人妇女相比，有文化的年轻人对自治政策的评价要客观许多。在访谈中，我们提出了村民对政策和干部的不满时，他指出，其实主要不是干部的问题，让谁去当这个干部都是这个样子。村干部要考虑大多数人的利益，而村民大多只考虑自己的利益，当一项决定别人受益自己不受益时就会产生不满，还有些人狭隘地认为公平就是每个人都可以当村干部，但忽略了人品和能力的考量。举个具体的例子，超生违背了国家政策，罚款是应该的，但有些村民就偏偏觉得是村干部不让他们一家好过，日子本来就苦，还雪上加霜。在刚进村的时候我就碰到了这样的情况，大妈情绪非常激动，说她媳妇要生第三个孩子，然后村里一直罚款，到后来才了解到，是因为拆迁补助按人头算，一个人补50平方米。于是家里的女人就变成了生孩子的机器，不停地造人。可是他们从来就没想过养活一个孩子需要的成本，只看重眼前的利益。还有填路问题，这本是一件对大家都好的事，为什么这件事也有争议呢？原来是路填高了以后下雨时水就会流到地势比较低的人家里，他们觉得给自家造成了不便，可这不是挖个槽把水引出去就好了么？很多人说村干部办事不公正，如果都是没亲没故的话又为什么偏袒别人呢？后来知道原来是由于拆迁持续时间较长，期间政策有所变动，还有些是因为种植的东西不一样，比如种水稻和种树相比，种树的补偿当然要多一些。最后又提到了迁坟的问题，村民们的坟都是修在自家地里的，拆迁也免不了迁坟，村里在原有标准的基础上还相对提高了补偿，可是村民依然不买账，还狮子大开口，一座坟就要10万元，最后评价说不能把祖坟当买卖，得积阴德啊。说到这里，就想起了我国的主要矛盾，日益增长的物质文化需要得不到供给，我们也不能抱怨村民们什么，接受的文化教育不够决定了他们的思想不够开阔，拮据的生活让他们还没法事事为他人着想，要改变这种想法，还要一个漫长的过程。

对于我们的调研主题，村民自治和自治组织的状况，有些令人失望。首先，村子里留下的都是年纪比较大的妇女和年幼的儿童。妇女们大多不识字，对村里的事务毫不关心，问起来的时候都是"应该是吧"，"你帮我填吧"，第四卷调研结果与实际可能会有些偏差。还有些人态度不太好，对我们的调研表现得很抵制，总觉得我们是上面派下来的，说话时也小心翼翼，生怕说错什么一样，在这种人人自危的环境下，又怎么能发扬民主，怎么做到群众可以把自己的想法表达出来呢？村民自治有时难免就演变成了村委会自治。再说自治组织，从客观的角度看，一个村子在没有任何支持的情况下兴起一个自治组织几乎是不可能的，自治组织大都是非营利性的公益性组织，但其运转却少不了投入必要的资金以及人力物力，在这个逐利的时代很难有人会为了名誉理想来担当这些责任，而在生活并不富裕的农村，人人都在为生活奔波，那些自治组织的有名无实或是难以发展其实也是可以预见的，想要真正的发展，还需要国家大力的投入，也需要有能力的年轻人，不管是大学生村官还是什么的，真实地投入精力，把这些组织做好、发展好。

三 村民自治展望

中国农村正处于现代化转型的关键时期。从世界历史来看，传统农业社会向现代工业社会的转型，往往导致农村社会的衰败和农民群体的不安。

我国的农村社会总体上是和谐的。进入新世纪后，农村税费改革和"工业反哺农业、城市支持乡村"政策的推行，对于缓解农村社会矛盾、推动农村发展起到了积极的作用。但村民自治却依然面临严重的困境：一方面村民自治的制度建设和实践日益深入，党和政府的重视程度日渐提高;另一方面村民自治与村庄社会的结合力却日渐松散,村委会承担的行政性任务的减少只是导致其行政色彩的淡化,却并不见人们预期中的村民自治事务和能力的相应增加。体现在实践中,就是村民自治演变成为村委会自治,造成这一困境的一个基本机制,就在于农村社会缺乏有效的组织力量,社会自治功能稀薄,不会也不能自治。如农民组织程度较低,在村庄公共建设中缺乏社会动员能力,一事一议难以进行;农村社会利益缺乏有效的组织整合和表达机制,群众利益难以得到合理表达;国家的强农、惠农政策,缺乏农村社会组织的适当衔接,难以落实到农户中;最后,分散的农民个体往往缺乏合作习惯和公共精神,不习惯在组织中按照一定规则开会、面对公众说话以及辩论等,使得农村基层民主管理制度的深化缺乏民主的社会基础[①]。

中国现代化发展过程中,政府对制度供给的主导性,决定了一种制度安排往往在经历了较长时间的实践后,才能达到制度化水平。村民自治也是如此,特别是村民自治实施的每一步都会在基层政府包括村级社会内部遇到阻力。在阻力因素中,有两个问题是无法回避的:(1)国家与社会关系是一个具有多元维度的空间,从逻辑上说,组织边界与功能边界之间是互相依存的,但现实中二者又在一定程度上是隔离的。(2)关于村党支部在村民自治中的角色定位问题。党领导村民自治的实质,就是无产阶级政党用先进的思想教育和引导村民摆脱封建的狭隘农民意识和资产阶级极端利己主义,走社会主义民主自治的道路。因此,党对村民自治的领导与对各级政权的领导并不相同。党的领导与村民自治的关系又具体体现为党支部与村委会的关系。权力过多地集中于党支部书记手中,目前村委会与党支部大多"党村不分",变成了党支部领导下的村民有限自治。

国家与农村社会拥有的资源、权力是非均衡的,互动力量是非均衡的。村民自治这种制度安排,主要是用于解决农民个人与个人之间,农民个人与村集体之间的关系,并不能用于调整农民与国家的关系。因此村民自治制度只是"有限的民主",并没有赋予农民多少实质性的权利。实施村民自治以来农民权利和利益遭受侵犯的严重程度和普遍程度仍然比比皆

[①] 刘义强:《构建以社会自治功能为导向的农村社会组织机制》,《东南学术》2009 年第 1 期。

是。所以村民自治制度没有改变中国国家与农村社会的关系①。在制度安排上，随着村民自治的确立，国家的组织边界向上收缩至乡镇一级，但是国家对社会的干预却维持不变，而且在很多地方强化了。以制度经济学的观点分析，乡镇政府并不具备主动推动村民自治走向制度化的足够动力。首先，习惯了对村级组织进行行政领导的乡镇政府，似乎也不大愿意把领导权变为指导权。其实更为关键的是，当国家总体经济形势不佳，农村社会发展乏力时，农村宗族势力乃至于黑社会性质的团伙势力都有可能利用村民意愿来抗拒国家的合理要求②。比之更严重的，是农村建设主体的缺位，我国农村的发展方式应当引起我们的反思。农民在农村建设中的缺位已经引发了很多问题，主要是：其一，农民在农村社区建设中的受益主体地位不容易得到保证。其二，农村建设的长效机制难以形成。其三，农民无法在实践中提升参与精神和自治能力。当前政府推进农村建设的主要形式有干部包村、部门帮扶、第一书记、大学生村官、科技下乡、资金倾斜等，农民参与比较有限，主要表现为：其一，农民参与制度形式化现象严重。其二，农民参与动机难以支撑农民自主性参与。其三，农民参与精神和参与能力匮乏。

村民自治制度是国家制度民主化在农村的体现。然而，社会力量的缺位和农民参与的不足使农村的可持续发展受到严重影响，在发挥党和政府主导作用的同时，必须重视农民的主体作用，培养农民的参与精神，使党和政府积极推动与农民自主参与共存，加速农村的发展和农村社会的进步。政府主导与社会主体的双强发展模式，既要强调政府的积极推动作用，又不忽视农民的主体地位。第一，构建党的领导、政府主导、农民主体的合作共赢机制。党和政府应改变行政命令和政治运动的方式，着眼于培育和扶持农村社会力量，根据农村社会力量的发展状况逐步放权。要确立农民在农村发展中的主体地位，即农民是农村发展的主要力量，是农村发展的受益目标。第二，农村建设切实从农民的需要出发。农村建设的最终目标是要通过改善农村的生活环境、提高农民的生活水平和提升农村社

---

① 季丽新、吴君：《中国特色参与式农村发展研究》，《理论导刊》2013 年第 9 期。
② 李志勇、白士宾：《村民自治：重构国家与农村社会的关系》，《中共福建省委党校学报》2001 年第 8 期。

区文化品质，使社区居民过上幸福的生活。可以从本地实际出发，创新决策、管理和监督形式，如民主理财、一事一议、项目听证等，为农民搭建利益表达的平台。第三，通过政府的强大动员能力，鼓励和号召各种社会力量加入到农村建设中来。政府应担负起推动农村社区发展的角色，建设农村社区是政府不可推卸的责任。从政府主导农村建设转变到构建中国特色参与式农村发展模式，有一个非常重要的环节，就是农村社会有能力承接政府下放的权力，而这是"原子化"的农民无法完成的。一方面，在有效的农民组织活动中，农民的权利意识、责任意识、法治意识都能得到一定程度的提高；另一方面，农民组织的发展过程也是农民参与逐步走向制度化的过程，农民组织的依法建立是农民对参与制度的认可和支持，是农民参与走向理性化、成熟化的途径。第四，树立明确的发展目标，中国特色参与式农村发展最终是要实现农民的发展。第五，中国特色参与式农村发展的赋权过程是渐进的，要与中国农村民主化进程同步。第六，提高农民参与制度化水平。从目前情况看，农民参与制度缺乏，农民参与制度运行机制不健全，农民经常采用制度外的参与形式表达自身的利益和对社区发展的愿望，如私下议论、找关系、越级上访等。为此，国家要鼓励制度创新，完善制度实现的程序和机制，保证制度的真正落实。要进一步提高农民的法律意识，对非法参与行为依法惩治[1]。村民自治制度最根本的价值在于村民自治制度对农民的利益和权利的保障作用，唯有如此，村民自治制度才能扎根于农村社会，获得农民的支持，才能不断完善。

如何在现代化过程中将广大的农村社会和人口组织起来，顺利完成产业结构和产业群体的重大转移，建设宜居繁荣的农村社会，并将传统农民带入现代民主政治体系之中，是较长一个时期内中国政治的一个重大问题。构建以完善社会自治功能为导向的农村社会组织机制，是当前农村民主管理制度发展需要，扩展村民自治的发展空间的重要选择。万事开头难，农村自治的实现不可能是一蹴而就的，我们不能只像个愤青一样抱怨政策的各种不足、领导的各种不担当，我们应该相信农村正在逐渐更换着新鲜的血液，有很多有为青年正在自己的岗位上努力地改变着现状、发展着农村

---

[1] 龚新玲：《国家与农村社会的非均衡互动——中国中部张村村民自治调查》，华中师范大学2004年硕士学位论文。

社会，或许我们自身也可以投入到其中贡献一分力量。总有一天，农村会发展得越来越好，很多人不用背井离乡出去打工，在自己的土地上也能过上好日子，农村的孩子不用再当留守儿童，也不用为了教育资源挤破了头往城里走，就可以享受到同等的资源和待遇。村民们不用为了用水用电的问题而担忧，可以在农忙之余参加各种文娱组织，丰富自己的生活。

（作者简介：高绮，厦门大学医学院药理学硕士，本科就读于兰州大学药学院。曾获国家奖学金、文体奖学金、优秀学生奖学金等，并获得学生标兵荣誉称号。）

加强农村民主建设　改善社区自治现状
——以孝感市孝南区农村为例

韩东东

一　调研背景

(一) 调研的缘起

发展社会主义民主政治，建设社会主义政治文明，是我国社会主义建设的重要目标。基层民主建设是发展我国社会主义民主建设的重要基础之一，对于一个80%的人生活在农村的大国，农村民主自治制度是基层民主的重中之重，是中国现阶段农村治理的一种切合实际的措施。目前，我国正处于全面小康社会建设的重要阶段，使广大农民群众获得小康生活，提高小康水平是当务之急。政治与经济相互作用的关系，让我们深刻认识到农村的有效治理是提高其经济水平的主要手段，所以对于农村自治管理现状的调查有着非常重要的意义。据相关资料显示，全国31个省、自治区、直辖市已经制定了村民委员会组织法实施办法或村民委员会选举办法，使村民自治有了具体的法制保障。从全国范围内来看，农村自治取得巨大的成效，但从其内部看依旧问题诸多，农村自治制度的发展与完善，任重而道远。

(二) 调研的目的及方法

正如张厚安教授所说："首先是走不走出校门、深不深入社会不一样；走出去后，搞不搞个案研究、搞不搞实验又不一样。"对于农村社会自治这类问题，我们如果只是待在校园里，就算阅读大量的书籍，也只是从概念到概念、由理论到理论，停留在表面，无法真正地"触摸"到这一制度的实质。只有通过实践下乡，亲身深入农村了解与体会，感受这一制度在村庄里具体实施的情况，才会真正深刻理解。因此我们选择了孝感市孝南区周边的几个农村，走村入户，与干部和群众互动。具体调研方法主要如下：

（1）访谈。这一调查方法是广泛性的，访谈对象可以是乡政府干部、村委会干部，以及村庄中有能力的村民。在访谈过程中，调查员可以一对一、一对多，听取不同的意见。并且在取得受访人允许的条件下将访谈过程录音，使得信息保留更加的完整。这也是我们调研最主要的方法。

（2）问卷调查。这一方法被我们用来针对普通村民。所设计的问题相对简单，容易被村民接受和理解。在进行问卷调查时，如果发现该村民受教育程度较高，或者有自己的思想，我们则把问卷调查和访谈相结合，以期获得更客观的民意。所回答的问卷，在征得该村民同意的情况下，留下姓名和联系方式。

（3）资料收集。主要通过拍照、合影等方式，来记录村庄的村容村貌，具体包括基础设施建设、公共活动场所建设以及村委会办公大楼的整体外观等，并把我们与村民、村干部交流的画面保存。其次，征得村委会干部的同意后，获取村庄民主建设方面的文字资料。

（三）调研的实施

2015年7月7日，我们在老师的带领下来到了孝感市祝站镇政府，与相关的乡政府干部取得联系后，我们开始此次的调研行动。并且根据实际情况拟订了调研计划，首先与乡政府干部座谈，了解所管辖村庄的大致状况以及推行民主自治发展的相关政策，7月8日采取分组方式同时对祝站镇多个村庄进行调研。7月9日调研目的定于槐荫办事处。调研小组走访了两个镇共13个村庄。与一百多位村干部和群众进行了交流，在访谈中获取了大量有价值的信息，并获得86份有效的调查问卷，调查结果见表1。

表1　　　　村民对村委会与乡政府关系认识的问卷调查分析

	选项	人数	百分比（%）
您认为村委会是一个怎样的组织？	政府部门	13	15
	政府授权组织	34	40
	群众组织	26	30
	其他	13	15
	总计	86	100

二　总体分析研究

村民自治是我国根据中国农村社会实际情况，在社会主义道路上探索，而实施的一种民主治理方式。这种治理方式在推动着广大农村地区发展的同时自身也遇到了困境，效能受限，运行过程中不断暴露出旧矛盾。同时制度在运行时所暴露的新旧问题与困境也是不可避免的。本报告将从以下几个方面分析孝感市孝南区周边农村在村民自治上所存在的问题。

（一）信任危机的产生

第一，乡镇政府与村委会。村民委员会是村民群众自治性组织，是乡镇政府为管理农村而延伸的力量。《中华人民共和国村民委员会组织法（试行）》第三条规定村民委员会协助乡、民族乡、镇的人民政府开展工作。村委会只是群众自治性组织而不属于国家行政系统。但是村民对此知之甚少，在问卷调查中，半数以上村民认为村委会是政府的下属机构，少部分村民则不清楚两者之间的关系。（见表1）基于此，当村民的理解产生偏差时，那么他们对所谓的投票选举也就失去了热情失去了信心，很自然地认为自己的票可有可无，而个人又怎能主导政府的意志？

第二，村委会与村民。按照政府的规定，村委会由村民进行民主选举产生。根据相关法规，村委会的干部不属于国家公务员，没有国家工资，村干部是乡镇政府管理村庄的代理人。根据我们调查的结果来看，村民普遍认为村干部是公务员，享受公务员待遇由国家发放工资。在东杨村调研时，当问到村务公开的时候，村干部告诉我们有专门的村务公开栏定期公开，而村民的回答是没有进行村务公开。我们继续追问：如果有公开您相信公开的内容吗？村民的回答几乎一样——不相信。那么村民、村委会干部究竟谁说了谎？导致村干部与村民关系困境的原因是什么？在所调研的村子里村委会干部认为村民素质低，村民认为村干部"无作为"是普遍现象。村委会与村民之间缺乏信任，存有隔阂，理念背道而驰，两者很难站在村庄发展的同一战线上，又何谈村庄建设？

（二）"空心村"：村庄该由谁来发展？

随着经济的大发展，人们对物质生活水平的要求日益提高。在国家建设、城镇化过程、农村经济的转型等因素，使我国农民工人数规模越来越大。就全国而言，2014年有1.7亿农民工在外乡镇打工，有1亿农民工在本地打工。在所调研的鲁集村，全村出外务工的劳动力约900人，占全村劳动力的70%；继光村外出务工150人，占全村劳动力的45.5%。大量的劳动力离开自己生长的村庄，显然农村的经济收入无法满足他们的需求，村庄无法提供一个让他们发展的平台，这些外出务工的大部分是青壮年劳动力，相对于农村地区来说可以算是精英，是农村发展的中流砥柱。他们外出务工不仅仅带走的是劳动力，更是村庄政治经济发展的希望。

如今农村地区就像一棵"空心菜"，青壮劳力外出，村庄中剩下的大多是老人、中年妇女和小孩。在进行村委会选举时，选举人和被选举人不具有广泛代表性。据喜联村的村书记介绍：喜联村如今的青壮年劳力大多外出务工，留下来的基本是老人、妇女、小孩。如今的村主任在外务工10年了，今年特地让他留在家中进行村干部培养。据五龙村一位村民述说：如今的村干部能力欠缺，有能力当选干部的不愿意当，要出去忙自己的生意，选举时外出务工的村民会弃权。这就造成了一种境地，村庄中有能力的村民外流，能够带领村子发展的能人缺失，进行投票选举的只有部分村民。那么这种选举只能成为一种形式，难以发挥作用。究竟应该由谁来带领村庄发展成为一大难题。

（三）村干部："无作为"到"有作为"

村委会干部作为村庄发展的领头羊，是村庄建设发展的重要保证。但是在调查中我们发现，村干部"无作为"现象很严重。一位五龙村的村民直接对我们说："现在的村干部没有什么用，我们村发展是村民自己奋斗的，现任的干部比不上以前的，建议政府安排两个人到我们村当干部。"一位城郊办事处的主任介绍说，在当前反腐的大环境下，基层干部都不想搞事，大家的思想更多的是不出事。再进一步调查我们发现这种"无作为"体现在三方面。

第一，不敢管。这正应了那句"当家三年狗也嫌"的俗语。由于农村这种生产生活方式，让村民之间熟识的程度大大提高，这种人文情怀让干部在管理上有顾虑。同时，村干部又必须执行政府所下达的政治安排。村干部扮演着政府代理人和村民当家人的双重角色。双重角色的权力来源不同，对其期盼也有差异。政府希望村干部有效地贯彻落实政务，村民希望村干部为村民提供良好的服务。这二者矛盾让村干部陷入尴尬的境地。

第二，没时间管。村干部不是领取国家工资的公务员，为村民提供服务所得报酬来源于村民。在经济水平竞争激烈的当代社会，单靠政府补贴很难满足其经济生活需求。村干部为获得更多的经济来源，会把大量精力投入经商、务工等，难以全身心地投入工作中。

第三，没能力管。至少存在三方面原因：一是由于地缘关系、血缘关系村民在选举时不能公正进行选举；二是村干部盲目抓政绩；三是村庄精英外流，缺乏管理人才。

村干部"无作为"状态存在多方面因素，农村社会自治的良性发展必须改变这种状态，培养扎实肯干、纪律严明的村领导班子。

（四）社会组织：村民自治的组织载体

随着社会主义民主建设的推进，法制建设的不断深化，农村居民的政治参与意识也逐步提高；在追求物质水平稳步提高的前提下，也开始重视精神文化需求；村干部也积极寻找农村社会发展新契机。因此，一系列的农村社会组织也应运而生，当然我们这里谈到社会组织是社会性的，不包括经济、政治类型的。例如老年人互助协会、环境与卫生协会、和事佬协会等等，这些协会的运行，对农村民主自治产生了深刻的影响。

1. 社会组织的推行

在调研过程中，访谈祝站镇干部时，我们了解到孝感地区许多村庄正在学习与推行袁湖村"1+X"管理模式，所谓"1"指村务理事会，"X"

指若干协会，例如上述老年人互助协会、和事佬协会、水电安装协会等。据其详细介绍，这种管理模式有效地解决了村干部不敢管、没时间管的问题。管理方式是动员有能力的、群众信任的退休干部、党员、军人、教师，组成相关协会，发挥他们的余热，为群众办实事。存在的缺点是：第一，协会没有报酬，成员需要相对较高的思想觉悟；第二，解决的问题有限。再接下来调研祝站镇管辖的村庄时，例如喜联村、继光村等，均有各种各样的协会。在我们所调研的另一乡镇，属于开发区，村情相对复杂，其社会组织发展相对缓慢，据董永村村书记介绍，社会组织筹办已纳入村庄建设的计划中。

2. 社会组织的实际现状

孝感市袁湖村的"1+X"管理模式在整个祝站镇，乃至孝感推行。由于现实因素我们没有机会亲自去袁湖村感受学习。祝站镇所调查的几个村庄中，每个村都有3—4个协会，但是当我们与村干部访谈这些协会，从其谈话不难理解出村庄中协会的存在作用不大。村庄虽然有各种类型的协会，但是其举办的活动和成员之间交流少之又少，能为村子解决的只是很小的事情，协会的成立大多是响应政府的政策安排。在喜联村访谈时我们问：袁湖村各种协会发展得很好，带动了村子的发展，为什么我们这个村发展有限？村委会干部回答是，每个村的实际情况不一样，村民的素质、觉悟不一样，那么协会发展的效果就不一样。村庄中协会的发展还是停留在表面，没有深入实践。从多数村调研的结果来看，社会组织在农村发展参差不齐：第一，被落实，上行下效，得到村干部和村民的认可不够；第二，落实，但产生的影响力甚微。农村社会组织的发展陷入泥淖，在短时间内需要村民去认可还需要诸多条件作为前提。

三 个案分析研究

（一）湖北省孝感市喜联村

孝感市祝站镇管辖38个村庄，喜联村只是这38个村庄中很普通的一个，但是它发展稳定，正在极力改变着自己。

1. 自然与人文概况

喜联村是孝感市祝站镇管辖的一个村庄，村庄面积为1270亩，全村共有人口1521人，其中男性781人，女性740人。村庄主要地形是丘陵地区，距离最近的乡镇是2公里，距离县城26公里。年平均气温为15℃—18℃，主要农作物为水稻和丝瓜，还有油菜。全村辖4个自然村，7个村民小组，当地人的主要生活来源是外出务工。当地的耕地面积1270亩，其中水田1010亩，旱地260亩，人均耕地面积大约为0.75亩，养殖面积10多亩，荒山荒地面积30多亩。全村有效灌溉面积1000亩，灌溉河流有2条，水库2个。全村经济总收入为720万元，其中种植业收入为80万元。在交通建设方面，该村进村道路路面为水泥路，村委会距离最近的集贸市场为2公里，全村拥有汽车大概30余辆，拥有拖拉机3辆，拥有货车4辆，摩托车30辆。在基础设施方面，全村饮用井水农户数量为300户左右，通电农户数量为360户左右，通有线电农户数量为150—180户，使用太阳能的农户数量有200户左右，居住砖混结构住房结构的340户，居住砖木结构的有20户。由此可见，该村的总体情况尚可，基础设施较为完善。

而在社会组织方面和村民自治方面，全村有经济合作组织1个，总人数有9人；而民间社会组织有4个，总人数为16人；政治性组织有2个，总人数为25人；文化娱乐性组织有1个，总人数为24人。

2. 能人管理与人才培养

建设新农村和全面小康社会，乡村人才也是关键。乡村人才包括致富能手、管理人才等。喜联村的现任村书记是一位60多岁的老人，外表看上去精神矍铄，已经连任喜联村书记十多年了。在接下来的村民调查中，我们重点追寻其原因，问卷调查中对于村民是否满意现任的村委会干部的情况，90%的村民表示很满意。一系列的调查我们了解到，现任的村书记虽然文化程度不高，小学文化水平，但是他很有思想和管理能力，连任的期间为村子发展带来巨大贡献，工作作风正派，坚决打击歪风邪气，正如他所说："谁搞歪风邪气，我整治谁。"正是凭借踏实肯干的工作态度，严谨的工作作风，让他在村庄里树立起很高的威望，受群众信任，而一直连任。而与他一同工作的村主任是一位30多岁的青年，是村庄中致富能手，在外务工10多年，凭借艰苦奋斗很快改善家庭生活水平，在村庄中人气颇高，2015年被提拔为村主任。据书记透露，村里没有合适的候选人，就让现任主任回村当干部，并将大力培养，尽快让其接手村务工作。喜联村在推选村干时重视管理人才，同时注重新生力量的培养，村务工作井井有条。

随着乡村经济的发展，村民越来越需要有能力有作为的村干部带领村庄发展。乡村民主政治需要能人建设，乡村经济需要能人引领。乡村能人是新知识与新技术的乡村先行者——因为讨教与效仿邻里，是中国乡村农民简单、实用、有效的学习机制，乡村能人事实上是乡村农民学习的"标杆"。新农村建设需要培养一批能人，培养人才，为农村发展注入新鲜的血液。浙江省农办副主任顾益康说："浙江新农村建设的经验说简单也简单，就一句话——百万能人创业，千万农民致富。""能人"发展，农村建设的一大方向。

3. 社会组织的作用强化

随着在袁湖村"1+X"管理模式在孝感各个村庄的推行，喜联村的社会组织也发展起来，其作用在不断强化。通过访谈我们知道村里成立了四个协会。一是老年人互助协会，帮扶人由村民代表、有威望的老年人组成，受助对象主要是村里孤寡老人和丧失劳动能力的老人。帮扶方式是帮助检修房屋、水电，逢年过节慰问探望；二是环境卫生协会，由村民自愿组成，帮助村委会保护村里环境，监督培养正确的卫生习惯；三是和事佬协会，由村民代表、退休党员、退休干部组成，帮助村委会调解纠纷；四是文明新风协会，由村民自发组成，响应美丽乡村建设的政策，分为秧歌队和腰鼓队，这个协会相比另外三个活动要频繁，每天晚上村民会在村委会前的广场上跳舞，重大节日会参与表演。这四个社会组织处于稳步上升阶段，其相应的作用只发挥了部分。在我们谈论这些社会组织的作用时，几个村委会干部明确表示，这些协会的成立，帮助村干部解决零碎的事情，提高了办事效率。但是由于目前村民的认知和文化素质的因素，要想达到期望的效果，还需要努力实践。

社会组织在喜联村的发展，有积极的一面也有消极的一面。要想把这些社会性的组织真正发展成为村委会与村民管理之间的桥梁，不仅仅是单一的成立协会，空有躯壳，而要从根源认识其对农村发展提供的机遇。干部要认可，其次村民才会由抵触到认可再到支持。

（二）湖北省孝感市董永村

董永村属于城郊村，其特殊的历史文化印记，让这个村庄格外突出。随着孝感市孝南区的城镇化建设，周边的许多农村开始转型，成为开发区，这既是发展的机遇，同时也是挑战。

1. 自然与人文概况

董永村位于湖北省孝感市孝南区，孝感因东汉孝子董永卖身葬父，行孝感天动地而得名。董永村因董永在此居住而得名。董永村属于城中村，与城镇相距约2公里，距离县城2公里。全村辖9个自然村，16个村民小组。村庄面积3920多亩，海拔约40米，年平均气温18℃；亚热带季风气候区，年降水量1200毫米以上。耕地总面积2200亩，其中水田1800亩，旱地400亩，以水稻为主要粮食作物，全村有效灌溉面积700多亩，高稳产农田地1300多亩，养殖面积200多亩，以渔业为主。人均耕地一亩，没有草场、林地，暂未发现该村有矿产资源。

该村的基础设施比较完善。全村共有农户800户，家家户户通电，饮用自来水，拥有电视机。其中有线电视约有500户。村子里使用太阳能农户约300户。村民住房方面，砖混结构住房的农户有610户，砖木结构160户，土木结构30户。该村的进村道路为水泥地，但由于正在开发，很多路面遭到破坏。村里有一所30平方米的卫生所，2个医务人员，有2个公厕，村庄会有专门的人清扫卫生，有5个垃圾投放点，5个垃圾箱。幼儿园、图书阅览室、经营性娱乐网点均有一个。

全村有2480人，汉族，男女比例1∶1。村民均为农业人口，全村劳动力1200多人，60岁以上老年人口约390人。村民经济来源以务工为主。2014年全村收入约500万元。以第二第三产业为主，约有350万元，占总收入的58.0%。其中种植业收入60万元，渔业收入15万元，畜牧业收入约20万元，工资性收入20万元。常年外出务工人数约200人，占劳动力的16.7%。全村支出30万元，没有债权、债务。村民人均收入约8000元。据了解，村子里有9个企业，9个个体户，1个集市，这给村子发展带来很大帮助。

董永村拥有一座村部办公大楼，修建于2013年，投资金额约为800万元。目前村委会还未搬入，办公楼内设施齐全，有老年活动室、文化娱乐活动室等。董永村积极响应国家的村民自治政策，目前取得了明显的效果。全村村民小组有30人，党员有71人，村干部6人。据该村村书记介绍，村委会产生，先由槐荫办事处在村庄调查走访，听取村民意见，综合选取15人，然后召集党员开会，进行干部选举。在选举过程会设有选举委员会和监督委员会。监督委员会的组成成员主要是村子里有名望的人、老党员、老干部。村委会干部里会有一名妇女任职，这也是该村村民自治的传统。妇女通常担任妇女主任，处理村子里的夫妻矛盾、计划生育走访入户、新婚夫妇指导等工作。鲁集村的两委联席会议24次/年，全体党员开会5次/年，村民代表开会5次/年，村民大会2次/年，民主评议两委4次/年，村务公开24次/年。

董永村社会组织发展还存在不足，目前只有一个"温馨家园"——对留守儿童进行帮扶。节假日聚集全村20多个留守儿童，进行思想指导，了解生活安全知识，鼓励其认真学习，培养良好品质。

2. "下与上"之间的矛盾

处于开发区的村庄存在诸多问题和困境。董永村目前正在开发中，当地的就业问题小，外出务工人员少，但是征地拆迁的问题大。村情十分复杂，各种矛盾激烈。主要有三个矛盾：一是村民与政府的矛盾，在征地拆迁方面，村民认为其补偿过低，不配合拆迁工作；政府则认为村民滥要价，法律意识淡薄。二是村民与村委会的矛盾，在调查过程中，村民怨气较大，对村委会的工作有严重的抵触情绪。在村民看来村委会在征地拆迁时中饱私囊，所征土地测量不公平。一位村民给我们具体阐述：村委会在征地测量时，把村民分为两类，有能力、有关系、性格蛮横的村民在测量时用卷尺测；老实巴交、没权没势的村民测量时严格用机器测量。三是村委会与政府的矛盾，村委会在政府施压下，艰难地开展村民工作，据该村妇女主任所述：办事处统管了村里的资金，村子筹办文化娱乐活动缺乏资金，妇代会工作也难以开展。村委会与政府之间的关系变成领导与被领导。这些矛盾的产生让董永村这个原本平静安详的村落，陷入了旋涡中。

政府、村委会与村民三者之间的良性互动被打破，发展的方向不再以民主建设、经济发展为主，单一地追求经济利益。征地拆迁，把村民、村委会与政府三者之间的矛盾彻底激化。例如，我们调查时村干部与村民所说的内容不符，都是从自身的利益角度出发，指责对方的过失。再比如，五龙村不像一个村子，更像一个小镇，平整的公路两旁林立着各种商店，村子里的基础设施十分齐全。无论从村子整体环境还是基础设施建设，经济产业发展上看，董永村的发展比不上五龙村。但是根据我们的调研发现，董永村村委会与村民也存在着矛盾。纵观我们所调查的村庄，一个发展一般的村子村民与村委会有矛盾，一个发展得比较好的村子村民与村委会也存在矛盾。我们可分析出农村村委会与村民的矛盾是目前普遍存在的现象。为什么会出现这种现象？有两点原因：一是事物在发展的过程中才会逐渐暴露其存在的矛盾，当前农村面临的这种现象是一种必然。二是当前中国不管是城市还是农村社会的变化是翻天覆地的，原有一成不变的政策和治理手段难以适应新的变化。要缓和这种矛盾，创新是解决的手段之一，进行制度改革，创新治理手段，运用新的方法来治理发展中暴露的矛盾。同时，落实也是必不可少的环节。

3. 艰难的民主自治

上述的三个矛盾，让董永村在经济、政治利益的冲突中举步维艰地发展。民主制度瘫痪，民主自治更是陷入困境。我们具体从以下四方面对其原因进行分析。

第一是民主政治。首先村委会丧失自主权，村干部自由发挥的空间被压缩，一切工作的重心围绕征地拆迁。据村民反映，村干部任职情况受到政府的干预，所谓的民主选举变质，选举成为形式主义，村干部的产生并不能按照多数村民的意愿。其次村民对村委会丧失信心，村委会无法拿出实际工作绩效在村民当中树立威望。所开展的工作不被群众认可和支持，受到群众的猜疑，监督力量削弱，村民政治参与的热情也逐渐减退。村民作为民主建设的主体，缺乏他们的积极参与，这样的民主是一种假象。

第二是乡村经济发展。董永村的经济来源主要是农业和外出务工。对于农村居民来说种地是生产生活中最重要的事情，土地是最亲密的"朋友"。尤其是中老年人对土地的依赖与热爱超过年青一代。劳动能力逐渐减退，无法外出务工的他们，在土地上可以获得生计，可以获得经济收入，这也是乡村经济发展的重要推动力量。但是随着土地被征收，许多农民丢失了这份"职业"，甚至是很多壮年劳动力因无法快速找到工作，而被"闲置"在家中。董永村妇联主任告诉我们，那些年岁较大的农民失去土地以后就缺乏生活来源，而村委会、办事处也不能给出具体的解决方案。这也使董永村村庄类型转变的同时，寻求新的经济发展模式，来适应新的机遇，解决新的问题成为要务。

第三是各种社会组织。社会组织的类型有多种，政治类型如监督委员会、理财小组、选举委员会；经济类型如农业合作社；社会类型如水电安装协会、理事会等。在村庄转型过程中受到冲击最大的是政治类型的社会组织，如选举委员会、监督委员会、理财小组等组织，这三个协会是农村社会自治的重要监督力量，由于利益的争斗导致这三者运行瘫痪。其应有的监督力量也被分化，这些代表村民意志的组织，不能为村民说话。社会组织处在一种尴尬的境地，既不被村民重视，也不受村干部重视。

第四是法律意识与公共观念。法律意识是民主建设的重要保障，是村民对自身权利维护的意识；公共观念培养，是民主建设重要内容。在传统社会中，地缘关系、家族关系让村民之间相互合作的观念受到局限，他们很难超出血缘关系而对陌生的村民产生公共意识。村民公共观念的缺乏造成对公共事务和公共财产的漠不关心，"事不关己，高高挂起"，只要不触犯自身的利益，都可以忽视。村民所认识到的公共关系没有由"家"扩大到"村"，短时间难以把村里的公共事务当作与自己相关的事情来看待与处理。村民始终以一种局外人的身份看待村庄里的集体事务。例如上访，当村民在村委会解决对村里不满的公共事务时，上访者很难在村里带动一批人一起去向有关部门反映自己的意见。虽然在某些时候他们也会在某些方面提出或试图参与一些公共事务，但大多是与自己的切身利益相关的，主要在于规避一种政治风险或者获得一定的经济利益。"权大于法"的传统观念深植农村居民的观念里，不仅是普通村民，领导阶层同样有这种观念，从而对村民自治产生错误的认知，乃至方式上的倾斜。

征地拆迁致使董永村复杂的村情，有着诸多的难题，但是我们却不能把原因归结于征地拆迁上，当前我国处于城镇化建设阶段，村庄转型是发展的必然趋势，征地拆迁没有错，它只是引发了农村社会在转型阶段的矛盾。这种矛盾并不是短时间内形成的，既有传统的历史文化因素，也有民主建设的"造势"。从小的方面来说，矛盾的解决需要在转型阶段采取正确的方式，需要培养善于与群众沟通与做群众工作、有能力、有魄力的领导队伍，需要加强法律宣传，培养公共观念；从大的方面，目前中国不管是城市还是农村社会的变化是翻天覆地的，原先一成不变的政策安排和治理手段难以适应新的变化,不能有效地解决新矛盾。需要进行治理手段、管理方式的创新,进行制度改革,运用新方法来治理发展中暴露的新问题。

四 结语

农村基层民主自治制度是中国社会主义民主建设在农村地区的伟大实践创新,作为国家法律确认的治理方式,党的十七大报告指出它是发展中国特色社会主义道路中的重要内容。当前农村基层民主制度的实施让广大的农村地区改容换貌,乡村经济快速发展,农民生活水平显著提高。同时也产生了诸多阻碍其更好发展的新旧问题,这些问题根源有四个:一是制度在落实中出现偏差,基层领导和群众对制度的认识不足,难以准确定位在村民自治中所扮演的角色,以及相应角色所承担的社会义务和权利结构;二是乡村经济发展难以满足乡村居民的各项需求,无法为村民提供发展的平台,导致"空心村"的产生;三是新时期的政治、法制建设未深入农村村民思想观念中,传统的政治意识、公共观念仍占主导;四是我国现处于重大转型阶段,各项政治、经济、文化制度不够成熟,所涉及的领域广泛,治理措施难以适应新时期新问题。目前的农村自治除了加强基层干部和群众的自治意识,还开拓农村经济发展新模式,完善各项制度措施。更重要的是政府要正确处理与村委会之间的关系,把权利规范到适当的界限内;国家要把握农村发展的方向,切合实际地制定阶段性发展目标,因地制宜地出台指导性政策安排。

(作者简介:韩东东,湖北工程学院2014级社会工作专业学生,厦门大学中国特色社会主义研究中心与湖北工程学院政治与法律学院共建的孝感合作调研基地调研员。)

关于村民自治推行情况的调研报告
——对湖北孝感市农村现状的调查与思考

莎茹丽

我国农村土地面积占国土面积的90%以上，人口占全国总人口的80%以上。农村是基本生活资料的主要来源，农业在整个国民经济中更是具有基础地位。如果在这么广大的区域中没有法治，整个中国的法治建设就不可能成功，就更谈不上社会的稳定、国家繁荣富强了。

村民自治是我国农村经济体制改革的产物，是市场经济条件下建立农村和谐秩序的一种尝试，是中国"三农"问题的焦点之一，它将把我国的政治体制改革逐渐引入佳境。村民自治作为我国基层直接的民主形式，它与国家政权有着密切的联系。它是在国家政权的指导和监督下运行的，并随着整个国家民主的发展而发展，是社会主义民主的重要组成部分。中国农村村民自治，作为中国基层民主的重要部分，为整个国家的政治建设拓宽基础，壮大民主力量，推进国家民主化进程。对于像我国这样一个缺乏民主传统的国家来说，大力建设这样的基础性工程具有特别重要的意义。

村民自治是建设中国特色社会主义民主政治的重要组成部分。社会主义民主的本质是人民当家做主。在我国，人民当家做主有两条基本途径：一是通过选举，选出人民代表组成全国和地方各级人民代表大会，按照《宪法》赋予的职责行使管理国家和社会事务的权力；二是在基层实行直接民主，《村民委员会组织法》就是保证村民直接行使民主权利，推行直接民主的一部重要法律。一方面，亿万农民群众通过村民自治这种最广泛的民主实践，学会如何行使和维护自己的民主权利，提高自己的民主意识和参政议政的能力，从而为整个国家的民主政治建设奠定坚实的基础。另一方面，村民自治把民主的发展与农村经济、社会的发展以及社会的稳定紧密联系在一起，既体现了民主的一般性原则，又具有自己的独特性，构成了中国特色社会主义民主不可或缺的组成部分。

村民自治是农村经济体制改革的必然要求。党的十一届三中全会后，农村实行家庭联产承包责任制，极大地调动了农民的生产积极性。这一重大变革，使得农民的生产生活方式、精神面貌发生了广泛而深刻的变化，市场观念、竞争观念、法制观念正被越来越多的农民所接受，这是中国农民历史性的巨大进步。农民以前所未有的政治热情关注自己的切身利益、村中事务的管理及干部的行为方式，迫切要求参政议政，用政治上的民主权利来保障经济上的物质利益。

村民自治是解决农村社会问题、化解人民内部矛盾的有效途径。改革初期，随着经济基础和上层建筑的变化，我国农村出现了一些社会矛盾和问题，如干群关系紧张、社会治安状况恶化、公益事业无人关心、水利设施破坏严重、财务管理混乱等等。在诸多矛盾中，干群矛盾尤为突出。这些问题的解决，单纯依靠行政手段收效甚微，必须依靠村民自治的方法，依靠农民群众自己的力量。通过村干部群众选、村中大事群众定、日常事务群众管，理顺了群众的情绪，调动了群众当家做主的积极性，从而有效地解决了农村出现的各种社会问题，化解了大量的人民内部矛盾，密切了党和政府与人民群众之间的联系。

村民自治是我国农村一项极其重要的基础性制度，它对村干部来说是一种最有效的"防腐剂"。一方面，它有利于充分调动广大农村群众发展经济的积极性和创造性，大大激发和培育广大农民群众热爱家乡、建设家乡的积极性和创造精神。另一方面，它有利于基层干部博采众议、科学论证、正确决策、照章办事，创造性地做好工作。总之，实行村民自治，是我们党根据我国的国情和正确认识新形势下的农民问题所作出的科学抉择，是我国农村经济社会发展的历史必然，对广大农村乃至全国的稳定和发展具有不可估量的深远意义。

一 村民自治的现状

(一) 取得的成绩

村民自治在党和政府的推动下，卓有成效，表现在以下几个方面。

一是推进了农村基层民主政治建设。通过开展村民自治，培养了广大农民群众的民主习惯，增强了民主法制观念，构筑了以民主选举、民主决策、民主管理、民主监督为基本内容的农村基层民主制度的框架，开辟了一条在党的领导下建设农村社会主义民主政治的成功之路，从而加快了农村基层民主建设的进程，有力地推动了农村政治体制改革与经济体制改革的相互配合、相互促进。

二是促进了农村的稳定。通过开展村民自治，把选人、议事、监督的权力真正掌握在广大农民群众手中，依法管理自己的事情，创造自己的幸福生活，从根本上促进了农村党风廉政建设和社会风气的好转，找到了一条化解农村社会矛盾、解决农村社会问题的有效途径。

三是调动了广大农民群众的积极性，促进了基层民主与法制建设的进程。通过开展村民自治，实现了农民群众的自我管理、自我教育、自我服务，激发了农民群众的主动性、创造性，培养了农民群众的民主法制意识，加快了我国民主政治发展进程。

四是推动了农村基层党组织建设。广大农村基层党组织在领导村民自治的实践中，经受了考验，得到了锻炼，积累了做好新形势下群众工作和处理复杂矛盾的经验，提高了战斗力。乡镇党委和村党支部在村民自治中有效地发挥了领导核心作用，维护了大多数人的利益，威信大大提高。

以上这些表明，村民自治这朵政治文明之花开始纳入了法制轨道，已经在中国大地上开放，并已经与经济发展显示出良性互动，为乡村提供了初步的秩序化的环境。实践证明，村民自治搞得好的地方，明显感觉到政府对经济活动的干预减少了，农民的不合理负担减轻了，产权关系模糊有所克服，社会交易成本下降，经济发展的速度自然提高了。它就像和煦的春风，带给人们一股农村民主政治建设的春天的气息。

（二）存在的问题

不可否认，由于我国基层民主政治建设时间还不长，许多方面和当前民主政治的建设目标还有相当距离，具体来说，存在以下七个方面的问题。

其一，"四个民主"难落实。一方面，由于在这之前农村从未搞过广大村民对村委会的直接选举，再加上广大村民对《村民委员会组织法》也不是很了解，民主法制意识和责任意识更是严重缺乏，农民对于村民自治体现着自己的权利和义务这一基本理念，以及如何实现自己的权利还不是很清楚，使一些地方的民主选举常常受到家庭势力、民族势力和人们亲疏关系的干扰，出现了在一个行政村谁的家族势力大、谁的亲戚朋友多谁就当选，村委会的干部就由哪个人来做的情况，致使民主选举失去了应有的公正性和严肃性，如在换届选举中，少数地方出现了拉票、贿选情况；另一方面，一些干部仍然视权力为己所有，不习惯也不愿意与广大村民分享权力，对民主决策、民主管理、民主监督没有一个正确的认识和态度。虽然定了一些制度，也定期或不定期地公布了一些经济收支情况，但基本上还是走走形式，并没有真正做到民主决策、民主管理和民主监督。

其二，村党支部和村委会的关系不协调。村党组织与村民自治组织的关系是否协调和规范，直接影响着村民自治能否正常有效地运作。目前，大多数村党组织和村民自治组织的地位和关系是明确和协调的，但在一部分村存在村党组织不适当地干预村民自治，有的村民自治组织把自治理解成绝对自由，不接受村党组织的正常领导等诸如此类的问题。虽然《村民委员会组织法》作了明确的规定，但在不少地方实际上还是无论大事小事一概由村支部或党总支说了算，而体现村民自治的村民委员会仅仅是一个摆设，作为广大村民选举产生的村委会主任只不过是村支书或总支书记的一个副手或者助手，并没有发挥出应有的作用。具体表现为：（1）支部独揽，即村党支部把党的领导绝对化，村委主任不能独立行使职权；（2）村委揽政，即部分村委会事事越权，"不让管"，而党支部无原则退缩，不愿管；（3）两委争政，村支书和村委主任都想把权力完全集中到自己手中。

其三，乡镇党委政府和村委会的关系难处理。对此《村民委员会组织法》也作了明确的界定，乡镇党委政府和村委会的关系由过去的领导和被领导的关系转变为指导和被指导的关系。可是在一些地方，一方面，由于一些乡镇党委和政府已经习惯了过去的领导角色，一时难以适应或者是根本就不愿意放弃原来在农村事务中的领导权，或者是还没找到在村民自治条件下的新的工作方法和工作思路，对村委会工作基本上还是采取了过去那种领导与被领导的工作方法，即行政命令和从头到脚的包办；另一方面，由于广大农村经济还比较困难，再加上村委会干部普遍素质偏低，一时也无力独自解决农村各种复杂的问题，特别是在一些涉及农村经济社会发展的重大问题上，他们仍然要依赖乡镇党委和政府，听命于乡镇党委和政府，使村民自治难得落实。如老百姓中流传着这样一句话："指挥群众，劲头很大；指导服务，没有办法。"对于村民自治中出现的问题，一些干部也错误地认为农民难管了，不听话了等等。

造成这种局面的原因一方面是由于干部自身素质的不高和对权力的追求；另一方面是党组织与村民自治组织的权限范围尚缺乏具体的界定。加上农村基层党组织与村民自治组织的关系不同于国家政治系统中各级党组织和政府的关系，有自身的特点，更需要明确划分二者的权限范围。正是由于关系的不融洽和权限的模糊，工作互相干扰，在一定程度上制约了村民自治进程。

其四，村规民约制定实施不规范。在实际生活中，村规民约挑战国法的现象严重，已影响了村民自治的工作，影响了农村的稳定。目前村规民约的弊端主要表现在以下几个方面。

一是"家长制"严重。少数村规民约不是依照法律规定由全体村民会议讨论制定和修改，而是由村民委员会主任、副主任和委员几个人私下商量制定和修改出台，搞暗箱操作。即使有些村规民约在村民会议上宣读了一下，但也没有经村民会议讨论、表决，结果使"村规民约"失去群众自觉自律的基础，而成了"个人"约"众"的手段。甚至有的"规约"没有对村干部自身方面的约束，成为少数干部的"护身符"，挫伤了群众参与自治的积极性。

二是"土规定"太多。有些村规民约明显太多，偏苛失时，经不起检验。如有的规定"姑娘招婿上门需经村委会集体讨论决定"、"发生盗窃等案件不能私自报公安机关"等，诸如此类的条文规定不仅与现行法律法规相悖，而且助长了封建旧习和宗族观念抬头；不仅严重侵犯了公民的正当权利，而且容易酿成民事纠纷。

三是重"罚"轻"教"现象严重。有的村规民约规定缺乏法律依据，如"不按时上缴，超时一天罚款 10 元"、"与人争吵罚款 100 元"等。有的村规民约共有 20 多条，罚款条文就占近 20 条。

四是实施手段违法。有些村规民约实施中，村民委员会大都采取扣押物品的"抄家"措施，如对计划生育超生和逾期不交纳"两上缴"者，有的采取赶猪牵羊，有的扒粮拆房，有的甚至发生扣留人的事件，严重侵犯了公民的人身权和财产权。既造成了干群关系紧张，影响了村内工作的正常开展，又阻碍了村民自治进程。

其五，农村基层干部对村民自治的认识不到位，工作存在误区，使村民自治长期停留在一个水平上。

政府主动推进是村民自治由自发起到规范发展的重要动力，也是农村基层民主发展的一个重要特点。作为基层政府的行政执法人员，有一大部分干部在认识上没有明确"乡政"与"村治"的关系，没认识到乡（镇）政府与村委会之间是指导与被指导的关系，而不是上下级和领导被领导的关系，也没有体会到村民自治的真正意义，对村民自治工作认识不到位，似是而非，工作找不着重点，无从下手，推动作用微乎其微，使得村民自治长期停留在一个水平上。

其六，村民文化程度低，法制观念淡薄，参与自治活动程度低，导致工作简化，未能真正体现自治。

由于农村经济文化长期落后，村民的民主观念、主体意识不强，村民的自我管理能力和村民委员会的工作能力都很有限，许多村民包括村干部不能正确理解村民自治，对村民自治的一般程序，包括民主选举、民主决策、民主管理、民主监督等不甚了解，不会或不善于行使自治的民主权利，更谈不上拥有民主经验和民主习惯。表现在实际行动中，就是对村级事务的不关心、不积极、参与程度低。

其七，村民自治规章制度执行不够严格，名义上的村民自治未能体现广大村民的意愿。如在选举中选举委员会、候选人的产生程序不到位、不公正，流动票箱选举操作不规范。在重大事项的决策上、村级事务的管理上，依然存在不民主、不公开的现象。

以上问题的存在，其立足点不是体现村民治理，而是治理村民；出发点不是强化民主管理和监督，而是加固少数人集权，造成多数人民主架空；着力点不是依法建制，以制治村，而是偏离法制轨道，另搞一套，制造麻烦。这些问题已经影响到了村民自治的顺利实施，降低了村民自治的质量和效果，一定程度上还严重挫伤了农村干部和群众对村民自治的信心和期望，使村民自治这样一项具有重大政治意义和历史意义的事业在不少地方成了毫无意义的形式主义。

二　引起问题的原因

一是村民自治制度配套法规的欠缺，无法使之发挥最佳效应。村民自治制度在设置和可操作性上显得过于粗略和原则化，在行为模式与制裁手段的规范上显得空泛。如现行法律制度对村民的界定、权利、义务，村民对村务管理的参与途径和方式等等，缺乏明确具体的规定，在村民自治的实际运作过程中，乡镇管理与村民自治之间，村党支部与村主任之间的关系和权限不明，往往造成乡镇一级或村党支部事实上取代村民自治组织行使村级事务的决策权、管理权。随着农村流动人口增加（本地人口外流，外籍人口流入）导致此类人员的民主权利和应该承担的村民义务难以落实，需要相应的制度来保证他们的权利和义务的实现。另外，在村委会中引进有志青年的机制，有些地方进行了有益的尝试，但由于缺乏制度规范和保障，难以得到推广。

二是村民自治过程受观念意识上的阻碍，导致村民自治制度难以达到预期效果。中国有极为漫长的君主专制集权的历史，而无民主法治的传统与经验，农民习惯于被动接受"自上而下"的管理，并把自己的命运寄托于清官统治上，导致村民普遍自治意识不强。很多村干部素质较差，思想观念未跟上，致使村务公开不规范，甚至流于形式。加上村民自治政策宣传不到位，工作作风、工作方式转变不到位，群众与村干部的关系不太融洽，群众对村级事务的关心程度不够，不愿意参与管理和监督，缺少村务公开、民主管理的群众基础，使村务公开、民主管理工作难以深入开展。

三是村民自治中的行政化倾向使村民自治制度的实施流于形式。村民自治是村民直接管理自己，自主处理村级事务的一种社会管理方式。然而很多地方的村民自治在实践中，都不自觉以行政手段安排工作，有一些本应由乡镇完成的职责也被"分解"到村委会，使村委会表现出强烈的行政化色彩，在工作中主要考虑的是先向政府负责而不是向群众负责。自治组织实际上表现为一种政权性组织或者是乡镇的附属行政机构，政府对村委会的指导关系演变成实实在在的领导关系，这些都弱化了村民自治的性质，与国家推行村民自治的本意不符。

四是乡镇与村委会的关系不畅导致国家政策执行不力和乡村事务管理不顺。目前在基层农村管理体制中，乡镇政权代表国家行使行政管理权，村民委员会代表村民行使基层自治权。乡镇政府与村委会之间是工作上的指导与被指导、协助与被协助的关系。这种关系的确认和维持无疑是村民自治正常、规范运作的基本前提和根本保障。但现实中的乡镇政权与村委会的关系又常常与成文法律规范存在着种种"偏离"，严重制约着村民自治的健康发展和乡镇行政职能的有效履行。最经常也最突出地表现在许多乡镇仍然把村委会当作自己的行政下级或派出机构，仍然习惯于传统的命令指挥式的管理方式，对村委会从产生到日常工作进行行政干预。乡镇对村委会强有力的控制还表现在，乡镇党委（目前乡镇大都是乡党委书记、乡镇长一肩挑）通过对村党支部的有效领导，来间接地"领导"而不仅仅是"指导"村委会（村支部书记与村委会主任也基本上是一肩挑）。一方面，一些乡镇还借助于"村财乡管"对村级财务实施管理来强化对村委会的控制。虽然主观上乡镇是本着良好的愿望，是为了管好村级财务，防止他们贪污腐败、以权谋私，但客观上弱化了乡镇同村的新型指导关系，强化了传统的领导关系，不利于村干部改变过去那种对上不对下的工作作风来服务群众。另一方面，依据村委会自治权，存在少数村委会为了自己特定的利益，有意识地强化乡镇政府与村民之间的矛盾。当村民责怪村委会不能维护村民利益时，村委会就将全部责任推向乡镇；而当乡镇责怪村委会协助工作不力时，他们又把责任全部推给村民。在他们看来，村民自治就是本村村民想干什么就干什么，而村委会作为村民的合法代言人和代理人，有权决定自己的内部事务，没有必要接受乡镇政府的指导和监督。于是，他们对承担的协助乡镇政府开展工作的职责，抱着消极、冷淡的态度。

五是"两委"矛盾冲突使党务村务管理两难。村委会与村党支部的关系不协调目前表现为两种情况：首先是村委会与村党支部两套班子两种管理模式，导致有的村委会不能自觉地接受村党支部的领导，把村民委员会引导村民自治同村党支部的政治领导和保障作用对立起来，加上有的村党支部班子涣散，使村党支部起不到村级组织的核心作用。也有的村级组织的权力过分集中到村党支部，甚至集中在村支书个人手中，村委会和村民会议的自治权力实际上被悬空。村支书虽说形式上是由村中的党员选举产生的，但实际上往往是由乡镇党委决定的。党支部成员由任命产生，而村委会则由选举产生，于是便形成了"上级来人找支书，村民有事找村主任"的局面。民主选举使村主任在村事务决策中的位势增高，而传统制度仍然捍卫着党支部书记的优势地位。党支部是传统的村务决策实体，而选举产生的村委会要依法行使村务决策权力。这些矛盾严重影响了村民自治的健康发展，大大降低了村民自治的质量。其次是现在很多地方通行村委会与村党支部两套班子两种管理模式"二合一"，即通过一些操作途径，让村支书选上村委会主任，或让选上的党员村委会主任当选村支书，或培养新当选的非党员村委会主任为党员，再选任为村支书。这样，两委合二为一后，党组织对村委会的控制加强了，工作中的对立和摩擦也少了，上级对村委会的管理也容易了。但对村委会来说，村民自治事实上就大打折扣了。

另外，税费改革后，虽然村干部的报酬进入了比较稳定的保障时期，农民群众参与选举的积极性日益增长，但也面临一些新情况、新问题，如流动人口增加、农村大量劳动力外出打工、村干部竞争加剧、村组合并、干部职数精简、选举经费缺乏来源等等。

三　提高村民自治水平的建议

（一）大力发展农村集体经济，强化村委会服务功能，增强村民自治的吸引力和凝聚力

坚持和完善以家庭联产承包责任制为基础、统分结合的双层经营体制，大力发展农村个体经济的同时，想千方、设百计，以合作制、股份制等形式，大办经济实体，大力发展村集体经济，努力兴办公益事业，凝聚群众合力，提高村民自治的积极性。

(二) 提高认识,突出重点,转变基层政府对农村的管理方式

乡(镇)政府及其工作人员要提高认识,转变观念,改进工作方式、方法,依法履行政府职责。提高认识,就是充分认识乡(镇)政府与村委会之间是指导与被指导的关系,不是领导与被领导的关系。改进方法,就是乡(镇)政府除采用必要的行政管理方式外,应更多地运用法律、经济和教育等管理手段,在尊重村民自主权和村委会相对独立性的基础上实现有效管理。

当前,乡(镇)政府和干部在指导村委会工作时特别要注意以下几点:(1)指导村委会换届选举工作,尊重群众的民主意愿,不要委派村干部,也不要事先划框子、定调子,要真正实行村民直接民主选举,保证把那些政治素质好、组织能力强、威信高、群众信得过的人选到村委会领导岗位上来。(2)指导村委会独立负责地开展群众自治工作,尊重村委会自治权利,改进领导方法和工作作风,严禁把村委会当成乡(镇)政府的下级机关,不得用行政命令的方式干涉村委会自治权利的行使,要坚持村民的事情由全体村民民主讨论决定的原则,采取民主讨论的方法、疏导的方法、说服教育的方法,而不是行政命令的方法、强制压服的方法。(3)乡(镇)政府的各工作部门不要把村委会当作下属机构,对某些需要村委会协助完成的工作任务,应当在法律规定它所承担的范围之内,并通过乡(镇)政府统一向村委会布置,再由村委会组织群众协助完成,各部门不要直接向村委会布置任务。(4)乡(镇)政府及所属部门要帮助、指导村委会自身建设,包括健全完善村委会自治组织、建立健全村委会工作制度、培训村委会干部、开展竞赛评比活动、帮助村委会协调与村党支部的关系、解决工作中遇到的各种实际困难等等。同时,要突出抓好以下工作。

首先,加强村民自治组织自身建设,教育农民提高民主意识,增强自治能力,要帮助农民学习和了解民主权利的内容,学会正确使用民主权利的方法,依法行使民主权利,坚决防止和杜绝违法违规现象发生,自觉协助乡(镇)政府做好各项工作。

其次,教育、引导农民(包括村委会成员)正确认识村民自治与党的领导、与乡(镇)行政管理、与国家法律的关系。村民自治是中国共产党领导农民在建设社会主义民主政治中的伟大创造，因此，党领导村民自治是毫无疑义的。共产党执政就是领导和支持人民掌握管理国家的权力，实行民主选举、民主决策、民主管理、民主监督。村民自治与乡（镇）行政管理也是统一的、一致的。行政管理不等于强迫命令，村民自治不等于不要行政管理。村民自治与国家法律也不矛盾。国家的法律、法规是治国的根本，是全体公民的行动准则，任何组织、个人都必须无条件遵守。村民委员会是在党的领导下依法成立的，也必须在党的领导下，在国家法律、法规规定的范围内，组织村民自我管理、自我教育、自我服务。

（三）加强和改善党对农村工作的领导，正确处理村党支部与村民委员会关系，将党组织和村民委员会活动纳入法律制度的轨道

村民与村民委员会的关系主要体现在选举、办事、监督方面。要处理好村民与村民委员会的关系必须做好以下几个方面的工作：一是要真正落实村民直接选举产生村民委员会的制度规定；二是要落实村民委员会为农民服务的制度，为农民致富铺路，真正成为农民致富路上的带头人；三是落实村民委员会组织法关于监督和制约村民委员会的规定，加强村民对村民委员会的监督。

《村民委员会组织法》规定："中国共产党在农村的基层组织，按照中国共产党章程进行工作，发挥领导核心作用；依照宪法和法律，支持和保障村民开展自治活动、直接行使民主权利。"这实际上是以国家基本法律的形式，明确规定了党组织对村民自治的领导地位和职责及工作方式。但在实践中，村党组织与村民自治组织的协调仍是一个尚待解决的问题。因为《村民委员会组织法》只是明确了党组织的领导核心地位和基本工作职责，具体的有操作性的方式方法仍需在实践中不断探索、总结和完善。解决二者关系问题的对策思路是：在加强和改善党对农村工作的领导这一原则下，从制度上合理划分村党组织与村民自治组织的职权范围，尤其要明确村党组织对村民自治所承担的"支持和保障"的责任及履行责任的方式，在制度化和操作性上保证二者关系的规范运作。就职责范围而言，村党组织要使自己真正成为村级组织的核心，应尽力避免行政化倾向，摆脱具体事务。党组织应将主要精力用于对农村的发展方向的把握，对其他村级组织建设的指导，对各类组织之间关系的协调以及自身建设等方面。由村民自己能够处理好的事情，应尽可能让村民群众根据法律制度自主处理，以支持和帮助村民自治组织独立负责地开展活动。总之，村级组织包括村党组织都要在法律制度范围内活动。村党支部书记可以兼任村委会主任，但必须经过依法直接选举才能当选；村党组织可以在村委会选举前对选举加以组织影响，但对合法选举结果必须予以承认；党组织拥有大量决策权，但应以党内民主充分听取群众意见和不侵犯村民自治权为前提；对村党组织及其成员的失当行为，村民和村民自治组织有权向上级党组织反映，促其改正。

（四）以贯彻实施《村民委员会组织法》为契机，深入开展村民自治示范活动，摸索经验，树立典型，促进农村基层民主由点到面逐步推进

提高村民自治的规范化程度，就是要根据《村民委员会组织法》的有关规定，围绕民主选举、民主决策、民主管理和民主监督四个环节，健全制度、规范程序，真正体现"村民群众自治"和"基层直接民主"的原则精神。尤其要制定规范化的标准和规范化的程序。一句话，就是要提高村民自治的制度化水平。

首先，要完善村委会民主选举制度。扩大农村基层民主，搞好村民自治，民主选举是基础。为保证村民民主选举的参选率和规范化，要广泛深入地开展《村民委员会组织法》的学习、宣传，尤其要搞好选举动员，使村民充分认识《村民委员会组织法》规定的直接民主选举的作用和意义，熟悉民主选举的规则和程序。要逐步规范选举程序和标准。根据《村民委员会组织法》的有关规定，充分体现村民自治的原则精神，村委会民主选举的标准应是：民主、平等、公开、竞争、合法。总之，规范化的民主选举不仅可以使村干部产生荣誉感、责任感和危机感，也能充分调动村民参与的积极性和政治热情，充分体现村民当家做主的主人翁地位和自豪感。

其次，要完善村民议事制度。村民议事制度是实现民主决策的有效途径和重要方式。根据《村民委员会组织法》的规定，村民议事的组织形式就是村民会议或村民代表会议；村民议事的基本功能就是民主讨论、民主商议和共同决定。

再次，要完善村民民主监督制度，尤其是村务公开制度。实行民主监督制度，推行财务公开制度，是村民当家做主的真实体现，是民主选举、民主决策和民主管理的重要保障。《村民委员会组织法》规定实行村务公开制度，尤其强调了财务公开的内容及公开的时间，但《村民委员会组织法》只规定了村务公开的原则要求、内容范围以及不及时实行村务公开或公开内容不真实的法律责任，而关于村务公开的程序、方式及怎样保证公开的真实性等问题，规定不详。当然，这些具体问题是不能苛求于法律的，应在实践中加以具体化。以"便民"的原则，充分利用各种方式和途径，真正做到"让群众明白，保干部清白"，保证村务公开真实有效和村民自治的健康发展。

（五）大力发展农村文化教育，提高农民（包括村组干部）的文化素质和政治参与意识，为发展农村基层民主培养合格的主体

首先，必须在农村加强文化教育建设。目前在农村实行的免费九年制义务教育，将对农村文化教育产生深远的影响。可以结合农村免费义务教育，以学校为依托，建立政府补贴型的分区式的文化活动室，既为学生也为村民提供学习和交流的文化活动场所。其次，要加大对国家有关村民自治政策及党的各项惠民利民的方针政策的宣传。这种宣传可以结合中华民俗采取各种健康文明而又生动活泼的形式。再次，要提高县乡村干部素质，使他们能认真指导村委会实施村民自治的各项制度，指导村民在参与中提高民主意识和参政议政能力。让村民直接参与各项村民自治制度，既可以启蒙大家的民主意识，也可以使大家体会到这些民主制度给他们所带来的实实在在的好处，从而为他们以更积极的态度参与以后的村民自治活动奠定基础。

村民自治是中国农村的民主政治实践，它的运作与村民主体的思想文化状况密切相关。思想文化主要包括文化知识和价值观念。文化知识是从事政治活动的必要条件。在现实生活中我们可以看到这样一种现象：凡是在文化比较贫乏的地方，民主制度、民主观念、民主作风就很难树立，而偏执、独断、愚昧、盲从的现象容易流行。农村人口的整体文化素质尚不高，必然影响村民参与日常村务管理活动。与文化知识水平较低的状况相比，农民的思想价值观念对村民自治运作的影响更大。大力发展农村文化事业，提高农民文化思想水平和民主素养，是保证村民自治规范运作、健康发展的一个重要条件和必要的前提，也是当前和今后工作的一个永久课题。

（六）加强农村法制建设，为发展农村基层民主、实行村民自治，营造良好的法制环境

村民自治是大多数的农民行使民主权利的广泛实践，作为国家法律制度的安排，在缺乏法制传统的农村推行，更需要营造良好的社会法制环境。加强农村社会主义法制建设，为农村基层民主特别是村民自治的平稳推进营造良好的社会法制环境，除了需要加快农村民主建设，打好法制建设基础，主要是认真贯彻执行《村民委员会组织法》，实行农村基层直接民主选举和村务公开制度。此外，下面两项工作必不可少：一是要加强农村法制建设的规划和指导。对农村法制建设分阶段目标，制订明确的规划和年度计划，并稳步实施。对农村法制建设状况应有明确的评价指标，并进行经常性的检查督促。二是要切实提高农村干部、群众的法制观念。对农村干部，主要还是要树立依法办事、恪守职责，接受监督的观念。要突出"义务本位，责任至上"的教育，使他们认识到干部必须要依法行使，并要接受人民监督。而对广大农民群众来说，固然要以若干基本法律知识作为生活准则，但最根本的是要树立权利本位观念，充分了解作为公民享有的法定的权利，要敢于和善于依法保护自己的合法权利，既要克服由于不知法而不会依法保护自己权利，又要防止一旦走投无路，就气急败坏地使用违法手段抗争。

（七）疏通信访渠道，认真接待处理群众来信来访

自从《村民委员会组织法》颁布实施后，相关部门接待的有关村民自治工作的来信来访量呈大幅度增长态势，而且大量的是集体或群体上访。农民上访反映最多的是村干部违法施政、集体财务管理混乱、村干部贪污腐败、选举程序违法、村务政务不公开等问题。有许多问题是农村基层管理中多年积累而成的，并不是村民自治本身造成的，长期以来农民找不到反映的渠道，有些问题即使反映了也没有得到解决。实行村民自治，特别是《村民委员会组织法》颁布实施后，给农村多年积累的矛盾找到了一个"出口"。这是村民自治上访增加的重要原因。农民上访说明农民群众还相信党和政府,相信相关部门会给他们一个公正的说法,也说明农民群众的民主意识在增强,法律意识在提高,以及对自身民主权利的重视。因此,有关部门应相互配合,认真接待处理农民群众的来信来访。通过疏通信访渠道,化解矛盾,维护农村稳定。同时相关部门应加大执法力度,对侵犯农民民主权利的各种违法行为坚决依法查处,以确保《村民委员会组织法》的顺利实施,依法维护农民群众的民主权利。

另外,实行村民自治和民主选举是有成本的,需要经费支持。因此,应该明确经费渠道,最好是把村委会的换届选举全额纳入地方财政预算。对经济相对落后村的村民自治,地方财政也应考虑给予适当补助。随着村干部职数精减后出现的工作量问题,可以通过大力发展农村经济组织进行分解,培育各种农村经济组织对农村经济的发展也会是很大的促进。目前,在我省部分城中村、贫困村、上访村、难点村、宗族房头问题突出村实行的选举观察员制度出发点不错,只是由于制度不完善,效果不明显。因此,要完善选举观察员制度,必须不断完善选举观察的内容、形式、观察员的选聘、培训、管理等方式。

四 全面推进村民自治的进程

村民自治中出现的各种困难和问题,既有工作经验和工作方法的问题,又有人的观念和素质的问题,既有历史文化的原因,又有经济基础及其体制的原因。应当看到,实行村民自治任务还相当艰巨,把村民自治事业不断推向深入将是一个长期的历史过程。在现阶段,必须全面推进村民自治的进程。

(一)建立健全各项民主制度

制度建设是全面推进村民自治的根本,有了健全完善的制度,村民自治才有可靠的措施保证,监督、检查村民自治工作也有了标准。因此,要通过建立健全各项民主制度,把"四个民主"落到实处。目前,制度建设的重点是建立健全选人、议事、管理、监督四项民主制度,一是由村民按照公平、公正、公开原则直接投票选举产生村委会干部的民主选举制度；二是以村民会议或村民代表会议为主要形式的民主议事制度，保证村民参与村内重大事项的决策；三是以村民自治章程或村规民约为主要内容的民主管理制度，保证村民参与村内日常事务的管理；四是以村务公开，民主评议村干部和村委会定期报告工作为主要内容的民主监督制度，保证村民能够真正监督村干部的行为和村委会的工作，使村民自治工作逐步走上制度化、规范化的轨道。

（二）大力开展村民自治示范活动

实行村民自治是一项长期的任务，需要做大量艰苦细致的工作。推进村民自治的有效方法，是大力开展村民自治示范活动。其目的在于：一是摸索和积累经验。因为实行村民自治，是一个渐进的过程，干部和群众都要有一个认识、熟悉和适应的过程。通过示范活动，可以摸索村民自治的办法和措施。二是树立和推广典型。通过示范活动，及时发现典型，推广成功的做法和经验，用看得见摸得着的活生生的事实，使干部群众明白什么是村民自治，怎样实行村民自治。三是以点带面，推动工作。充分发挥典型的引路、带动和辐射作用，进一步推动《村民委员会组织法》的贯彻落实，使村民自治循序渐进，不断提高整体水平。但在开展示范活动中，不能搞形式主义，要在落实"四个民主"上下功夫，真正树起村民自治的样板；不能忽视面上工作的推动，光树几个典型，成为摆设，会失去开展示范活动的意义；同时要尊重群众的首创精神，善于发挥亿万农民的聪明才智，鼓励试，允许看，不争论。

（三）切实加强和改善党的领导

全面推进村民自治，离不开党的领导。只有切实加强和改善党的领导，才能使村民自治沿着正确的方向发展，为全面推进村民自治，促进农村基层民主政治建设，提供可靠的组织保证。在实际工作中，各级党组织要把推进村民自治作为农村基层组织建设的重要内容，统一筹划，切实抓好。加强对村民自治工作的领导，引导村民正确行使自己的民主权利，培养村民的自治能力，增强村民的参与意识，始终是各级党组织的重要职责。特别是在村民自治的初始阶段，各级党委的领导作用十分重要，不但要解决自身的认识问题和学会领导村民自治的方法，同时要采取切实有效的措施，调动村民当家做主的积极性，组织引导村民投身到村民自治活动中来。要坚持和完善党要管党、书记带头抓村民自治的责任制，把推进村民自治工作作为党组织创先争优的重要内容，切实把这件关系到亿万农民切身利益的大事办好。

（四）加强村民自治化、制度化建设

推进村民向自治的轨道上发展，重要的环节就是建立和健全村民自治章程与村规民约，完善村民自治制度的运行机制。村民自治章程，是村民自我管理、自我教育、自我服务的综合性规章；村规民约大多是关于维护社会秩序的规定，相当于政府"行政性"的规定。他们把村民的权利、义务，村级各类组织之间的关系和工作程序，以及经济管理、社会治安、村风民俗、婚姻家庭、计划生育等方面的要求，规定得明明白白，加强村民的自我管理、自我教育、自我服务。村民自治章程、村规民约都是村民自治的行为规范，是实施国家关于村民自治法律法规的配套措施，是推进村民自治制度的运行机制，是乡村形成现代法治社会不可或缺的制度规范。

第一，村民自治章程和村规民约是以党的方针政策和国家法律法规为依据，由村民群众结合本村的实际制定的。它为党和国家的方针政策和法律法规在农村的贯彻落实提供了保证。在制定村民自治章程和村约过程中，需组织农民学习、研究党的各项政策和国家的法律法规，使村民受到较为系统、生动的社会主义民主法制教育，相当于一次很有实效的普法运动。村民自治章程和规约更是把法律法规和国家政策根本村的实际情况结合起来，成为全村村民共同遵守的行为准则，这样能使村民间接地运用国家的法律和方针政策来维护自己的利益，并通过对利益的维护，自觉地遵守了国家法律。

第二，村民自治章程和村规民约规范了村级管理的基本制度和措施，为提高村务管理水平奠定了基础。它理顺了各方面的关系，规定了农村村级组织的各项制度，从而使村务民主管理进入了规范化、程序化的阶段。同时它还有效地帮助政府部门、司法部门处理了一些复杂的社会问题，减少了政府的财政费用，也维护了本村的生产、生活秩序。

第三，村民自治章程和村规民约规范了干群关系，体现了村民的意志

和愿望。村民自治章程和村规民约既约束村民又约束了村官，使干部群众在制度管理下都是管理者又都是被管理者，形成了自我管理、自我教育、自我服务的机制。通过规范化的运行，逐渐化解乡村社会的各种矛盾，增强了村民和干部的法治意识和自治意识，从根本上改善干群关系。

总之，村民自治作为基层直接民主的一种有效形式，对于促进社会民主政治建设有着十分积极的意义。村民自治的成长是一个极其艰难的过程，始终伴随着各种疑问、责难，甚至非议。但我们要清醒地认识到，村民自治正以其顽强的生命力，不可遏制地蓬勃发展着，它对于逐步实现国家权力归还社会的远大目标，真正实现广大人民行使管理国家和社会事务的权利具有重大意义，是基层民主建设历程中最闪光的亮点，创造了迄今为止中国历史上基层民主的最成功范例。

（作者简介：莎茹丽，女，蒙古族，1994年4月出生于新疆博乐市，现为厦门大学医学院学生。）

农村自治中的群体力量分析

邓迎银

一 调研背景

（一）研究的缘起和意义

伴随着我国城市化、城镇化的发展，不仅城乡发展不协调，由于交通地理位置的不同，城中村、传统农村在发展上也面临着不同的问题。城中村，作为该区域中发展最薄弱的一环，面临着城市建设的冲击，必然会带来土地征用的结果，随之而来的是农民的土地流失，再加上农村信息公开得不彻底，群众基本法律意识差，基层干部能力不强，从而导致群体性事件层出不穷。而作为传统农村，由于其地理位置的因素，受城市用地的需要小，从而村内跳动性因素小，变革的势头弱，其在群体力量上的体现多表现在正面的影响上。

对于群体性的研究，有些学者从农村社会自治能力建构角度出发来讨论。深入推动农村民主的发展，在当前的一个关键点就是从国家、市场和民主的协调性需求出发，构建以社会自治能力为导向的农村社会组织机制（刘义强，陈明，2010）。在国家与村庄自治的关系上，国家应该赋予以村落社区为基础的地方社会以"受保护的社会自治能力增长权"，允许村落社会就地方自治的相关事宜与基层政府进行协商（赵晓峰，2012）。重塑村庄社会网络；培育村庄社区认同（赖晨野，2010）。此外，学者们还从其他角度提出了增强社会自治能力的措施：重建社会结构，从"金字塔形"向"菱形"结构转变，扩大中产阶级数量（颜如春，2006）；推行"区域化党建"，将不同社会组织和个人通过党组织关系联合到一起，促进协商合作（刘玉东，2011）；保障信息权利（安耕，2011）；加强基层建设（彭澎，2000）；丰富社会资本（王强，2005）等等。

农村社会自治能力提高后，农村基层民主才能顺利发展，农村协商民主才能够建立起来，农村社区治理结构才能顺利调整。十八大报告正式提出，要完善社区治理结构和发挥基层各类组织协同治理作用，但是当前社会发育不足、社会自治能力不强等问题越来越成为社区治理变革的瓶颈。当前，农村基层民主经过了二十多年的发展，依然存在着诸多乱象，在某些地方甚至出现了失控的局面；而协商民主的发展也更多是一种陪衬，没有达到十八大所提出的要求：广纳群言、广集民智，增进共识、增强合力和坚持协商于决策之前和决策之中，增强民主协商时效性。增强农村社会自治能力研究将会推动农村社区治理结构问题的解决。

本研究将有助于提高孝感市乃至湖北省农村社会的治理能力，改善其农村中国家与社会的关系，直接服务于孝感市乃至湖北省农村经济社会的发展。国家与社会两个主体间关系的变化，使社会需要承担越来越多的国家在职能改革中释放出来的管理与服务功能。但是当前，在孝感市农村社会实践中，国家急需将一些职责与功能转让给农村社会却找不到有能力承担的承接者。正是因为农村社会太弱，国家与社会两个主体的权力分配才会失衡，本地的经济社会的发展才会受到诸多限制。同时不同经济发展水平下的农村自治采取的不同措施也应区别考虑。

（二）调查过程

2015 年 5—6 月，我们学生小组中心成员以了解村民自治能力及现状为出发点，选择了现代农村自治能力影响因素这一视角展开调研和设计。2015 年 7 月初，我们在老师的带领下成立农村自治调研小组，先后多次对孝感市所辖的祝站镇、槐荫办事处及其下面的 13 个村就村民自治现状、村里社会组织运转情况进行走访调研，主要面向孝感市镇、乡政府，村干部、村委会及村民的问卷调查和访谈。为保障项目的科学性和合理性，小组成员分为 6 组，每组 2—3 人，赴孝感各村展开专题调研。共调查孝感 3 个县市区，13 个村庄，68 个自然湾，典型访问 180 余人，问卷调查 200 多位村民与村干部，涉及镇政府、办事处、居委会、妇联、村委会、街道办等多个职能部门，市、县、街道、社区（村）等多个管理层次。

（三）资料分析

2015年7月，在参考我们收集的问卷资料统计时，我们对问卷调查进行了科学设计和抽样。具体而言，通过多段抽样法分别对代表县（市、区）、社区和调查对象进行三个层次的抽样，在综合考虑调查的科学性和调查人力、财力、物力的基础上，确定祝站村、农益村、董永村、继光村为此次调查的主要村（市、区）；并在95%的简单随机抽样条件下，确定68个村子样本数量（置信率为90%，抽样误差为7%）。同时根据林南在《社会研究方法》一书中所提出的总体规模与样本规模的相关函数模型和风笑天在社会学研究方法上对大小型调查样本量的定义，本项目确定在所选的13个村子调查村民、村干部共220人。

表1　　　　　　　　　问卷调查样本分析

类型	名称	自然湾总数（68个）	问卷数量（220份）
城中村	祝站村	7	18
城郊村	董永村	5	24
	继光村	5	23
	西杨村	4	15
	东杨村	5	12
	观音堂村	4	14
	五龙村	5	10
农村	喜联村	6	22
	大会村	5	13
	鲁集村	4	12
	群生村	7	14
	农益村	5	26
	东李咀村	6	17

在具体操作中，本次调研共发放问卷243份，其中村民230份，村干部13份，收回有效问卷240份，其中村民227份，村干部13份，有效

问卷率为 98.8%。具体如表 2 所示。

表 2　　　　　　　　　问卷调查对象基本信息

项目	选项	村民 频数	村民 频率	村干部 频数	村干部 频率
性别	男	127	56%	7	58%
	女	100	44%	6	42%
年龄	25 岁以下	27	12%	1	3%
	25—35 岁	70	31%	3	29%
	35—45 岁	63	28%	5	38%
	45—55 岁	43	19%	3	21%
	55 岁以上	24	10%	1	9%
文化程度	小学	61	27%	0	0%
	初中	70	31%	1	7%
	高中、职高、中专或中技	44	19%	1	7%
	大专	27	12%	1	7%
	大学本科及以上	25	11%	10	79%

二　不同经济发展水平下的农村自治

(一) 经济活跃区

东李咀村位于湖北省孝感市开发区春尚社区。该村有面积 1100 亩，主要地形为平原，平均年降水 400 毫米，年平均气温 22℃，人口 829 人，其中男性 418 人，女性 411 人，外出打工人数大约 86 人，和一般农村一样的是，该村缺乏教育设施。然而和一般农村不一样的在于，一方面，作为城郊村，其交通便利，距离车站只有一百米左右；而另一方面，这个农村似乎少了一些农村本该有的气质，多了一些繁华，也多了躁动。村子里虽然怨声一片，然而表面又风和日丽，就像刚建起来的单元楼一样，在阳光下，一片祥和。可是当你靠近村民试图搭讪时，他们却非常警惕且冷漠，似乎不想回答任何问题，而且当你说要了解问题时，他们的不屑也毫不隐藏。我们问，"您对这个村里的村民自治有什么看法呢？"他们只冷笑道，"不说不说，没什么好说的。"但我们再三请求时，他们也是坚定地问道，"你们问这些有没有用？"就像一个已经看透的死囚，要的就是非死即生的答案，其余的似乎都毫无意义。最后了解到，该村原来也是地地道道的农村，以种地为主要的经济来源，但是由于所处交通位置好，便被开发，开发的土地用来建成新的商业圈，但由于从农村的农忙生活过渡到无田的生活，农民产生了一系列的不适。首先，农民还没有褪下身上的太阳留下的农忙的痕迹，在外还是农民；在内，本身并没有脱离农田之后的能够用来谋生的技能。加上经济的发展，大多有劳动力的人都存在高不成低不就的弊病。而现实是其没有什么技能，于是便出现了对于打扫除草等村委提供的工作的不甘心理，情绪上没有得到安抚。其次，村务公开程序的缺失也是导致村里气氛紧张的又一个原因，虽然有村委会、有理事会，但如果这些流于形式，又如何能让村民认同？村务公开、村民监督，这些自治程序的真正落实，的确需要作为"君"的村代表自身素质的提高。而因为村里村务公开的缺失而导致的村民集体到政府门前举牌示威的现象又引起了笔者的深思。对群体心理有了进一步的认识。黄建钢先生的《群体心态论》将群体心态比喻成火、比喻成河，在这里看来的确很形象。因为要求村务公开，几位村民拉旗举牌，最后引来特警，维持秩序，而他们几个代表被抓进监狱拘留十天。这次群体活动具有火的突发性，同时笔者觉得也有火的杀伤性，因为引起的关注就像火焰一样刺眼、像河流那样具有方向性，目的性很明确，且集少数人的力量于一体，汇流而起。同时也应该让我们更加关注群体的力量，不定性、变化性，来势汹涌。对于这个城郊村，由于刚刚搬迁，没有完善的选举、监督、村务公开，村民没有自治，这些问题如何解决？暂且让笔者认为这是因为这个农村处于过渡时期，所以必然要经历过渡期的阵痛。就像一条蛇处于蜕皮期，一方面意味着它将走向另一个成熟期，另一方面也是最脆弱的时期。但我更愿意将这个城郊村的发展比喻成一个人的发展，人在人生不断的发展中，总会经历不一样的过渡期，处理得当，就完成了破茧而出后的蜕变；处理不得当，当然就沉沦在时间的经纬了。而不同的是，人的发展是一个个体的发展，而一个农村的农民，则是多个个体的发展，而它要求的发展，当然要满足广大村民的利益，而村民的融合，当然是需要像润滑剂一样的村规民约。东李咀村便面临着这样的情况，面对现代城市发展的大潮，夹在城市中的村庄注定不会平静，伴随着征地和搬迁，原本以田为业的农民也没了地，有地的也因为周边是水泥建筑，排水阳光都不利而不便种地，那么，我们都不禁会想要问，这个村庄里的人们都该以什么为生呢？当然，这个问题就是他们现在面对的最大的问题。没了地，村里的年轻人一部分出去打工，留在村里的还有大部分的老人和一些三四十岁的年轻人，老人一生为农，当然现在就只能除除草，做清洁工，而三四十岁的年轻人，有一些高不成低不就的倾向，多了过渡期的迷茫，当然就会寻找原因，用心理学里的归因来说，人多会有自利倾向，不愿归因为自己能力的问题，而是外部问题。这样，村民的怨气就会渐长，这时候就需要基层自治。一方面，要有符合民意的村务公开制度。因为在过渡期，钱是个更加敏感的话题，而好的村务公开至少能让村民放心，当然公开是否属实又是一个重要关卡了。另一方面，村里已经不再像原来那样是村落了，而是在单元楼里，要尽量保持原来村里的熟络风气，自然少不了文娱活动。特别重要的是干部以及村里的重大事项都应该合民意，而村民自主选举、民主监督、自我服务、自我管理就变得尤为重要。然而，作为刚刚搬迁至单元楼里的东李咀村，这些发展得还相对不完备，村里没有独立出来的办公楼，而是跟村民住的一样在单元楼里，绿化等基础设施又有待完备。所以，村里期许较多，迷茫较多，缺少的解决方案也较多。当然，经济基础决定上层建筑。现在亟须解决的是各个年龄段的村民就业问题，是否可以进行村民就业培训？还有作为搬迁留下来的预留地，能否提供给村民做小生意，路很多，然而实际能实践的方案又在哪里？

城中村作为经济活跃的地方，反映着现代城市化的发展，那一排排整齐的单元楼取代了高低不齐的村居，而这一系列需要的后期建设能否像看到的单元楼一样越来越好地进行呢？又值得大家思考。

（二）经济寂静区

孝感市孝南区祝站镇位于江汉平原东南部，年平均气温为20℃左右，主要粮食作物为水稻，其中受袁湖村的影响，一些村实行"1+X"模式，在村民自治上取得很好的效益。其中具体说一下与祝站镇同名的祝站村，该村辖五个湾，男女比例比较失调，男性大多在外打工，留下女人和孩子还有老人。在村民大会上票选村委会干部，理事会负责监督，理财小组进行村务公开，还有几个协会相当于村里的软实力，和事佬协会负责处理家长里短的争吵，卫生协会负责管理卫生，清理垃圾。其中负责清理的清洁员来自相对贫困的家庭，这样既能给他一个增加收入的机会，又能服务大家，此外还有路灯协会、文体协会等各种协会，但就当前村里的情况来说，这些协会大多成了摆设。比如村里没有路灯，协会要如何发挥作用。最后一个问题是，这个村太纯粹，主要农户全是靠第一产业为生，没有任何工业，这作为村民自我发展这一方面存在着很大的局限。因为农业主要依靠的还是自然条件，天气的适宜程度很大情况下影响着村民收入。又由于该村收入全靠农业且主要是老人农业，所以村里经济情况并不是很好，同时一个村的经济又会影响其他方面的建设，即所谓经济基础决定上层建筑。

祝站村作为传统的农村，村庄未受到工业的影响，依旧以务农为主，再加上伴随着大量青壮年的外出务工，村内以老人和小孩为主，他们在归属感上会更加强烈，集体意识也更强，这样更有利于村内形成一股向心力，在民主决策、民主选举、民主监督、民主管理上便于形成良性的运行趋势。同时该村"1+X"模式的采用，即一个村务理事会加上多个协会，使民主管理落到实处，一方面在精神上能让群众有切实的自己当家做主人的参与感；另一方面有利于提高村民自治的效率，在合作共赢的自治模式下，村民的融入度更高。就好似建房子需要坚实的地基，村民自治也是同样的道理，在村民整合度良好的村庄将更有利于下一步经济、文化建设的实施。的确，信息技术的进一步渗透，已然成为文化传播的一个重要渠道，显然，祝站村的自治已经不仅仅是带着浓厚政治色彩的活动，而是随着现代生活的丰富而增添了新的内容。一方面，广场舞的普及，以及广场舞比赛活动的开展都进一步丰富了村民相对枯燥的生活；另一方面，对于村里湾湾通项目，在自筹的情况下，作为村里的"大款"起到重要的作用，这正是村民关系融洽带来的结果，也正是良好的自治体制下的福利。同样在养老方面，该村还建立了老年人娱乐中心，虽然没有像城市养老体制那样健全，但呈现的却是一种农村自治越发完善的趋势。

三 改革方案

农村基层群众自治如今随着政治的稳定和国家的繁荣，其政治性不及以往强烈。无论是面临经济发展的祝站村，还是面临自治困难的东李咀村，这样的变化都是随着时代的进步而会出现的。马克思说，发展是新事物的产生和旧事物的灭亡，而发展的前途是光明的，道路是曲折的。我们需要做的，就是如何向光明的地方迈进。这些变化一定会带来繁荣，这是毋庸置疑的。费孝通先生在《爱我家乡》中说："在我们的中国，现在已经不是选择哪条道路的问题了，而是怎样更顺利地在这条大家已经选定了的道路上前进。问题这样提出来，就要求我们去观察在这条路上还有什么障碍，怎样消除这些障碍。"

对于像祝站村那样保持着农村的性质，很少甚至没有受到其他经济影响的农村，虽然民风好，但是没有经济血液注入，最终也将会因为迁移而慢慢变得更加缺少人气。所以像费孝通先生提出的那样，农村应该学会经营副业，如有池塘可以养鱼。另外，第二产业同样需要，首先，农村相对于郊区来说，距离城市商业中心较远，其土地的价格便宜，适合建造工厂；其次，其劳动力价格也相对低，同时，伴随着农村的自治发展，村里在村民自筹以及大户捐资的情况下，现在的农村交通运输条件也好了，为工厂的建造创造了好的条件。在外赚钱，有了一定经济基础的村民，可以计划建造工厂，在村里招募员工，在开始发展时，可以做员工技能培训，像纺织厂、服装厂等。一方面老人可以负责简单的折叠类的劳动；另一方面妇女可以负责技术，这样形成的一条线，可以在一定程度上解放一些劳动力，又让农民的生活多了一些保障，不用靠天吃饭，自主性更大，这样更有利于农村的自我发展。

当然，我想这只是发展的一条出路。如今，随着生活节奏的加快，以及青少年动手体验生活的能力减弱，伴随着素质教育的发展，大人需要休息，而孩子需要锻炼，类似于下乡体验生活的农家乐项目应运而生，所以，农村的另一个发展出路是建造休闲娱乐体验基地，同样是务农，但可以供前来的游客体验，任其买走所摘农作物，收取其中的体验费，更好的方式是还可以进行组队游戏，将来自不同地方的游客组合起来进行游戏，这样可以增强娱乐性，激发游客的兴趣。这样的设想当然需要全村一起表决才可实施。这样的农村在可以保留其特征的情况下，还可增添现代气息。

农村自治首先需要的当然是领头人。村官到现在依旧是非常需要的，而一个好的村官自然就更加供不应求。一个好的带领者，能带领村民走向更好的生活，而一个失败的带领者，不仅会使村民怨气冲冲，而且有苦无处说。

走访时，在祝站镇政府我们了解到了"1+X"的模式，这是现在从袁湖村借鉴的模式，其中"1"是指村务理事会，"X"是指多个专项协会。这样的方式不仅能够提高村民自治的自主性，同时更加能够体现民主性。村务理事会里的代表由村民普选产生，并由村民监督，大多由三人到五人组成，被选者大多是党员。说到"X"，村里有路灯协会、环境保护协会、和事佬协会、自来水协会等。路灯协会可想而知，是负责修理村里的路灯，当路灯有问题的时候，协会的人提供免费的服务。环境保护协会则是保护村里的环境，像我们走访的祝站村、东李咀村，各家各户都有垃圾桶，同时有专门负责清理垃圾的人，这些人一般家庭条件比较艰苦，协会通过沟通，清除他们在面子上的顾虑并支持他们工资，一年1000元，半年给一次。自来水协会就负责水的管理，但在祝站村，他们是还没有通自来水的，家家户户都是用的井水。而和事佬协会就是解决村民之间不能调解的纠纷问题，保持"小事不出湾，大事不出村"的理念。我们不禁会问，这些协会的人怎么会愿意这样做无偿的事呢？走访后得知是因为协会的成员大多都是老党员，是村里德高望重的老年人，他们政治觉悟比较高，希望做一些可以帮助村里的事，这样使"1"不是孤军奋战。当然，想想，当"X"是负数，即当这些协会里的人都不愿有所作为，反而形成不良的现象，那样的确危害也是很大，所以，对于选举监督程序变得尤为重要。我想，村里应该更加重视监督的程序，比如信访举报制度的宣传和完善，一方面，使村干部的作为能真正得到约束；另一方面，使村民的心声可以正常地得到表达。

说到村官，年轻的血液自然必不可少。当今的年轻人，大多都充满干劲，同时敢闯敢做。像朱虹，一名大学生村官代表，别看她年纪轻，做的事情可不少。2007年，她回到家乡无锡市锡山区东港镇山联村，成为一名大学生村官。她领头创办农家乐，发展乡村旅游，带动152名村民就业创业，2012年销售额达1200万元以上。她发起成立了水产专业合作社，为村民户均年增收2万多元。山联村由原来的贫困村发展成"江苏省首届最美乡村"、"无锡市社会主义新农村十佳示范村"，朱虹本人也赢得了

"全国农村青年致富带头人"、"江苏省优秀大学生村官"、"无锡市首届十佳大学生村官"等荣誉。像祝站村、东李咀村这样的村庄也急需培养这样年轻有为的村官，而对于村官的培养，当地政府或许能够出台一些鼓励政策。

社会学家告诉我们，通过关注背景或地位的重要性可以解答人类的所思所想。社会学家认为证明群体成员影响的一个重要途径，就是把社会成员分为不同的年代，问不同年代的人的喜好，然后对他们的回答进行比较。受此启发，我们制造了访谈方案，我们在祝站村首先访谈的是一个年轻人，当时他在祝站村，一个年轻人正在剁肉，看上去只有三十来岁的样子。看见我们，他并没有停下手上的活。当我们问到村民自治的时候，他依旧没有太多的关注，直到当我们说希望他完成一份问卷的时候，他才腾出手来，给我们三下五除二地写完问卷。后来聊天才知道，他剁肉是准备要去镇上卖羊肉串，这样才能维持生活。而对于村里有什么选举之类的他从来不过问，也没什么兴趣。现在，年青一代对于政治事件这样的东西似乎都没有了太多的兴趣，相反，他们最多的还是专注在赚钱上。的确，现在农村的年轻人，生活方面面临的压力也是挺大，而在村庄事务这种自己并不了解的领域，他们选择忽视。而老一代不一样，他们对村里的事务明显关心很多。我们在走访一位老人的时候，他表示对现在祝站村的现象很满意，比起以前，现在更加安稳，生活变好了，村里的吵闹事件也变少了，人们和睦了。他表示很关心村庄事务，访谈时，本来在挑粪肥田的他把东西放在一边，给我们热心地讲述自己是怎样对现在满意。访谈过程中除了这样进行老少的对比，我们还进行了男女的对比，男性比女性似乎更关注村庄事务。这样，我们可以根据这些条件，再有针对性地普及村民自治的知识。

当然，像祝站村这种大多是老年人的农村，一些村务公开形式可能还需要完善，因为在村的老人，教育程度普遍都比较低，这就需要村干部便自觉地开展工作；另一方面需要建立一个完善的机制，可以安排一个宣传员来做政策咨询传达，这样能更加切实地让村民感受到自治的公开性，至少在心理上增强其积极性和幸福感。

乔恩·威特认为，没有行动的个人，社会、机构组织和群体都不会存在，而且这些结构一定是嵌入性的，当我们共同参与我们的日常生活时，我们就形成了结构。①

既然农村会以不同的形式存在，其结果是它终将会存在，那么有什么可以得到改善的呢？首先，面对农村老龄化越来越明显的现象，相应的老年服务应该更加完善，不像城市的养老院那样，农村的老人活动中心在资金上可以采取全村集资的途径，活动中心由老人轮流做代表值班，按照老人的人数来分成几个团队，负责每月的活动，可以以月为值班周期，每个月为全体老人准备一场活动，聚在一起，可以聊天交流。总之，可以让留守老人的生活不那么枯燥。其次，农村的教育也是一大问题，由于农村条件相对差，因此教育资源稀缺，年轻优秀的老师，大多追求城市更广阔的天地，农村学生辍学在家帮忙务农的现象十分普遍。因此，农村教育一方面需要扶持，另一方面可以转换一下途径，培养专门的务农人才，新一代的"农场主"，包括机械化的学习、种植技能的培养，这样一方面有利于农村教育的实现，人才的培养；另一方面又能增强其务实性，对于有些学生可能也是很好的选择。最后，是农村的医疗保障问题。在走访的农益村，村书记说到，村里没有医院，医院是多个村一起共用的，其设施也不够完善，这样对于村里的医疗方面还是十分不利的，倘若有什么重病发生，不能及时送达治疗，这样造成的问题也不容小觑。

有关专家认为，当前，在执行村民委员会组织法过程中，也存在一些问题，主要表现在，村民委员会是农村村民实行"自我管理、自我教育、自我服务"的基层群众性自治组织。但是，实际上有的乡镇政府仍视村民委员会为其当然的下属机构，按照行政管理方式来对待村民委员会，一般都是通过对村民委员会发布各项指令和进行具体的工作指导来领导村民委员会的工作。

农村自治是根据我国国情而发展起来的，作为基层群众自治制度的一项基本政治制度，要想得到好的良性发展的确需要不断改进与完善。

四 结语

在中国，农民问题历来却是革命和建设的主要问题。从孙中山先生三

---

① 乔恩·威特. 社会学的邀请 [M]. 北京大学出版社，2014（01）.

民主义中的"民生"思想，到一代伟人毛泽东时期的土地改革思想，以及到邓小平时期开始的在农村以家庭为单位的包产到户的思想，都说明了近代以来的中国政治家，把农村问题、农民问题放在了一个很重要的位置。特别是邓小平时期的以家庭联产承包责任制为基础的经济体制改革和由此而引发的以村民自治为核心的农村政治体制改革等均是决定中国命运的重大改革，都说明中国农民是决定中国命运的主体力量，决定着中国政治的基本走向。中国农村村民自治是中国农民在自己的土地上进行的最广泛的社会主义民主实践，新农村建设的战略举措及其实施又促进了村民自治制度的深化与完善。所以必须求真务实、开拓创新，促进村民自治的发展和完善。要解放思想，从已经变化了的农村经济社会实际出发，及时地对村民自治制度做出适应性调整和改革，推动村民自治日臻完善。对于那些因经济和社会迅速发展，确已失去村民自治赖以存在的条件和环境的村庄，应允许和鼓励当地群众自主选择新的基层群众自治方式，及时实现基层治理形式的创造性转换。大幅提高现代农村社会自治能力，是时代所需。

（作者简介：邓迎银，湖北武汉人，现为湖北工程学院政治与法律学院2014级社会工作专业学生，厦门大学中国特色社会主义研究中心与湖北工程学院政治与法律学院共建的孝感合作调研基地调研员。）

第三篇　美丽乡村建设研究

林权改革与美丽乡村建设

王媛媛

一　调研背景

集体林权制度改革（简称林权改革），是包括明晰所有权、开展林权登记、发放林权证，确保林业的可持续发展，改善生态环境，调整规费，改革林木采伐管理制度，改革投资融资体系，建立新型的林业管理体制等过程的改革。本次社会实践，我们调研的一大重点就是以富平县作为样本，了解其在林权改革方面所做的工作及其成果。随着社会主义市场经济体制的逐步完善和社会主义新农村建设的全面推进，我国经济和社会发展的形式对林业提出了更高的要求，林业发展深层次问题日益显现，集体林权归属不清、权责不明、利益分配不合理、林业负担过重、经济体制不强、产权流转不规范等问题制约了林业发展和农民增收，林业蕴藏的巨大经济和生态效益没有被完全发掘出来。因此解决这些问题的根本措施，就是开展集体林权制度改革，通过明晰产权、放活经营、规范流转激发广大林农和各种社会力量投身林业建设的积极性，解放和发展林业生产力，实现经济社会的持续健康发展。

美丽乡村，是指中国共产党第十六届五中全会提出的建设社会主义新农村的重大历史任务时提出的"生产发展、生活宽裕、乡风文明、村容整洁、管理民主"等具体要求。2013年以来，富平县以农村清洁工程等五大工程为抓手，以村貌悦目协调美、村容整洁环境美、存强民富生活美、村风文明身心美、村稳民安和谐美为目标，深入推进美丽乡村建设，全面提升群众文明素质和社会文明程度。建设美丽乡村，不仅能在村容村貌上改善我国农村脏、乱、差的面貌，改善农民的生活环境，更能在精神层面提高农民的个人修养，使得农村的村风更加和谐，人们的生活更加安宁。富平县的美丽乡村建设项目由县财政局、林业局和美丽乡村办公室等部门合力推进，近年来已取得了不错的成绩。

二 调研主要内容

（一）富平县林业局

2015年8月6日下午，厦门大学"中国梦"大学生暑期调研队一行人来到富平县林业局，受到了林业局工会主席路增强、林业部门负责人张辉等人的热情招待，在林业局二楼会议室举行了小型报告会。

贺老师首先介绍了本次实践队的出行目的。一方面对林业改革的现状及相关规定的落实情况展开调研；另一方面对随行学生的实践能力进行锻炼。之后介绍了调研队的主题：林权改革与乡村治理。路主席随后向调研队成员就富平县林业建设的现状进行了汇报。

1. 富平县概况

富平县位于陕西省关中平原北部，是老一辈无产阶级革命家习仲勋同志的故里。县城距省会西安66公里，全县总面积1242.57平方公里，辖15个镇、337个村、2109个村民小组，总人口82万人，耕地120万亩，其中林地面积为47万亩。目前林权证已发放4.2万份，持有林权证的有31026人。富平县的地貌为南部荆山塬，中部平原，北部乔山山脉，其中林地主要集中于北部山地一带。

2. 公益林项目

富平县公益林如今占地面积为25.68万亩。其中国营公益林面积为5万亩，个人以及集体所持公益林面积为20.68万亩。富平县公益林项目的主要内容有集体产权制度改革、林权流转制度以及林权抵押贷款。其中，集体产权制度改革主要内容为落实林地责任到农户个人，其项目资金直接支付至农户所提供账号，以此避免因逃避责任产生的问题无人负责的现象；而林权流转制度和林权抵押贷款则主要是为了发挥群众在林权改革中的积极性。

3. 国有农场

由于富平县地处西北，土地干旱，加之一系列气候原因，林地难以获得较大收益，因此，目前富平县的国有农场项目难以启动。针对林地收益较低这一问题，富平县在长期的实践中总结出以下两条经验：一方面是国家财政供养国有林场职工，保持国有农场职工的劳动积极性；另一方面将林业资金款打到农户个人账户，林场的养护也落实到个人。富平县在国有农场的工作上所总结出的这两条经验使得其国有农场的面积一直稳定在5.02万亩。

4. 经济林

富平县的经济林以林果业为主导，其林果业主要包括柿子、核桃、苹果等。而柿子产业作为富平县对外宣传的一大品牌，一直在本县的林果业发展中扮演着举足轻重的角色。在富平县，柿子产业的发展以曹村镇为主导，以庄里镇、宫里镇等为重要产地，已形成了覆盖面积广的柿饼加工产业。目前曹村镇的柿子产业主要以发展柿饼加工为重点，年产柿饼3000吨，其销售市场覆盖国内外，出口以韩国为主，日本、俄国等国的市场近年来也渐渐得以开拓。柿子专业合作社在柿饼的销售中承担着重要的作用，合作社每年为社员提供柿饼销售的服务，其运作模式为：合作社吸纳社员，与客商商定销售价格，从而为社员开辟销售渠道，使得柿饼的销路得以保证，专业合作社在这一过程中向客商抽提一部分管理费用得以盈利。曹村镇的柿子专业合作社目前有24个，其中有10余个主要供货韩商。近十年来，曹村镇的柿饼销售量不断增加，十年前所生产1000吨柿饼全部销往韩国；近几年随着柿饼产量的增加，国内市场渐渐分担了大部分市场份额，每年所生产约3000吨柿饼中只有1000余吨销往韩国，出现了国内市场大于国外市场的局面。

5. 林业局的工作

2014年，林业局的工作取得了不少成绩，以"频阳大地园林化"为主线的一系列工作基本得以顺利开展。两湿地公园——温泉河湿地公园、石川河湿地公园的建设使得富平县整体环境面貌发生巨大改变；两公路——富淡高速、底张公路绿化工程分别投资1700万元、350万元，均建成宽度为10米的林带；凤凰山栽植项目——主要栽植树种为侧柏，但由于凤凰山土质以石灰岩为主，加之前几年开山炸石时环境破坏严重，目前这一项目面临着高达每亩 14000 元的成本，已栽植面积仅为 0.29 万亩；防火体系建设——设立瞭望台一处、成立防火视频监控室、组建 350 人的防火队伍，严密监控入冬到来年 5 月高发的森林火灾；坟地绿化——以"一片坟、一片林"为主题，富平县连续三年开展该工作，设立多个树苗发放点，群众积极性高涨，使得全县 5000 多亩坟地基本得以绿化；美丽乡村建设项目——设立美丽乡村办公室指导该项目建设，旨在建设四个一：一条路、一所学校、一个村、一个集镇，以亮化、硬化、绿化、美化、净化、文化为主要内容，项目自开展三四年来，以华朱管区闫村村、宫里镇大樊村为代表的村庄面貌焕然一新，共建成 5 个示范镇、45 个示范村。

6. 林权改革中的经验、问题

2015 年富平县设立共 20 余人的林业管护队，对沿街树木的栽植进行后期管护，以解决以往行道树"重栽植轻管护"的问题，这一举措不失为富平县林业局在管理工作中的一大亮点。但林业管护队并不能全面解决"一轻一重"的问题，林业管护工作仍需投诸巨大精力，另外，管护工作难以落实，树苗栽植后无专人看管，极易导致树苗成活率下降的问题。

总体来说，富平县在林权改革与乡村治理方面成果比较显著，县林业局积极倡导十八大关于生态文明建设的会议精神，在全县人民的努力下、在上级机构的支持下、在县林业局领导的指导下，总结出不少经验，及时解决所面临的问题，顺利开展了一系列旨在美化富平县生态环境的工作。合理利用资金、规划部署全县绿化工作，在改善富平县生态环境的同时，使群众切实感受到上级政策为群众生活所带来的巨大好处。

（二）富平县曹村镇

2015 年 8 月 7 日上午 9：30，曹村镇刘镇长、林业部门相关负责人、贺海波老师以及调研队成员在曹村镇人民政府会议室调研汇报会议。会议主题为"探寻柿子加工专业合作社的经验及管理"。刘镇长对曹村镇今年来柿饼加工的一系列工作向实践队进行了介绍，随后队员就相关问题向刘镇长及会议其他相关人员进行了咨询。

曹村镇位于富平县北部黄土台塬和北山丘陵的过渡地带，地形地貌复杂多样，独特的小气候适宜种植多种果树。2014 年北部的白庙乡在"合乡并镇"的历程中并入曹村镇，现如今曹村镇耕地面积为52000亩，其中果树占地3.2万亩，人口3.1万，共12个行政村、103个村民小组。曹村镇的果树种植主要包括苹果、柿子、杏、花椒，以柿子种植为主，有"万亩柿园"之称。2014年曹村镇共生产柿饼3000吨，其中1000余吨出口韩国，占柿饼销售的30%多。柿饼产业为曹村镇所带来的经济效益极其明显，去年曹村镇人均收入高达9149元，其中柿饼生产的集中地马坡村人均收入高达13000元，柿子加工所创造收入达4500元。

目前曹村镇柿子加工专业合作社共8个，其中最大的合作社年销售柿饼300多吨（2013年数据）。合作社的主要工作是柿子培植期间为柿农提供指导、培训等前期服务，销售阶段为社员提供销售渠道，后期进行利益分红。

1. 管理工作

合作社由个人向工商局注册登记成立，主要是个人运营。曹村镇政府曾多次召集合作社负责人开会，对合作社柿饼加工提出要求，引导合作社规范经营。柿饼生产的工艺主要包括采摘、削皮、晾晒、着霜、包装等程序。在柿饼的生产过程中，生产环境及原料的卫生情况至关重要。曹村镇政府曾开会就柿子削皮过程中的卫生问题展开讨论，要求各合作社在柿子削皮的工序中注意原料的卫生状况。长期以来，柿农在削皮时形成了先削皮再剪柿花的习惯，这种方法极易导致柿饼产生卫生问题。在曹村镇政府的引导下，近年来各生产合作社进一步规范了生产手段，引进先进晾晒设备，提高了加工要求，使曹村柿饼的质量更上一层楼，更加受到客商的青睐。

2. 服务工作

专业合作社作为柿饼销售的一个重要渠道，一直以来受到曹村镇政府的大力支持。镇政府在合作社土地用地的审批、基础设施的建设及运营方面给予了极大便利，积极为专业合作社争取来自上级的资金、扶持、政策等，对外来客商的安全以及交易公平配备专门人员进行保障，为专业合作社的电子商务发展提供指导。

专业合作社在曹村镇政府的支持与指导下呈良好发展态势，但也产生了如下一些问题。

（1）各专业合作社之间的交流、沟通较少。由于牵涉到自身利益，各专业合作社虽然在与客商的议价过程中进行交流,但沟通与交流仍然较少,相关经验不能得以分享。在实地调查过程中,我们了解到,柿饼进出口中合作社负责人需要直接对交易风险进行承担,这对力量较弱小的合作社来说易导致由于经验不足所引发的损失。如果各合作社能够积极进行交流、相关经验相互分享,那么其销售风险将大大降低。

(2) 镇政府对合作社难以形成有效管理。由于专业合作社的注册成立只需经过工商部门,并不需要政府的参与。因此政府不能对专业合作社的工作进行及时监督与指导,其所做的也只能是对合作社进行引导,政府的决定难以对合作社形成约束力;而由于行政地方首长负责制,政府又必须对专业合作社的工作负责,为其在工作中所产生的问题承担责任。这便使镇政府在工作中面临障碍,管理效率极其低下。

(3) 合作社的覆盖面较小。在我们的调查中发现,专业合作社对柿农的覆盖比例仅为三分之一,仍有一大部分柿农没有加入合作社中。究其原因,刘镇长说道,合作社为柿农争取到的价格仅比一般价格多一毛至两毛,并且合作社不能确保柿农的柿饼销售成功。入社与不入社基本没有区别,因此专业合作社在曹村镇柿饼销售中仍没有发挥支柱性的作用。

(4) 工商局对专业合作社的审批不够严格。由于人力物力资源的限制,工商局对申请注册的专业合作社所提供的材料不能一一核实,这极易导致一部分人虚报材料,使得专业合作社谋取不当利益;而当其问题暴露出来时,前期不知情的乡镇政府又需为此承担责任,导致资源的极大浪费。

(5) 专业合作社的运营不够规范。由于缺乏具体的社内规范,部分合作社内的后期分红工作难以服众,容易产生利益纠纷。

(6) 一重一轻。专业合作社普遍存在"重销售、轻服务"的问题。由于利益的驱动,很多专业合作社不愿为柿农提供专业的培训和服务,长此以往,柿子加工产业的可持续发展将面临停滞不前的风险。

上午11:00,刘镇长及调研队员走进当地柿子加工专业合作社进行实地调研,获取了大量的图片资料,了解了柿饼的包装程序,参观了合作社内的冷库及晾晒场地,与合作社负责人进行了访谈。随后一行人前往曹村镇新驻柿饼加工企业,实地考察了曹村镇柿饼销售中电子商务模式的运营。

（三）大樊村、闫村村

2015年8月8日，我们的调研路线分为两部分：早上全体调研队员驱车前往宫里镇大樊村，下午前往华朱管区闫村村，针对这两个村庄的"美丽乡村建设"情况展开调研。

富平县针对美丽乡村建设项目主要开展了如下工作：一是科学规划，按照"节约集约、因地制宜、突出特色、完善功能、传承文化"的原则，结合富平县总体规划、富平县城乡一体化等相关规划，组织科学编制富平县县域镇村布局规划和村庄规划；二是科学把关，根据该县相关规划，严格审查各项规划；三是积极督促指导县域内所有村庄的基础设施建设、公共服务设施建设、危房改造、环境整治和产业培育等方面相关工作。调研队今天主要深入村庄对第三方面展开调查采访。

我们事前在富平网了解到：2013年富平县切实着力加强环境卫生基础设施建设，加大对集镇街道、商铺门店、违规建筑、出店经营的整治和拆除力度，固定专人负责乡、村、组卫生管理，积极组织开展"一事一议"，着力建设一支负责、敬业的保洁员队伍；同时，以创建卫生示范村、卫生巷为载体，采取资金整合、政策倾斜、门前三包、进行挂牌评比等办法，扎实推进10个新农村建设试点村建设。截至2013年11月20日，富平县共投资80万元，整治道路102公里，整修排水沟73公里，拆除违章建筑6302平方米，清理"三堆六乱"3.12万方，落实保洁员2620人，购置环卫保洁车辆32台，新建垃圾池120余处，购置垃圾箱430余个，筹集"一事一议"卫生费231万元。

2015年，富平县将美丽乡村建设作为十大民生工程来抓，以县级以上主干道路、示范村、镇办驻地为重点，突出抓好三条示范线路（富淡路、底张路及106省道富平段）环境建设，统筹推进清洁乡村、美丽乡村、幸福乡村建设，详细编制美丽乡村规划方案，制定出台《富平县农村环境卫生综合整治标准》、《富平县农村环境卫生整治达标村考核标准》等相关制度，实行"财政奖补一点、部门帮扶一点、群众自筹一点、社会捐助一点"的资金吸纳机制，建立保洁队伍，做到日产日清，对落实长效机制、卫生达标的村，每年县财政给予1万元奖补资金。

在上午的走访中，我们首先来到了大樊村村委会，村委会主任兼村党支部书记惠春侠接待了我们,并在村委会会议室向我们详细介绍了大樊村的情况。目前大樊村共5个村民小组,383户1530余人,其中在外务工人数约300人;耕地占地面积3200亩,农业以种植业(玉米、小麦)与养殖业(牛、羊)为主。村中现有石刻场四家(均为私人经营)、饲养小区一个、砖厂一个、食品厂(多旗公司)一个。

大樊村的"美丽乡村建设"自2012年9月起步,主要包括以下内容:

2012年9月至2013年3月,改造大樊小学,将其改造为社区服务中心;2013年4月至5月,改善村中水电路,全村贯通自来水,硬化路面3800米;2013年9月,绿化路面3000余米;2014年建成排水系统8000余米。预计2016年3月将开展道路亮化工作。

在之后采访农户的过程中,我们通过与农户进行访谈,对该村美丽乡村建设中的一些细节有了进一步了解。该村作为美丽乡村建设的示范村,有不少亮点:村风和谐——我们针对村警务室的职能对村民进行采访,从中了解到近几年村庄内很少有矛盾纠纷产生,整体来说村风和谐,民风淳朴,村民生活态度积极乐观;村民对村委会工作评价极高——村委会积极利用上级政策,肯为村民办实事,修路、绿化、修建健身场地,开展种植养殖培训会等工作得到了村民的一致好评;村内食品厂增加了村民家庭收入——该村多旗食品厂为村民自己所创办企业,所雇佣员工基本为本村村民,为不少村民家中增收提供了一条极其便利的渠道;村委会主任个人能力较强——惠春侠女士1993年创办多旗公司,经过多年经营该公司现已达到2000万元年产值,因其特殊的贡献,惠春侠女士2013年被村民选举为新一任村委会主任,她个人在富平县也具有极高的声望,为群众做了不少实事。

下午我们全体队员乘车前往闫村村,村委会主任惠主任向我们介绍了闫村村的概况:2015年4月赵坡村并入闫村村,闫村村由原来的3个村民小组增至现在的11个村民小组,现如今人口为3600人。在与赵坡村合并前,闫村村为富平县美丽乡村建设的唯一试点村,其乡村建设起步较早,该项目主要由富平县财政局负责。在"一事一议"项目的推动下,闫村村2014年获得100万元建设资金,并有乡财政所对资金进行管理。在2014年,该村对村庄道路进行了硬化、拓宽,建成部分排水系统共

18000米，建成四个健身广场，并对村庄进行了绿化及美化，协助村民种植门前树木并修建花园，清理门前"三堆"使得村庄得以净化，此外还进行了一系列亮化、文化、细化等工作。

在与该村村领导及村民的交谈中，我们总结出闫村村建设的如下亮点：

村庄街道干净整洁，路面基本无杂物，村貌美观，给人以良好的第一印象；村庄规划较完善，路面硬化基本全面实现，家家门前路面都已修成水泥路，给村民出门带来不少便利。此外许多村民家门前已建成小花园，其余门前花园也正在建设中；村民文化生活丰富，村中定期播放电影给村民免费观看，广场舞、自乐班等活动也呈繁荣之势。

生活质量的变化不仅表现在物质生活水平的提高上，更进一步体现在精神层面的改善上。两个村作为富平县美丽乡村建设的重点单位，不仅村容村貌上有了极大改观，村民的文化生活也得到了极大丰富。在我国，农村作为中低层知识分子的聚集地，精神文化长久以来得不到重视，靠天吃饭的小农经济也导致了中国农民消极悲观的普遍性格，以食为天的生活方式又容易导致农民只重视自身利益而忽视他人利益和长远利益，如此下去必然导致农村中邻里关系不和谐、乡村工作难以展开等弊病。而近年来这一系列现象似乎正在改变：农业税的取消以及高产作物的推广极大提高了农民的年收入，生活水平的提高使得农村的风貌得以改观。而如何使农民彻底摆脱面朝黄土背朝天的生活方式，将是乡村建设中的重要问题。

综合两村的建设情况以及村民的反映来看，我们可以发现富平县在美丽乡村建设过程中一些突出的经验。

1. 广场舞是亮点

在城市中因扰民而受到不少诟病的广场舞如今放入农村却大受欢迎。农民爱热闹的天性以及日益受到关注的健康问题使得广场舞这一渐渐兴起的文化活动在农村发展得如火如荼。大樊村与闫村村都专门建有文化广场，每天下午六七时许，文化广场便聚集了村里的男女老少，载歌载舞的文化广场上人们尽情欢笑，劳作了一天的疲惫在晚饭与广场舞的调剂下都烟消云散。我们在走访村民的过程中发现一个有趣的现象：大樊村的村民樊先生告诉我们："这几年我们村的邻里关系很和谐，矛盾纠纷比以前少了很多，我觉着乡党们（'乡党'为陕西方言，意思为乡亲们）要么在一起跳广场舞，要么一起看别人跳，天天就这样见见面聊聊天，谁还能有多大的矛盾？"广场舞作为一种普通的文化活动形式，其在农村的走红不足为奇，在不知不觉间确实改变着农民的精神风貌，转移了村民生活的注意力；乡民在音乐的律动及舞步的摇摆间日益见证着家乡的变化，一起期待着生活越变越好。广场舞，形式虽俗，却在不自觉间做了农村精神文化建设的一名雅士，岂不快哉。

2. 农家书屋有人看

富平县大樊村及闫村村均建设有社区文化中心，各种办公室一应俱全："两会"办公室、图书室、培训室、会议室、妇女之家、警卫室等。图书室一般被称为农家书屋，走访中我们发现，农家书屋的书虽数量不多，但图书种类一应俱全，除了常见的文学名著、名人传记、历史专著，更有农民最需要的种植及养殖指导手册。大樊村的村主任惠春侠女士告诉我们：每逢农闲时节，便会有人坐在农家书屋翻阅自己需要的书，暑假寒假期间也有不少学生来到农家书屋读书；相关的借阅手续也很好办理，村里尽量为农民提供其所需的文化资源。农家书屋的顺利运行说明了美丽乡村建设的成果深入到一部分农民的身上，真正造福了一部分村民的精神文化生活。除农家书屋以外，村委会请来的农业专家也经常在培训室为村民进行一些农业培训，其受欢迎的火热程度不输农家书屋，在我们的采访中，村民也反映到，对于类似的培训自己会尽可能参与，因为这样的培训确实对自己的农业活动有了很大帮助。

3. 村道干净整洁

富平县的农村一改过去的雨天泥泞不堪、晴天尘土飞扬的局面，干净整洁的水泥路使得两个村的面貌得到翻天覆地的变化。与以往我们对于农村的印象不同，这次在走访大樊村及闫村村的过程中，道路的硬化工作落实之全面确实给队员们带来了极大的震撼。"要致富先修路"，这句农村发展的黄金法则的落实给村民的出行及农产品的货运带来了极大便利。清爽的街道也改善了人们出行的心情，接受采访的两村村民均为村委会对修路所做的工作赞不绝口。

当然，除了两村在乡村建设中的优秀成绩，我们还发现了其建设中的一些弊病。其中，农村产业结构单一是两村建设中最为突出的问题。

在采访中，有不少村民说到家庭增收时，均回答以农业收入为主，农闲时外出打工补贴家用；或父母在家劳作，子女常年外出打工。这让我们不禁有了一丝担心，富平县除曹村镇、庄里镇等有柿子种植及加工外，其他乡镇很少有其特色农业，农民均以种植小麦、玉米为生；且大部分青壮年长期在外打工，没有了新生力量的注入，农村产业结构愈加单一，老龄化也愈加严重，农村地区的可持续发展之路似乎还很崎岖。

首先，在农业结构方面，大樊村村民除种植小麦玉米外，前几年村里有专门的牛奶收购站，农户也几乎家家养有奶牛、山羊。但由于今年以来奶价下滑，大部分村民都放弃了养殖牛羊，村庄里的牛羊越来越少，牛奶收购站昔日的热闹景象已不再。在闫村村，过去村民多以种植红薯为副业，但同样由于红薯价格的下跌，村中现在几乎无人种植红薯。这两个村庄如今都面临同样的困境：农民除依赖土地外，创收的其他选择很少。我们认为，村领导在建设村庄整体风貌的同时也应致力于为村民增收。特别是闫村村，应发挥其靠近县城的交通优势，发展特色农业，引进创新型人才发展生态农业，在不影响农业生产的同时带动农家乐、生态菜园的发展，吸引县城消费群体，为村庄经济发展注入新的可持续的血液。

其次，我们采访的多个家庭均有提到外出打工的问题。如今的农村，外出务工人员以青壮年为主。我们采访发现，短期外出务工人员主要为"60后"、"70后"，他们打工的主要地点为周边县区建筑工地，收入较低且打工时间以农闲为主；而长期外出务工人员以"80后"、"90后"为主，这一部分务工人员的主要流向东部及南部沿海地区的服装、玩具、电子类工厂等对从业人员的要求较低的行业。由于所服务行业对自身技术、创新能力的要求不高，这些外出务工人员为家庭创造的收入与日益上扬的生活成本、教育成本难以匹配，农民家庭收入增长仍是一条需要更多探索的长远之路。

通过一天的采访，我们看到了美丽乡村建设中的许多细节，对这一政策在农村的实际落实有了更深的认识。总体来说，美丽乡村建设该项目使得富平县农村环境产生了质的变化，群众的生活水平上了一个新的台阶，这一现状是很值得周围市县学习借鉴的。

（四）北部沿山

富平县北部沿山地区东西长近38公里，涉及9个镇65个村，总面积54.75万亩，耕地面积15.24万亩，林地面积6.02万亩，经济林面积16

万亩，人口11.5万人。这一带石灰窑、采石场、碎石场大量存在，给农村经济发展带来机遇的同时，也给沿山农村生态环境造成严重破坏，生态功能逐步退化，人居环境恶化。群众栽植的经济林由于污染而面积锐减，单位产量和果品品质下降，使得沿山而居的群众叫苦连天。富平县县委、县政府高度重视民意，2013年起，由环保部门牵头，对白灰窑及采石区进行综合治理，先后共拆除白灰窑632孔，对60多家采石场逐步关停，并将北部沿山作为综合治理的重点。各类企业转产，开展沿山污染区植被恢复和生态修复工作，尽快实现山绿、人富的生态面貌。

富平县林业局针对北部沿山采石破坏区及白灰窑破坏区，积极开展生态植被恢复工作。完成侵蚀沟坡造林10500亩，重点对金粟山、凤凰山、虎头山开展矿山植被恢复治理试点工作。由于该区土层瘠薄，土层厚度约30万厘米，施工难度大。林业局通过招投标确定施工单位，投资300多万元完成高标准侧柏造林1500亩。在施工过程中，采取连挖带垒的作业方式进行大坑栽植，并要求苗木必须带30厘米以上的土球，保证了所用苗木全根系或根系不受损伤，同时全部采用了保水剂、生根粉、覆盖地膜等抗旱保湿技术，并从山前拉水，发电浇水，当年造林成活率达到95%以上，达到了一次栽植、一次成活的效果，为富平县北部沿山生态植被恢复摸索出一条新路，起到了一定的示范作用。同时对老庙镇兰山村和孟家村平整好的1500亩石灰窑生产区及石灰堆放区进行植被恢复治理，但由于长期的石灰生产和堆放，致使土壤团粒结构和酸碱度发生变化，县林业局已多次邀请林业、生态等相关专家深入实地进行综合分析，调整治理方案，先行种草逐步恢复植被。

三　总结与反思

作为村民自我管理、自我教育、自我服务的基层组织，村委会取得了维持广大农村地区生活以及政治稳定的巨大成就。农村村民自治作为基层民主的一种形式，成为公民政治参与民主管理的重要组成部分。根据《中华人民共和国村民委员会自治法》规定：村民委员会是村民自我管理、自我教育、自我服务的基层群众性自治组织。村委会在运作过程中自然避免不了产生一些问题。笔者作为一名法学专业的学生，下面将重点讨论这些问题中的法律焦点。

根据《村民委员会组织法》第二条第二款的规定，村民委员会办理本村的公共事务和公益事业，调解民间纠纷，协助维护社会治安，向人民政府反映村民的意见、要求和建议。但这些职责在基层不一定能全部落实到位。农村的民间格局不同于城市，在以血缘关系维系的同姓氏村落中，大部分农户之间利益相关关系较为紧密，加之中国社会传统上的"人情文化"，因本家利益而产生的侵害其他村民利益的现象在农村较为普遍。公共事务与公益事业的办理不能做到全部透明，以权谋私、以权养私的现象发生得较为频繁；出于人际关系的考虑，很多村干部在调解民间纠纷时也难以做到公平公正，一些有损利益相关者的村民意见要求也很少通过村委会得到反映。针对农村村民自治中的问题，笔者将调查走访过程中观察到的一些现象做如下总结。

（一）农民对集体事务参与度不高导致的利益吞噬

一方面，受文化水平的限制，农民在进行自我管理、自我教育、自我服务过程中举步维艰，真正对集体利益有能力进行维护的人并不多；另一方面，由于农村的生产组织形式以农业活动为主，收入普遍不高，导致农民生活中最重要的事情集中于提高自家收入、提升物质生活水平上，对政治生活的兴趣不高，参加集体事务的积极性较低；这给村集体组织负责人以权谋私造成可乘之机。上级的惠民政策主要通过村委会向村民发布，而犹如前文所说，在以姓氏牵连的农村，"走后门"几乎轻而易举，许多政策往往在还未落实到农户身上时，就被村中"消息灵通"者抢先瓜分了利益。笔者在调查走访中听说了这样一件事：某村从去年开始每年高考后给应届高考生发放一两千元补贴，但大部分村民到今年补贴发放完后也不知有这样一项政策。由于监督不力，政策的实行与落实难以做到公平公正。在政府行政力量的这一盲区，农民的许多利益都需要靠自身努力来维护，而由于农民对集体事务的参与度不够，村集体组织以权谋私的现象还是较为普遍，农民的利益难以得到切实维护。

（二）村委会换届选举中的公平、民主问题

在实地调研过程中，我们针对乡村治理问题走访了富平县宫里镇的大樊村以及华朱管区的闫村村。

在大樊村村委会前的广场上，我们看到了村党支部以及村委会的组成人员公示牌，相关负责人的信息在公示牌上一目了然。同时在采访农户的过程中，我们也有问到关于村委会选举的问题。值得高兴的是，大樊村的村民大都是按照自己的意愿来选举村干部，而刚被选举出的惠春侠女士身兼村委会主任和村党支部书记两职，在任以来确实为群众做了很多实事，受到了广大村民的好评。在闫村村，我们也得到了与大樊村一样的调研结果，闫村村的村民彭女士说道："选村干部我就要选能为我实现利益的，村委会不能养闲人。"由此可见，当今农村村民的民主意识已经在一定程度上提高了，村委会也发挥了其在乡村治理中应有的作用。

一改过去的"人情投票"，当今的村民能够更看重自身利益的实现，村民民主、公平意识的提高也在一定程度上减少了村委会选举中的腐败、作弊现象。在后期村委会的运作过程中，贪污、走后门现象也在一定程度上有所减少，村委会在村民自我教育、自我服务、自我管理的过程中能够更加注重质量，这也在一定程度上反映了当今农村村民在政治生活中的积极性正逐渐提高。

四 调研体会

（一）调研之路坎坷多

由于住地调研地相隔较远，调研队员们在前往实地调研的过程中需要乘坐交通工具。在前往闫村村进行调研的时候，队员们乘坐了开往曹村镇（途经闫村村）的城乡公交。而当我们买过车票之后却被告知该车并无发票。在调研完毕回县城的时候队员们同样遇到了这样的问题。随后队员们前往富平县公交公司询问情况，却被告知该路线不在其管辖范围内。这一事件着实给调研途中的队员们造成了不少困扰，而由于找不到明确的管辖机构，加之调研任务的紧迫，所有的路费只能由带队老师垫付。

另一困扰是，在最初前往村民家中进行采访的时候，村民们都表现出不甚配合的态度。在一户村民家中，我们被问道"你们该不会是骗子吧？"，这让队员们忍俊不禁，连忙拿出学生证给村民展示，向他们说明我们实践的缘由。确认队员们身份之后的村民明显放下心来，配合地回答我们的问题。虽然最初不被村民所理解，但队员们一直抱有极大的耐心，向村民详细地介绍我们的调研目的、调研主题，在滔滔不绝的讲解之后，队员们与村民的距离拉近了一大步，从而了解到了更多关于乡村治理的经验。

（二）习老故里半日游

8月7日下午2：30，林业局负责人路主席、张先生带领调研队全体成员来到了国家主席习近平的父亲习仲勋老家——位于陕西省富平县淡村镇中合村的习仲勋故居进行参观。张先生向我们介绍：习仲勋故居于近年重新翻修，今年起对外开放。进入故居园区，映入眼帘的是宽敞整洁的道路、大面积的果树花草等植被绿化，园区面积开阔，路边的音响不停传出习仲勋老先生生平事迹的介绍。

习仲勋（1913年10月15日—2002年5月24日）祖籍河南省邓州市，生于陕西省富平县，中国共产党的优秀党员，伟大的共产主义战士，杰出的无产阶级革命家，我党、我军卓越的政治工作领导人，陕甘边区革命根据地的主要创建者和领导者之一，新中国成立以来长期主持西北党、政、军全面工作。1959年4月任国务院副总理兼秘书长，负责国务院常务工作。中国共产党第十一届中央委员会书记处书记，第十二届中央政治局委员、书记处书记，第五、第七届全国人民代表大会常务委员会副委员长。国家主席习近平之父。

进入故居园区，映入眼帘的首先是青年习仲勋的雕像——手上托着书本，正昂首阔步向前走，恰似求学路上风华正茂的少年。第一个展馆是习仲勋生平纪念馆。走入纪念馆，馆内工作人员为游客们进行了详细的讲解。纪念馆内陈列了习氏家谱、载有习老重要事迹的报刊、习老生平书信等旧物，从习仲勋青年时期直至其逝世都有详细的文字介绍，还配有专门的放映室播放习仲勋老先生的纪录片。整个纪念馆内窗明几净，似习老光明磊落的一生，让任何一个进入纪念馆的人都不由得对习老心生敬慕之情。

走出纪念馆，映入眼帘的是习仲勋老先生的故居。故居经过精心翻修，在更加明净整洁的同时，又不失传统民居的风貌。北方特有的泥瓦房、庭院中的梨树、院子两边相对坐落的四间房间、马房、蓑衣、牛栏……所有眼前的东西都将近一个世纪前这位革命志士的少年生活活生生展现在人们的眼前。在习仲勋的房间内，有土炕、方桌、烛台等简单的家具，昏暗的光线下，似乎仍看得到少年习仲勋在执笔疾书，指点江山，挥斥方遒，激扬文字，粪土当年万户侯！小小的院落走出了一位伟大的无产阶级革命家，那是个纷乱的年代，那又是一段峥嵘的岁月。恰同学少年，寒门里的贵族，激流中的勇士！走出故居，我们仍难以平复内心的激动之情。

何为志士？志士是敢于在时代的狂流中坚定方向不向命运服输的弄潮儿。

何为志士？志士是能够在贫瘠的寒窑里快意恩仇书写不凡人生的书剑客。

走出故居，沿着园区的小路几人同行，我们在畅谈着今天的故居之行。路边有后人搭建的麦秆堆，空地上摆放着北方农村常用的农具。我们畅想着，几十年前，习仲勋在这片土地上，随着父母亲的脚步，耕耘着、成长着。回想起展馆内陈列的严木三老先生对青年习仲勋的教诲，脑海中仿佛浮现这样的画面：在谆谆教导和悉心指引下，习仲勋思考着、书写着……耕读传家，书生中何能不出武将？笔耕不辍，寒门里也能写几十载风华。

结束了对故居的参观，全体队员又在路主席和张先生的带领下来到了位于富平县城西北方向陶艺村的习仲勋陵园。习仲勋陵园作为老一辈开国元勋的陵墓，如今已成为陕西省爱国主义教育基地。顺着长长的道路行进，在一扇不算高大的铁门后，习仲勋陵园仿佛在默默向我们招手。

2005年5月20日是习仲勋辞世三周年忌辰，夫人齐心及其家属，时任浙江省委书记的儿子习近平、女儿习桥桥等，从北京将习仲勋的骨灰迁回陕西省富平县陶艺村的习仲勋墓地，安葬在生于斯、长于斯、奋斗于斯的这块黄土地上，魂归故里。

走入陵园，映入眼帘的是那尊高大的汉白玉雕像——那是经历了风雨、淡定从容的老者习仲勋。他静坐在那里，目视东南方，千帆过尽，洗尽铅华，这位老人的眼光中充满着安详与希望。雕像的背部是其夫人齐心书写的习仲勋语"天天战斗，天天快乐；奋斗一生，快乐一生"。前半生随毛主席开展革命工作，后半生尽力于广东地区的发展，习仲勋确实践行了他所说的这句话,为国之立而战斗,更为国之兴而奋斗;这位老人的成绩无疑值得我们后人肯定与敬仰。环绕雕像一圈,全体人员在这个平常的日子里,在心底默默为这位老者的辞世沉痛哀悼,但同时作为后人,我们也下定了为祖国奉献一生的决心。

陵园对面便是习老先生生平事迹纪念馆。纪念馆共有四层,内设资料、实物等供游客观瞻。习老前半生所用书本、油灯、枪支等,均安静地躺在陈列台上,供游客瞻仰。参观完毕,全队人员在这座纪念馆前合影留念,以谨记这次习老故里的难忘之旅。

值得一提的是,紧挨着纪念馆的便是富平县一流高中、陕西省重点中学迤山中学,莘莘学子在汲取文化知识的同时,更有极其便利的条件接受爱国主义教育。据我们了解,由于学校、纪念馆及陵园均相隔不远,迤山中学每年清明节都会组织学生去陵园扫墓。青松翠柏中,鲜活的一代不忘先贤的教诲、不忘国难的耻辱、不忘建设祖国。

在暑期社会实践的过程中,我们有幸在富平县瞻仰了这位有着不平凡一生的先贤心中感慨万千。生于斯,一生不忘这片沃土上的乡亲父老;葬于斯,奋斗一生的老人终得魂归故里。哀哉,先贤与世长辞;幸哉,故土不忘少年。

(作者简介:王媛媛,陕西省富平县人,厦门大学法学院大学生。)

林权改革与群众自主能动性的联系

肖璐菁

一 引言

调研队从厦门来到陕西渭南富平县为期开展 7 天关于林权改革与乡村治理的调研，2015 年 8 月 5 日到 11 日，8 月 6 日，到达富平县开始进行调研，当天下午走访当地林业局进行调查访问。8 月 7 日，早上前去曹村镇镇政府了解柿子合作社的相关内容并走访了当地企业，当天下午前往淡村了解习仲勋的故居，参观了习仲勋故居和爱国教育示范基点。8 月 8 日到达宫里镇大樊村和闫村了解美丽乡村建设相关内容。8 月 9 日，在休息处进行资料整理与总结。8 月 10 日，到达北部山区了解公益生态林建设。8 月 11 日，乘火车返回厦门。整个调研行程紧凑，收获很大。

二 主要调研内容

（一）调研点基本情况

富平县，位于陕西省中部，关中平原和陕北高原的过渡地带，属渭南市管辖，因取"富庶太平"之意而得名，总面积 12416 平方公里，总人口 81 万，为陕西省第一人口大县，农业生产历史悠久。经过长时间生产关系的变更、生产条件和技术条件的不断改变，该县农业生产有了很大发展。新中国成立初全县灌溉面积仅有 6.1 万亩，到 1987 年底，就已达 54.76 万亩，超出新中国成立前 8 倍。有效灌溉面积发展到 45.57 万亩，旱涝保收面积 24.79 万亩。富平县在发展农业生产中，已经开始重视因地制宜、科学管理，使作物种植布局逐步合理。根据种植业资源状况，全县分为三大种植区。

玉米、小麦、杂粮一熟区位于县境北部山区地带，系乔山余脉，海拔600—1439米，峰岭重叠，峪道纵横，水土流失严重，土壤瘠薄。区内包括峪岭、赵老峪、白庙、雷村4个乡的全部和老庙、雷古坊、薛镇、底店、曹村、宫里、长春、齐村、庄里9个乡的30个村，共涉及13个乡、668个村、366个合作社。总农户14949户，农业人口76809人，农业劳力28957个。全区土地面积540827.89亩，占全县总土地面积29.1%；农耕地18.12万亩，占全县耕地14.9%，人均耕地2.4亩。除雷村、齐村、庄里、长春4个乡的部分村社有少量平地外，其余均为山坡地。主要土壤有黄土性土（占本区土壤的43.2%）、褐土（占26.37%）、红土（占18.03%）、淤土（占12.40%）。农作物夏粮以小麦为主，秋粮以春玉米为主，其次有谷、糜、洋芋等。棉花、油菜、蔬菜、瓜类只是零星种植，产量很低。

麦、棉、油二年三熟区位于县境中部，包括山前洪积扇和洪水、禾家、淡村、吕村、王寮、留古等黄土台原以及顺阳、卤阳、淡村3个洼地，海拔367—700米。涉及吕村、淡村、华朱等183个村，1246个农业生产合作社，总农户70675户，农业人口345080人，农业劳力141818个。总土地面积959498.96亩，占全县总土地面积51.5%。农耕地769815亩，每人平均2.2亩。本区土层深厚，淤土面积大，肥力较高，适种性广，是富平县的粮、棉、油生产区。主要农作物有小麦、玉米、棉花、油菜等，其次有糜、谷、红薯、豆类、芝麻等。

粮、棉、油、菜两熟灌溉区位于县境西南和南部，属渭河三级阶地和石川河、赵氏河阶地，海拔360—400米。包括杜村、庄里、张桥镇等12个乡（镇）78个村、491个农业生产合作社及县示范农场，总农户30761户，农业人口147290人，农业劳力66259个。总土地面积351676.17亩，占全县总土地面积19.4%。农耕地266512亩，人均耕地1.8亩。土壤以垆土居多，淤土、黄性土次之。土壤肥力高，适种性广，是富平县粮、棉、油、菜商品生产基地。按光热指标，本区农作物可一年两熟。农作物以小麦、玉米、棉花为主，其次有油菜、豆类、蔬菜等。

（二）调研内容

富平县林业局的特色项目包括柿子合作社、美丽乡村建设、生态公益林建设、坟地绿化、淡村建设等。富平县林业局路主席带领我们到各个特色项目实地调研。

1. 柿子合作社

关于柿子合作社的情况我们实地调研的是曹村镇。曹村镇地处富平县城北20公里处乔山山脉南麓，距省106线12.5公里，辖曹村、大贾、大渠、小贾、西头、土坡、周家、太白、马坡、贾坡、宝峰、陵前、邹村、招贤、尚书、红河等16个行政村，103个村民小组，62个自然村，全镇农户6730户。该镇总面积71.4平方公里，其中耕地面积5.2万亩，有人口3.1万，其中农业人口2.8万。

由于这里海拔较高，降雨充沛，避风向阳，光照充足，历来是柿子最佳生长区。富平被国家林业局誉为"中国柿乡"，该县柿子不只在中国闻名，在日本吉野市全球唯一的柿子博物馆里就有"世界上柿子的主产国为中国，柿子的优生区在富平"的记载，而曹村已成为全县最大的柿子加工销售集散中心，成为林果飘香、山川秀美的风水宝地。

当地柿子长得好但柿子不易保存，新鲜的柿子需求量极少，如何将这个农业优势转化成经济效益呢？将柿子加工成柿饼必是不二之选。近5年来，镇上坚决落实县委、县政府《加快发展柿子产业的决定》，实现了经济效益与生态效益双丰收。目前全镇柿子总面积发展到1.2万亩，总产量达5600吨，从事柿饼加工的农户有1500户，去年加工柿饼3000多吨，连续多年被韩国、日本等多家客商收购一空，市场价格连年攀高，销售收入1650万元，仅柿子产业一项农民人均收入500多元，接近全年人均纯收入的三分之一。

根据曹村镇镇长的介绍，以前柿饼加工由于技术、经营方面都不太成熟，存在很多问题和不足，比如柿饼的食品安全问题得不到保障。而且个体农户比较散，难以满足大需求客户，不过有了柿子合作社以及生产技术的改善，现如今曹村的柿饼加工初具规模，柿饼生产也处于供不应求的状态。

柿子合作社通过合作社的代表跟商户对接，有大量柿饼提供，能满足商户的货源需求，这是个体散户无法满足的，这也是农业合作社的优势，但是对农户来说，加不加入合作社对他们并没有什么直接影响，既没有好处也没有坏处。入社只是签个名，至于卖不卖给合作社，主要是看合作社给农户提出的利益分配是否满足农户的需求。而合作社主要赚取的是加工费，主要获利的是承办合作社的人。这种情况下的柿子合作社模式，使得农户和合作社的关系较为分散，合作具有随意性，合作社要吸引农户则要重视利益的分配，要使农户觉得加入合作社有利可图，团结的力量大于单打独干。这样农户和合作社的关系会更为紧密。虽然现如今的合作社与合作社官方含义有些不符，具体表现在合作社是指劳动群众自愿联合起来进行合作生产、合作经营所建立的一种合作组织形式。所谓合作经济组织，首先强调的是"合作"，其次是"经济组织"，这是两个基本要素。如今曹村镇柿子合作社和社员关系不够紧密，但是似乎当地的人们认为这是最好的合作社形式。专业合作社与社员的关系本应该体现在三个方面：首先，前期应该为社员提供生产技术、管理等方面服务；其次，组织农民采摘果子加工好；再次，组织销售产品，并将盈利分红。但现如今的合作社的前期服务做得不好，主要是做了后期销售。同时农户也并不希望有人来干预自己的生产种植过程，只希望做好自己的工作，而合作社的社长也不希望自己多一层责任，去管理农户的生产。从这一方面看，合作社目前是"双赢"的模式。

另外，合作社本身也存在管理不够规范和不注重品牌建设的问题。曹村镇镇长曾向8个专业合作社的负责人提出几点要求。第一点是规范经营；第二点是保证质量，做好柿饼的品牌建设。但是从侧面了解得知，当地合作社的负责人似乎有点只在乎眼前利益，现如今曹村镇的柿饼虽处于供不应求的状态，其主要原因是当地气候适宜柿子的生长，加工出的柿饼较为好吃，但是如今是商业社会，一种产品要可持续发展，需要具备品牌特色。品牌是一种无形资产；品牌就是知名度，有了知名度就具有凝聚力与扩散力，就成为发展的动力。同样富平县曹村镇的品牌产品是柿饼，做好柿饼的品牌建设能带动整个曹村镇的经济发展，甚至带动富平县的经济发展。企业品牌的建设需要的条件，首先是诚信，没有诚信的企业，品牌就无从谈起。其次，企业品牌的建设，要以诚信为基础，以产品质量和产品特色为核心，才能培育消费者的信誉认知度，企业的产品才有市场占有率和经济效益。

关于合作社还有另一方面的问题，就是合作社成立时的信息审核问题。合作社的成立须通过工商局办理，而并不需要跟政府报备在案，而工商局的办理并没有核对信息的真实性，使得有些专业合作社出现融资问题，出了问题人们却想着找政府问责，但政府却不知道这些合作社的存在。虽然最近几年由于合作社的办理要求提升，少了些纷争，但在我看来，这还是政府内部没有协调配合好的老问题。中国现如今有一种特殊的"踢皮球"现象，即政府职能部门职责不清、相互推诿、办事效率低下。在合作社这一方面，工商部门认为自己既没有核查合作社登记信息的职责，也没有向镇政府回报合作社登记情况的任务。这里就出现一个漏洞，到底核查合作社登记信息这一关键事务由谁负责？当发生事故时，镇政府也觉得自己冤枉，自己什么都不知道就被投诉问责。而镇政府知道这一漏洞，是否应该做什么事情修复此漏洞？是否应该向上级申报此漏洞，请求上级应制定一些政策，比如由哪个部门去核对信息，成立合作社必须向政府汇报记录在案等？

同时，还有销售风险问题。我们走访了一个合作社，该社的设施相对比较简单，我们对合作社负责人进行采访得知，做外销其实有一定风险，比如当年中国出口韩国 2200 吨大蒜遭退还。大蒜发货前，按照标书规定，官方质检机构韩国农水产食品流通公社专职质检人员对大蒜进行检验、监装。谁知道，货物到达韩国釜山港口，由韩国食品医药安全处和韩国农管所分别进行货物检验。韩国食品医药安全处负责对大蒜进行动植物检疫，农管所负责大蒜的质量检验。随后，农管所表示，质量检验不合格，大蒜重金属超标，要求返送货物。这让合作社负责人心有余悸。做销售的还是有一定的风险，如何识别商家的信誉，如何保障自身利益，在与外商交谈过程中应该注意什么条款等，都需要政府提供一些帮助，帮助农户、负责人识别商家的信誉等方面。不过也不能什么都依靠政府，负责人农户也应该多学学法，多从各个渠道了解相关资讯。

另外，还有关于引进私营企业的问题，镇长为我们举了一个例子即骐进生态企业，该企业明显与合作社管理经营形成差别，该企业创立了一个"柿子红了"的品牌，初步的品牌建设起来了，下一步就是推广了，电子商务成了一个突破口。在这个信息化世界，电子商务宣传效果应该比传统宣传好很多。电子商务的运行，扩大了柿饼的销售范围。中央电视台《金土地》栏目曾以"柿子红遍马家坡"为题进行专题报道，而且富平被称为柿子之乡，但我未到此地之前并不知情，或许是我见识太狭小，或许是传统的宣传方式不到位。在 21 世纪这个互联网的信息时代，一条信息可以在一秒转发传播上万次。发展电子商务能让更多的人了解，从而扩大营销人群。这让我想起厦门大学的学生——张湘生，利用微信平台来进行"微信助农"。他总结了三点经验：第一点，产品标准化，同时跟农民签订条约，按照要求种，不要有任何的农药残留，要绿色无污染。第二点，利用微店大平台公开招募，找到更多产品帮助更多人，满足更多消费者的需求。第三点，平台品牌化。让一个消费者想到"微店助农"就会想到富平产品而且产品安全，值得信赖。因此，合作社要像该企业一样注重电子商务，而企业这种规范化管理与合作社形成了对照。企业的规范化生产，会给合作社带来更大的经济利益。

虽然骐进企业正处于建设装修阶段，但是可以明显感受到他们是致力于打造旅游与生产一体的企业，而且设备也较为先进。在我们参观骐进生态企业的建筑工地时，我们发现企业的设备比合作社要完善得多，更注重产业链化，而且正准备打造一个介绍柿饼加工的历史展馆。这是生产柿饼带来的附加产业，看到这里我们不禁深思，当地除了生产柿饼外，为何不注重开拓其他副产品，比如生产柿子酒等。归根究底，是农户不敢尝试，原因很简单，一旦失败了这一年就白干了，并可能很多年都难以翻身。合作社呢，他们本就负责售后，没有柿子在手也无法进行再加工；或许当地企业可以考虑一下，发展其他以柿子为原料的产品；当地政府是否适当鼓励农户，帮他们承担一些风险呢？

当地镇政府也相对比较注重对合作社的引导。举个例子，关于先打柿花还是先削皮的问题，理论上先打柿花会使得柿饼质量更高而且柿饼的外观会更好看，但是这也意味着农户需要花更多的时间和精力来做这件事情，因此农户并不愿意干这件事。而政府则可以为合作社负责人出点主意，比如先打柿花会卖出更高价钱之类。另外，每年政府都会邀请大学教师来给农户做培训，教他们如何种植果树等。这点值得学习推广，政府比较关心当地主要产业的发展，并精益求精，肯在细节方面下功夫。"高手在民间"，在走访柿饼生产的基地时，我们发现其实在生活中有许多小小发明家，比如有发明削皮器等。我觉得这种举动值得鼓励推广，应给予相应的金钱奖励，毕竟其能推动生产力的发展。

2. 美丽乡村建设

富平将按照既定思路，以县镇村组四级联创示范工程活动为载体，加大资金、项目和资源整合，完善基础设施功能，积极实施美丽乡村建设项目，精心打造富淡路、底张路、106省道富平段3条示范路，在推进20个巩固提升村的基础上创建16个示范村，100条示范巷，1000个示范户。据了解，该县将美丽乡村建设作为今年十大民生工程来抓，以县级以上主干道路、示范村、镇办驻地为重点，突出抓好3条示范线路环境建设，统筹推进清洁乡村、美丽乡村、幸福乡村建设，制定出台相关制度，实行"财政奖补一点、部门帮扶一点、群众自筹一点、社会捐助一点"的资金投入机制，对落实长效机制、卫生达标的村，每年县财政给予1万元奖补资金。同时，进一步加大公共卫生设施建设，开春以来，富平县抢抓有利时机建设"美丽乡村"，由县镇村带领广大群众扎实开展乡村环境卫生整治，使农村都靓起来。

为了调研美丽乡村建设问题，我们到达宫里镇的两个村，大樊村和闫村。宫里镇，位于富平县（富平县位于陕西省中部，关中平原和陕北高原的过渡地带，属渭北黄土高原沟壑区）城北约10公里处的凤凰山南麓，境内山、原、川并错，青石、饲料资源丰富。全镇辖17个行政村、126个村民小组，总人口3.62万人，耕地6.6万亩，总面积约73平方公里，境内有两个农村小集镇，建设已初具规模。富雷、旧曹、到庄3条县级公路纵横交错，穿境而过，交通方便。新建35KV变电站1所，电力充足，地下水深约20米左右，水资源丰富。沿山栽植花椒2万多亩，奶牛存栏5000多头，个体石刻石材厂50余家。境内有北周文章成陵，唐中宗定陵及唐太子李重俊等10多座陪葬墓，文化遗产丰富，可谓"人杰地灵"。

多年来，历届党委、政府在县委、县政府的领导下，依托资源发挥优势，突出特色，加快发展，现已初步形成了以"两带一圈"为布局的三大支柱产业（两带一圈，即以富雷路、东陵路为轴心的石材建材加工产业带；以到庄路为中心的畜草产业带；以雷村为中心的花椒柿子产业圈）。三大支柱产业是以奶牛为重点的畜牧业，以石刻为龙头的建材业，以花椒为主的林果业。

关于美丽乡村建设，我们都到达了两个村的社区活动中心。大樊村村委会主任惠春侠介绍了村的基本情况，大樊村距离富平县10公里，该村现有农户385户，共计1586口人，有五个村民小组，耕地面积有2800亩；有1个饲养小区，1个食品厂，1个砖厂，4个石刻厂。而惠春侠女士本人也是食品厂的老板。关于美丽乡村建设，村里进行社区的水电路的改造，对道路进行维护与绿化，对排水设施进行改造，增添了路灯等。

村主任介绍完基本情况后，我们便分成两个小队，分别对当地农户进行采访，并让他们协助填写一份关于法制建设的问卷。首先我们遇到一个在买桃子的大妈，我们与她进行交谈，她便滔滔不绝起来，对于美丽乡村建设大妈觉得只是形象工程，对农民的实际生活没有起到什么作用。而大妈对这几天牛奶、羊奶的价格下滑颇有怨言，说是牛奶、羊奶都没有人买而迫使农户把奶倒掉，用去种田。对于法制建设，大妈直言农民什么都不懂，也不知道有什么法，一般都凭良心处事办事。

我们接下来遇到了一位大爷，他十分热情地邀请我们到他家做客，在聊天中我们得知他是一名乡村音乐教师，他的观点与大妈的观点截然相反，他觉得这几年来大樊村的乡村建设做得十分好，这届村干部也比上届好太多了，而他也认为有了这个社区文化中心丰富了他的生活。我发现他家贴满了国家领导的宣传海报，而且他们家还被评为"五好文明家庭"，可以看出他们是那种传说中又红又专的家庭。当时看到他家门口有几只羊，我们便询问了羊奶情况，他说最近奶价格下降得厉害，羊奶1.5元/斤。另一组采访的同学补充说牛奶才0.5元/斤，这个价格比我们之前询问桃子1.3元/斤的价格还低。

对于大妈和大爷对于美丽乡村建设的不同观点，以及结合另外一组同学采访得知的情况，我觉得，农民对乡村建设项目的满意度取决于他们对这些成果的使用频率。就如同大爷会到文化中心社区的一个类似音乐室的房间，跟另外一些村民进行音乐交流，丰富了他的文化生活。而大妈大多数是在家务农，说是平时劳作都有点忙不过来，根本没时间过去。还有另一方面，村民比较在乎自身直接物质利益，所以对于这些工程的建设，对大数农民来说还不如直接发钱或是增加他们的收入来得实际。

另外，这届村干部声望较高，惠春侠女士，既是陕西多旗食品有限公司总经理，又是大樊村主任，用村民的话说她是"艰苦创业的典范，勤劳致富的能人，尊老爱幼的楷模，当代妇女的榜样"。她逐步将食品加工小作坊扩大经营规模成如今占地 12000 平方米、拥有高标准现代化的生产厂房 8000 平方米、国内先进的生产线（设备）10 套（台）、总资产 1800 多万的现代化、标准化的大型综合性食品加工企业。

惠春侠致富不忘乡邻，不忘回报社会，热心公益事业。这也是她深受村民爱戴的原因。随着企业的不断发展壮大，先后为 100 多名农村剩余劳动力解决了就业问题，增加了家庭收入，帮助他们摆脱了贫困。作为一名共产党员、一位村级父母官，惠春侠自己出资硬化道路 1.5 公里，为群众的生产和出行提供了极大方便。

我们还走访了闫村。我们到达闫村的文化活动中心，当地村干部接待了我们。进入接待的房间内，我们首先看到的是一张张的奖状，比如先进单位、2012 年度村级道路建设工作一等奖、2013 年度新农村建设工作先进单位等。作为美丽乡村建设成功的村落之一，村干部为我们介绍了闫村的基本情况。闫村村，位于陕西省渭南市富平县宫里镇内，距离乡镇 2.5 公里，距离县 5 公里。主要地貌特征为平原。全村 870 户，3600 口人，全村辖自然村有 11 个，村庄面积 1350 平方公里，适合种植的粮食作物为玉米和小麦，农民主要收入来源为第一产业和第三产业。全村耕地总面积为 6000 亩，均为旱地，人均耕地 1.7 亩。经济林果地面积为 500 亩，人均经济林果地 0.61 亩，主要种植果树为梨和柿子。养殖面积 100 亩。没有荒山荒地，也没有矿产资源。

接下来当地村干部讲了有关美丽乡村建设的基本内容以及成功的经验。美丽乡村建设的资金是由"一事一议"财政补贴申请下来的以及村民的自筹款。项目内容主要有道路拓宽、广场建设、排水系统处理、路灯修建等。

我也看过了美丽乡村建设前后的对照图，明显感受到建设是有成果的，原本是坑坑洼洼的土路现在扩展硬化为水泥路；原本是个荒废的学校，建成了宽阔的活动广场，使得老年人有地方活动，大妈也可以跳跳广场舞；排水系统的建设，有助于农作物、畜牧的生产劳作，从根本上改善农户的生产条件。

接下来我们仍分为两个小组对闫村村民进行采访调查。当时是下午三点多，村民可能在午睡，街上有群小孩在玩耍，只有零星的大人。我们首先采访的是一个在路边择韭菜的大妈，跟大妈的交谈过程中觉得大妈的回答都好官方，也不愿跟我们多聊些什么。接下来遇到了两个奶奶在路边闲聊，对于我们的采访，奶奶并没有排斥，而且非常健谈地回答我们的问题，她们家的小孙女似乎对我们这次调查十分感兴趣。估计是因为平时村里也没有什么陌生人来访。接下来采访一位大爷，我们碰壁了，大爷不愿接受采访，生怕说错什么话会给自己招来麻烦。我们明显感受到下午的采访没有上午的采访顺利。接连碰壁后，刚刚那位奶奶的孙女十分热情地把我们带到她的好朋友家进行访谈。

综合另一个采访组的情况后，我发现这里的村风村貌较为和谐，极少发生矛盾，从小妹妹到处串门可以感受出来。另外，对于乡村建设的自筹资金来源，我们表示有些疑问，接受采访的大多数村民表示，没有掏过钱，可见自筹资金有可能是村干部自己掏的钱。对百姓说这或许是一件好事，但似乎村民对于乡村建设的积极性差了一点。

如何使得村民更愿为自己村办事，做到有钱出钱有力出力呢？我觉得这是一个凝聚力的问题，也是村民意识的问题。大樊村村主任自己带头出资先修好路，村民感受到方便，之后建设社区服务中心，多多少少感受到村民有点积极起来。而在闫村，极有可能村干部自己出了钱当自筹款，而村民不知，村干部是否可以考虑将这项公益项目的资金来源以及资金去向一同公布出来，让村民发现原来还有自筹款这一项，原来自己可以为村做点贡献，带动村民积极性。可以设立募捐箱，让村民可以随从自己的想法，自行进行捐赠。或许还可以开展有趣的文娱活动，不仅能团结村民，增加村民间的凝聚力，而且还能使村民更为了解这个村，更愿意为村的建设做出贡献，有钱出钱有力出力。

两个村普遍都比较注重教育，在我们随机采访过程中基本家中都有孩子上大学或大专。可见知识就是力量，拥有知识就拥有改变自己命运的机会，是现在的普遍观念。希望这些孩子学有所成，然后可以回到家乡，建设家乡，带动家乡经济发展。

这两个村的幸福指数都较高，村里关系比较和谐。孩子经常串门玩耍，邻里相对比较和睦。我认为这与广场舞等群体性公益活动的开展有关。一方面，人类是群居性生物，一群人一同生活或许有争吵但是关系会和谐融洽许多，即使出现什么纠纷都有其他人充当缓和剂；另一方面，村里娱乐设施较少，村民喜欢坐成一群唠嗑（即聊天），促进了彼此之间感情。不过，从两个村关于法律方面的调查可以发现，普遍农民的法律意识都不强，如何普及法律知识成为一个值得我们探讨的问题。

大部分村民都表示"我是农民我不懂法"，理直气壮。这是一种奇怪的心理，即农民怎么会懂法在做怪。这是他们不想不愿去认知了解法律的原因，也是村民的法律意识都相对比较薄弱的原因。同时，农村执法力度也相对较弱。在我们整理大樊村和闫村村的基本资料时我们发现这两个村都只有一个协警。警力缺乏，容易有疏忽，甚至造成权力滥用的局面。依法治国的基本要求是"有法可依，有法必依，执法必严，违法必究"。现如今的农村村民知道有法，但是具体什么法并不清楚，这便需要开展普法活动，相关村干部要带头学法，带动村民学法懂法知法用法。不过我们也有一点矛盾，就是我希望这种淳朴的民风能保持下去，据说警务室几年都没用上一次，两个村每年产生纠纷不超过20件，一般都是协调解决。

另外一点，两个村村民都提到今年羊奶牛奶无人要，只好倒在地里。我们想当地是否能够设立引进某些机构，用于帮助当地农户解决牛奶比柿子还便宜、农产品滞销之类的问题，或通过网络营销让更多人了解去帮助农户渡过难关。前面说到牛奶一斤0.5元，而在所居住的酒店门口碰巧有人在卖鲜牛奶，鲜牛奶一斤4元，远远比在农户收购的牛奶价格高，价格翻了好几倍，这让我们不禁怀疑是中间环节过多导致价格一直往上抬。因此，有另外一个建议，实现"农超"对接模式。"农超"对接指的是农户和商家签订意向性协议书，由农户向超市、菜市场和便民店直供农产品的新型流通方式，主要是为优质农产品进入超市搭建平台。"农超"对接的本质是将现代流通方式引向广阔农村，将千家万户的小生产与千变万化的大市场对接起来，构建市场经济条件下的产供销一体化链条，减少中间环节，实现商家、农民、消费者共赢。

3. 北部山区公益生态林

富平县北部山区乔山余脉绵延40多公里，横跨10个乡镇、142个村，面积约400平方公里，石灰石总储量约1303亿立方米。白庙村，位于富平县境北部，地处山区，距县城21公里。

驾车进入白庙村，一路开车上去，盘旋的山路，我能真真切切感觉进入大山里，发现大部分山都被植被覆盖，看到了花椒等各种果树以及松树等裸子植物，还有零星居住在山腰的居民。

我们到达富平县曹村镇白庙村，当地村干部接受我们的采访，我们得知现在的白庙是由三个村合并而成的。富平县北部山区沟壑纵横，土层较薄。中国西北地区本就不像南方多雨湿润适合植被生长，因此植被分布少。另外，石灰石储量很大，在"靠山吃山"传统观念的影响下，沿山群众开采石灰石有数百年历史，大大小小的石灰窑、沙场的建立破坏了当地的生态平衡。而且由于开采技术落后，规模普遍较小，部分企业安全措施不到位，安全隐患和环境污染较大，严重影响山区群众正常生产生活和身体健康，群众意见很大。石灰石开采在富平北部山区已有数百年历史，近些年来，随着基础设施建设规模的扩大和加速，采石企业一度达到850多户、石灰窑1000多家，这一产业成了当地的主要产业。然而，矿产的无序开采导致地方生态环境不断恶化，对当地群众生活和生产造成严重影响，群众意见很大，媒体时有反映，要求停止石灰石开采的呼声不断高涨。富平已对北部山区采石企业进行了多次集中整治。

为了加大改善北部石灰石开采区生态环境，富平县采取了六项举措：一是继续保持高压态势，坚持严格依法行政，加大工作力度，按计划、按步骤推进关闭整合工作，坚决打击非法开采行为。二是坚持科学规划、依法整治、整合提升、限量开采、保护生态原则，按照矿权设置规划方案，通过整顿整合，规划设置4个矿权，依法、公平、公正、透明对外出让，确保矿山资源有序开采。三是按照分类处置的原则，妥善做好整顿关闭企业后续处置工作，引导矿山企业转产。四是强化政策法规宣传，组织精干力量，通过召开企业法人座谈会、开辟宣传专栏，加大对依法依规打击矿山违法开采的政策、措施和工作进展情况的宣传，做好思想引导，赢得企业的理解和支持。五是加快实施北部山区生态修复工程，大力开展植树造林，推进矿区复垦绿化，努力改善北部山区生态环境。六是积极回应企业诉求。对重点企业进行一对一包联，化解矛盾，做好稳控。对目前关停整顿采石企业的后续工作，富平县已组成专门工作组，根据实际情况依法妥善处理。

因此，陕西省富平县北部沿山植被恢复工程建设项目主要目的是要恢复北山生态植被，形成两带多点的北部绿色生态屏障，以便防御自然灾害、保护生态多样性，尽可能恢复当地生态平衡。

生态公益林建设，使农民生活环境变好了。但是，有得必有失，生态公益林的建设，必定会带来农业产业结构的调整，如何保障农民的切身利益并推动北部沿山植被恢复工程的进行？村干部为我们做了详细介绍。生态公益林会给拥有林地的农户每亩14.75元的补贴，由政府直接把钱打到各个农户的一折通。我认为这种直接把钱打卡的做法能给农户带来便利，正如我刚刚所提的有些住在半山腰的居民，就不用再跑一趟村委会或者是镇政府；这种由财政局直接拨款，减少中间环节，减少各级机构交接的工作，有助于使补贴资金尽快到账，而且或许有助于解决一部分的贪污腐败问题；由于农户和工作人员是间接接触，要是有什么纠纷矛盾，还可以缓和一下。

关于当地村委会如何推动北部沿山植被恢复工程建设项目的问题，白庙村委会工作人员表示，第一步是召开农户代表大会，每户来一个代表参加会议，讨论村生态林分配问题，讨论结果是先按人口进行分配，但是公共林部分仍属于村集体，接着明确耕地责任制度仍是30年不变，林地则发生了改变的观点；第二步进行登记工作，主要登记内容是农户编号、户主、一折通号、集体林权分配面积；最后一步是公布结果并张贴出来公示。

公示方式，我们觉得除了张贴公示外还应该进行网络公示，因为只有张贴公示，农户容易丢失这方面的信息，因为纸张是张贴在一个墙壁上，风吹日晒使得纸张上的字褪去，而且容易被撕毁。而白庙村村委会自己也没有对这份正稿进行备份，只是保存了手稿，这是工作方面的疏漏。

此外，我们也对家庭生育的问题进行了访谈。在富平县曹村镇白庙村一般农户家里就只有1—2个小孩，不过大部分有两个，因而我们可以看出国家计划生育政策在农村也是落实得比较到位（大部分农户都能满足农村计划生育政策中的二胎政策）。不过对于将来政府放开二胎政策，当地村干部表示应该也有不少人选择不生第二胎，因为现在普遍都知道多生一个孩子负担会重很多。另外，我们发现关于"重男轻女"传统封建思想的影响已经慢慢减弱。男，上为"田"，下为"力"；"田"表示生产，"力"表示劳动力。如果把它缩写成现代经济学名词的话，就是"生产力"。生产力一直都是经济发展基础。虽说在中国的传统思想里，生下男孩子仿佛就完成了传宗的责任，而且中国人自古有"养儿防老"一说，似乎生了男孩子，将来老了就有了依靠，最重要的一点，就是刚刚讲的生产力，男孩相对女孩有体力，能干气力活比如下田，但是在该村大部分村民还是觉得生女孩比较好，原因是生女孩能做做家务活而且抚养起来比较轻松负担小，根本原因是现在的房价楼价飞涨。女孩子天性文静对比男孩子天性活泼，更为好养顾家能帮爸妈干干家务活，心思细腻能熟知父母心；另外，娶媳妇要先有房，而在物价、房价相对较低的农村，盖房也是一笔相对庞大的支出。如今路修好、交通工具也发展起来，肯老实待在村子的姑娘少，肯嫁到大山里来的姑娘更少，所以使得现如今找媳妇也越来越困难。

归根到底，中国人讲究结婚后要有"檐遮头"，而中国的房价现居高不下，地越来越值钱，地产商也看重这一点，炒房人士买卖房产的行为使得房价有升无降，使得如今很多年轻人都感觉自己娶不起老婆、嫁不到"经济适用男"了，或者已经成为房奴。对于这方面的问题，我们觉得政府应该多建设保障房，同时要遏制炒楼的行为。

白庙村的调研结束后我们便回到富平县，一路上欣赏到沿路风光，我们明显感觉到山上的空气质量比山脚好。看来北部沿山植被恢复工程建设有一定成效。

生态公益林，利益再分配。在这方面，我们发现当地能做到兼顾各家利益，避免经济纠纷。虽说这与当地村风村貌比较淳朴有关，但主要是因为政策制定是通过全村的村民代表大会表决出来的。让各家各户感觉到自己有参与政策的制定，使得他们更了解相关政策，接受自己表决出来的政策。可见如今由上级直接发布而不经商量的政策实行起来没有由下级表决产生的政策容易。归根结底，就是要政策的相关对象感受到自己能行使相关权力。

4. 坟地绿化

开展"文明祭祖，植树造林"墓地绿化活动，大力弘扬"植树兴林、绿荫后人、入林为安、与树长存"的绿色殡葬新理念，引导广大城乡居民积极行动起来，为逝者种一片树、增一片绿、献一份情。

这是我在富平县听到的另一个"新事物"，即坟地绿化。富平县林业局连续三年开展"一片坟地一片绿"文明祭祖活动，在清明节前免费发放树苗，提供群众上坟栽植，用植树的方式缅怀先人。

为了保证整个活动扎实有效开展，县林业局提前周密部署安排，制订了切实可行的实施方案。实行林业技术干部包联镇（管区），深入每片坟地，细致进行规划设计，充分利用电视、广播、报刊等新闻媒体，采取组建宣传分队等形式，加大宣传引导，营造了良好的社会氛围。

为方便返乡人员及群众领取树苗，政府工作人员还在县城、重点镇及交通要道设立了10个清明节"纪念柏"免费发放点。该项活动以覆盖为手段，做到乔灌草相结合，实现墓地全绿化。特别是国省道、县乡公路，铁路沿线、沿河道、水源保护区、文物保护区、风景名胜区、自然保护区、集中住宅区可视范围内实现墓区绿色无裸露。达到了扩展绿化空间、增加森林资源、建设绿色富平的目的。截至目前全县共发放苗木21.7万株，绿化坟地598处，坟头51656个。

坟地绿化取得成果的原因无非是政府能够提供免费的树苗，这样不仅使得人民群众可以得到便利，免费获得树苗，获得树苗植树后便会想办法爱护保护自己这一片净土，而且能启发人民群众除了祭祀外还能从另一方面表达对自己祖先的敬仰之情。自主绿化墓地打扮墓园，让自己的亲人往生后，也能享受大自然之美。

5. 淡村名人故居建设

淡村，习仲勋故居。这个村出了习仲勋这位伟大的杰出的无产阶级革命家，建立起来的这些景点似乎也成为当地人的骄傲。调研期间当地店家听到我们的口音都会问"你是外地人吧，来富平淡村看习仲勋的吧。"但我们说不全是的时候，他们都会说，"除了习仲勋的故居，我想不出有什么值得来到富平这个小县城的其他原因了。"可以看出，淡村的旅游建设已成为富平人的一个骄傲。文化的价值主要是精神价值，名人故居亦然。大多数的名人出身总是平凡，他们的故居一般也是普普通通，看似平常，甚至狭小简陋，可是当我们得知一种曾经影响世人的精神或时代审美诞生其中，它就变得十分特别，再也不普通，而且还能散发出光彩。从精神层面上去建设名人故居，一定会着重强调名人的"人"即这个人做了什么事，产生了什么影响，从这一方面入手就可以建成一个主题历史展馆。一个地方讲究人杰地灵，假如没有这些"人杰"就很难讲究"地灵"。淡村就能利用当地拥有名人效应这个优秀发展起旅游事业，带动村民富起来。如今，淡村已经建设发展成具有相对规模的旅游村。

三 结语

通过这次调研我们发现当代中国某些政策的制定和实施都是自上而下的,极少项目的落实是自下而上的。如今中国想要将自上而下和自下而上的政策制定结合起来,似乎还比较困难。比如从美丽乡村的建设中发现,国家制定"一事一议"政策本来是为了增强农民集体意识、加速村民自治进程,但可能是因为村干部宣传不到位、村民在认识上的误区导致操作上还是有困难。一是如果宣传不到位,村民并不知道"一事一议"可以由村民自己提案,可以反映自己的需求。二是根深蒂固的认知错误,中国自古以来成功的政治改革都是自上而下的,人民被统治习惯了,似乎忘了自己可以为国家和村庄改变些什么,村民们理所应当以为农田水利、修路架桥、校舍维修、路灯修建、建设社区活动中心是政府的事,不是农民个人的事,而且对兴办公益事业无兴趣。三是村干部在操作层面有难处。居住分散、流出人员多的农村现状导致议事成本高、成功率难以保证。另外,由于深知村民对公益事业不是很关心,有些村民家里生活贫苦等原因,有些村干部甚至"懒"得发动自筹村民,自筹资金的来源极有可能是村干部自付。现如今要推动村民自治,则要提高农民集体意识,而村民集体意识的具体表现莫过于村民自发为自己村做贡献。

(作者简介:肖璐菁,厦门大学信息科学与技术学院 2014 级学生。)

利用农林资源　建设美丽乡村
——陕西省富平县经验调研

张盈盈

一　调研背景

党的十七大提出，要建设生态文明，基本形成节约能源资源和保护生态环境的产业结构增长方式、消费模式。时任总书记胡锦涛指出：必须树立尊重自然、顺应自然、保护自然的生态文明理念，把生态文明建设放在突出地位，融入经济建设、政治建设、文化建设、社会建设各个方面和全过程，努力建设美丽中国，实现中华民族永续发展。十八大进一步将生态文明建设上升到战略层面，首次提出中国特色社会主义"五位一体"（即集经济建设、政治建设、文化建设、社会建设、生态文明建设为一体）的总体布局。

在经济高速发展的当下，建设生态文明也越发重要。"生态文明"作为中国特色社会主义理论体系中的一个基本概念，也是现代文明的概念，我们进行现代化建设就是为了给人民创造一个良好的生态环境。2012年，陕西省启动关中大地园林化建设，将在关中五个市区实施城市森林化、城镇园林化、村庄林网化、河流湿地景观生态化、出入境口优美化、荒山荒坡全面绿化等8大建设项目。在"十一五"期间陕西省全省完成造林2461万亩，森林覆盖率达到41.42%。但是，关中地区城镇、村庄、道路、河流、旅游景区等人口聚集区的绿化依然薄弱，与建设绿色陕西、生态陕西的要求不相适应。开展关中大地园林化建设，对进一步提升全省造林绿化水平，促进农村产业结构调整和农民增收，推动关中地区乃至全省经济社会发展具有重要作用。

陕西省历史悠久，地大物博，位于我国西北内陆腹地，横跨黄河和长江两大流域中部，是中华文明的重要发祥地之一，拥有三项九处世界遗产。陕西省地势总特点是南北高，中间低。同时，地势由西向东倾斜的特点也很明显。北山和秦岭把陕西分为三大自然区域，北部是陕北高原，中部是关中平原，南部是秦巴山区。

富平县位于陕西省中部，关中平原和陕北高原的过渡地带，属渭南市管辖，因取"富庶太平"之意而得名，是华夏文明重要的发祥地之一，故有"关中名邑"的美誉，总面积1241平方公里，全县总人口82万，为陕西第一人口大县。境内有三条高速公路、106省道和两条铁路经过，交通便利，是全国著名的"墨玉之乡"、"石刻之乡"、"柿饼之乡"、"柿子之乡"，是现任中共中央总书记、中国国家主席、中央军委主席习近平的故乡和原国务院副总理、第五届全国人大常委会副委员长、伟大的无产阶级革命家习仲勋故里。2014年由国务院扶贫开发领导小组办公室公布为国家贫困县。

富平县县北依乔山，乔山余脉伸入境内，山形自西向东起伏绵延；南临渭河平原，百米陡壁高于渭河平原，突显出黄土高原形态；中部为400—700米广阔的黄土原区，塬面较完整，西北高而东南低，中部起伏不平，受石川河、赵氏河、顺阳河、温泉河的切割形成原间洼地和川原相间地形。海拔处于376—439米之间。全县地貌特征可划分为四个大的区间：北部丘陵沟壑区、山前洪积扇区、黄土高塬区和川道区。

8月5—11日，我们调研队一行6人，来到了美丽的陕西省渭南市富平县，了解和研究陕西省富平县在特色林业建设的成就。在与富平县林业局干部的座谈中，我们了解到富平县利用自身优势，进行了一系列有特色的林业工程建设，特别是在坟地绿化、美丽乡村建设、湿地公园建设、频阳大地园林化、建设林业管理队等方面取得了一定的成果。

二 美丽乡村建设的重要举措

（一）坟地绿化

坟地绿化是指按照陕西省关中大地园林化建设要求，县政府及县林业局主导，连续两年开展"一片坟地一片绿"文明祭祖活动，在清明节前免费发放侧柏苗木53万株，提供群众上坟栽植，受到了全社会的高度赞扬。

坟地绿化，这是一个难啃的项目。在浙江省绍兴市越城区斗门镇杨望村，为了完成镇上对于沿路等区域裸露墓群复绿的任务，当地将山头上的墓碑和墙体上都刷上了墨绿的漆，从而给人"绿化"了的感觉。关于"复绿"，可以迁移坟墓、移埋和植树绿化，但是这些办法的实施需要耗费大量的人力、物力、财力，而且还可能得不到群众的支持。

而在富平县，林业局在清明节免费发放苗木供给群众上坟栽植，这个活动得到了社会一致的认可和支持。原因在于这个活动接地气又创新，"免费的事情谁不干呢"，又能美化自家的陵墓，当然是非常好的事情，有益而无害。原来逼着群众去绿化，群众又要出人力又要出财力，群众当然不愿意。而由林业局提供苗木就极大地活跃了民众的积极性，因此这个活动就这样接着办了下去。

我们在前往村镇的过程中，在路边可以看到，这个工程已经取得了不小的成就，在富平县村镇山头的坟头上已经是绿树茵茵。2014年清明节"富平经验"在全市各县推广。

（二）美丽乡村建设

创建美丽乡村是落实党的十八大精神，推进生态文明建设的需要。党的十八大明确提出要"把生态文明建设放在突出位置，融入经济建设、政治建设、文化建设、社会建设各方面和全过程，努力建设美丽中国，实现中华民族永续发展"，确定了建设生态文明的战略任务。农村生态文明建设是生态文明建设的重要内容，开展"美丽乡村"建设活动，重点推进生态农业建设、推广节能减排技术、节约和保护农业资源、改善农村人居环境，是落实生态文明建设的重要举措，是在农村地区建设美丽中国的具体行动。

创建"美丽乡村"是加强农业生态环境保护，推进农业农村科学发展的合理路径。近年来农业的快速发展，从一定程度上来说是建立在对土地、水等资源超强开发利用和要素投入过度消耗基础上的，农业乃至农村经济社会发展越来越面临着资源约束趋紧、生态退化严重、环境污染加剧等严峻挑战。开展"美丽乡村"创建，推进农业发展方式转变，加强农业资源环境保护，有效提高农业资源利用率，走资源节约、环境友好的农业发展道路，是发展现代农业的必然要求，是实现农业农村经济可持续发展的必然趋势。

创建"美丽乡村"是改善农村人居环境，提升社会主义新农村建设水平的重要举措。我国新农村建设取得了令人瞩目的成绩，但总体而言广大农村地区基础设施依然薄弱，人居环境脏乱差现象仍然突出。推进生态人居、生态环境、生态经济和生态文化建设，创建宜居、宜业、宜游的"美丽乡村"，是新农村建设理念、内容和水平的全面提升，是贯彻落实城乡一体化发展战略的实际步骤。

2012年，"美丽乡村"建设在富平县试点展开。经过三年的努力，富平县的环境整治工作取得了明显的成效。现在富平县的农村环境优良，整洁干净的富平形象，更加有利于招商引资，发展文化旅游事业。据林业局负责人介绍，富平县"美丽乡村"建设的基本要求为绿化、美化、亮化、净化、文化、细化。我们通过调研富平县宫里镇大樊村和华朱乡闫村村两个"美丽乡村"建设的试点村子，进一步了解了富平县"美丽乡村"建设的基本情况。

（1）大樊村距离富平县10公里，村里一共5个村民小组，有农户383户，1531口人，有土地3200亩，其中2800亩为耕地。村里的经济主要是农户的种植和养殖业，包括四个饲养小区，奶牛300多头，一个砖厂，一个多旗食品厂，四个石刻厂。

大樊村从2012年9月开始建设"美丽乡村"，2013年将废弃小学改造成社区文化活动中心，活动广场、篮球场、乒乓球桌、健身器材，还有图书馆、会议室、办公室等设备一应俱全。在小广场上还有村委会党支部的宣传栏，展示大樊村的村干部和党员，还有社会主义核心价值观的宣传。这是一个废弃小学改造的村部和活动中心，灵活利用了基础设施，节约了再建设的费用。在后来对农户的采访中，我们发现这个活动中心主要是供放假的小朋友玩耍，以及每晚村里妇女的广场舞活动，声势十分浩大。

大樊村从2013年起，就对村里的基础设施作了进一步的建设。2013年4月，全村都通了自来水，5月，全村的道路近3800米都硬化成了水泥路。2015年，修建了8000多米的排水设施，未来会继续对村里的道路进行绿化和亮化（装路灯）。

大樊村村书记告诉我们，在基础设施基本完成之后，他们将继续开展相关的经济建设的项目，推动村民创收致富。

（2）闫村全村共有870户，3600口人，全村有11个自然村，11个村民小组，村庄面积1350平方公里，适合种植的粮食作物为玉米和小麦，农民主要收入来源为第一产业和第三产业。全村耕地总面积为6000亩，均为旱地，人均耕地1.7亩，30年不变的农户承包地面积有30亩。没有草场和林地（包括退耕还林）。经济林果地面积为500亩，人均经济林果地0.61亩，主要种植果树为梨和柿子，养殖面积100亩，没有荒山荒地。

全村870户农户均通自来水，无饮用井水农户。全村870户农户也均通电，并都拥有电视机。拥有有线电视农户（包括机顶盒用户）300户。全村均没有建沼气池。有250农户使用太阳能。目前村里有一个居民饮水安全工程，村里未建有小水窖。全村有效灌溉面积4000亩，其中高稳产农田面积3000亩。村庄电排数量为11个。全村没有水库和电站。灌溉沟渠硬化长度为15000米。

在经济方面，全村的经济总收入为795万元，其中，种植业收入为600万元，占总收入62.9%，畜牧业收入为120万元，占总收入15%，第二、第三产业收入为35万元，占总收入4.4%，工资性收入为140万元，占总收入17.6%。农民人均纯收入为7400元。

全村都参与了农村社会养老保险，参保率达到100%，参加低保的有8户，24人，全村没有人参加村庄"五保"。村庄没有人畜混居农户，没有污水处理设施。村庄设有垃圾投放点、垃圾箱，也有专人清扫村庄卫生。

闫村村位于公路旁，与县城的距离只有短短15分钟的公交车程，地理位置优越，村里的基础设施到位，环境优美，道路整洁宽阔。和大樊村相同的是，他们村也建起了村民文化活动中心，同时实现亮化、绿化。在闫村村走访，我们可以发现，村民们的生活状态良好，屋前有绿化，人畜分居，道路也十分干净，没有养殖而导致的臭味。村民绝大部分以种植玉米小麦为生，也还做一些零工，养些奶牛等。

我们所走访的两个村镇都是"美丽乡村"建设得比较好的村镇，在与村干部的座谈中发现，最难的仍然是资金问题。村干部通过自己垫付或要求村民共同集资等途径来推动建设，村干部也有些有苦无处说的感觉。向村民集资难，上级拨款慢或不拨，是阻碍"美丽乡村"建设的原因，也是"美丽乡村"建设至今仍在试点，而无法全面扩大的原因。率先开展"美丽乡村"建设的几个村，都是该县在经济上比较出色，有实力开展"美丽乡村"建设的村子。试点"美丽乡村"是为了让那些先建设起来的村子帮助其他村子开展建设。从前期拨款到验收补助，从今年刚刚建成的"美丽办"我们可以看到，县政府在这方面的投入，将进入一个新的阶段。下一阶段，将进一步大力支持各村的建设，做到"美丽富平"。

（三）湿地公园建设

富平县政府十分重视富平县湿地保护恢复工作，县林业局组织人员对富平县湿地进行了全面摸底，多次组织有关专家对富平县湿地保护恢复工作进行论证，优先提出抢救性保护恢复石川河流域湿地。

石川河国家湿地公园所在地富平县地处"关中—天水经济区"的东极，是陕西南北交通的要冲，同时也是我国西部大开发的门户地区。咸铜、西韩、梅七、西延四条铁路过境，西包、西禹（富阎）高速公路、210国道、106省道及12条县乡道路四通八达。区位优势明显，交通条件便利，基础设施良好。开展生态旅游既可与周边市县人文景观结合起来，充分发挥湿地公园旅游资源优势，便于组织合理的旅游线路和旅游方式，同时便捷的交通、完善的通信、电力等基础设施，为湿地公园开展生态旅游提供了优越条件。

石川河国家湿地公园位于陕西省中部关中平原和陕北高原的过渡地带，区内人文景观丰富，自然生态风光别具一格。湿地公园结合当地文化遗迹，既有景观优势，又有历史内涵。湿地公园内湿地生态系统完整，水禽种类繁多，湿地植被典型，季相变化万千，湿地旅游资源丰富多彩，能够满足都市人们休闲度假、生态观光、了解自然、返璞归真的需求。丰富的旅游资源使湿地公园极具旅游开发价值。

陕西省旅游资源丰富，生态旅游业发展迅猛，通过多年的项目建设和实施，积累了丰富的经验。湿地公园较之以前的森林公园，有相同之处，也有不同的地方，石川河国家湿地公园可借鉴森林公园成功建设的案例，根据旅游市场变化变动确定其建设规模、内容及景区景点设置，使生态旅游项目少走弯路。

（四）频阳大地园林化项目

近年来陕西省委、省政府对全省重点区域绿化工作十分重视，在《陕西省人民政府转发省绿化委员会关于实施重点区域绿化工程意见的通知》中要求建设"绿色陕西、生态陕西；让森林走进城市，让城市拥抱森林"。

频阳大地园林化项目是富平县在全县范围内对道路绿化、北部山区植被恢复等项目进行建设的总体园林化项目。通过这些项目工程的建设，特别是北山植被恢复工程，将形成布局科学、林分结构合理的高质量生态景观林和经济林，这不但提高了全县森林覆盖率，而且在保持水土、保护农田、涵养水源、净化空气、降低自然灾害以及维护区域生态安全等方面发挥重要作用。

在富平县的调研过程中，我们发现，富平县的道路绿化做得十分优秀。上至县城的公路，下到村级的村道边上都有绿树的栽植，且这些绿树的栽种存活率已经达到90%以上，避免了"种而不活"的情况。

富平县委、县政府将该县北山生态植被恢复建设作为改善人居环境、增加碳汇、加大改革创新力度，加快农业现代化建设和城乡投资建设环境的切入点，作为近期建设的主要工作任务。

富平县北部山区（以下简称北山）呈东西向蜿蜒贯穿于整个县城北部，北山直观坡面作为塬区与山区的分界线，地理区位条件十分重要，但生态环境较为脆弱，经调查直面坡面沟壑纵横，土层薄，立地条件差，植被分布少且区内分布有大小石灰窟632处，沙场60多处，严重影响了生态环境，为了改善人居环境，促进县域经济发展，县政府于2014年对其进行了全面关停和整治。根据县委、县政府的决定将对北山进行生态植被恢复，并打造沿山生态景观林带和山下经济林带以及多处绿化景观亮点，形成两带多点的生态屏障。

为了做好北山植被恢复这个项目，县林业局委托陕西省林业调查规划院的技术人员通过现地调查，制订了整个北山植被恢复工程建设的计划：将采取生态林先行，经济林随后，绿化造林紧跟的原则，预计在3年内完成。

据县林业局计划预算表显示，北山植被恢复工程耗资不菲。譬如，生态林建设方面，直观坡面生态林建设投每亩达 10500 元，其中种苗费 7770 元每亩，物料费 350 元每亩，用工费 2220 元每亩，抚育管护费 160 元每亩。其他的例如灰窑及沙场生态林建设，唐陵生态林建设等每亩建设价格均超过 10000 元。

县林业局通过招投标确定施工单位，投资 300 多万元完成高标准侧柏造林 1500 亩。在施工过程中，采取连挖带垒的作业方式进行大坑栽植，并要求苗木必须带 30 厘米以上的土球，保证了所用苗木全根系或根系不受损伤，同时全面落实了保水剂、生根粉，覆盖地膜等抗旱保湿技术，并从山前拉水，发电浇水，当年造林成活率达到 95% 以上，达到了一次栽植、一次成活的效果，为富平县北部沿山生态植被恢复摸索出一条新路，起到了一定的示范作用。同时对老庙镇兰山村和孟家村平整好的 1500 亩石灰窑生产区及石灰堆放区进行植被恢复治理，但由于长期的石灰生产和堆放，致使土壤团粒结构和酸碱度发生变化，林业局已多次邀请林业、生态等相关专家深入实地进行综合分析，调整治理方案，先行种草逐步恢复植被。

由于北山植被恢复工程实施困难重重，在技术、资金方面都急需帮助。没有资金，什么都做不了，在调研中我们发现，像北山这样的大项目，县上乃至渭南市方面也没有全部把钱给到位，仅是拨下前期预算，然后由林业局和各村镇先进行建设，一段时间后对工程的成果进行验收，再进行下一步资金的支持。这有效防止了资金上的腐败，但也使工程的进度变慢了。我们在县林业局的宣传栏中可以看到，两个湿地公园建设刚进入建设规划阶段，在接下来的五年之中，县政府和林业局将进一步对这两个湿地公园的建设进行更加具体的实施。

（五）建设防火视频监控室、扑火队伍和林业管理队

为了进一步夯实森林防火责任，消除森林火灾隐患，全力遏制火灾多发季的多发势头，确保森林生态资源安全和林区群众人身财产安全，富平县建设防火视频监控室、扑火队伍，建设林业管理队。这是富平县特有的岗位，即在北部林地比较多的地方建设防火视频监控室和 500 多人的扑火队伍，这个扑火队伍是有工资的，但是根据平时的工作量的不同，领不同层次的工资。在工作时间上也与普通的公务员不同。扑火队员平时有自己的一份工作，在发生火灾时负责扑火，是一个机动的职位。

防火视频监控室能够做到平时监督，对森林火灾防范和督导有着重大的帮助。而扑火队伍的建设更是做到了灵活机动，在火灾应急、防止火灾扩大等方面做出了极大的贡献。

三　结语

富平县作为一个全国贫困县却能够以生态优先、统筹发展为目标，妥善处理重大生态修复工程，坚持以实现生态修复目标为主，达到协同推进生态建设与绿色富民的效果，是很难能可贵的。该县不仅成功申请到"石川河"、"温泉河"两个大型湿地公园建设项目，并且已经开始对北山植被进行恢复。这些都是十分艰巨的任务，却可以将富平县现在的环境变得更好。在对圹地绿化的这个项目中，富平县林业局所体现的智慧和创意也令人叫绝，值得在全市全省甚至全国推广。

同时，在村级绿化美化方面的建设，富平县也做得非常不错。从"美丽乡村"建设中，我们可以看到，村路村部变得更美丽。因此，富平县应该继续扩大"美丽乡村"的影响，争取在全县所有的乡镇都可以实现"美丽乡村"的变化。

在富平县的六天调研中，我们与县林业局的干部接触了很多，感受到基层干部做工作的热情和信心。在富平县的单位评比中，县林业局数次获得一等奖，县林业局认真实在的作风赢得了全县的尊重，林业工作也得到了非常顺利地开展。短暂的调研结束了，我们期待林业局更好地发挥自己的职能，利用好富平县的林业优势，将富平建设得更美好。

（作者简介：张盈盈，福建莆田人，厦门大学法学院2014级学生，担任本次富平实践队的队长。）

关于"三农"问题的调查报告

蔡焱烨

"三农"问题是指农业、农村、农民这三个方面的发展问题。实际上，这是一个从事行业、居住地域和主体身份三位一体的问题，但三者侧重点不一，必须一体化地考虑以上三个问题。"三农"问题是农业文明向工业文明过渡的必然产物。

"三农"问题是一个宏大的课题，涉及政治、经济、文化和社会各个方面，当然，这篇文章谈不上什么研究，不过是看到了一些现象，发现了一些问题，产生了一些想法，然后经过认真的思考，翻阅了一些资料，最后将自己的认识与想法用文字表述了出来。我相信，只要我们的政府、农民以及社会各界人士共同努力，采取得力的措施，"三农"问题的圆满解决很快就会实现。

随着生产的发展，物质文化生活、环境条件、社会保障条件、教育卫生逐步成为社会进步的标尺。面对经济的日趋全球化，我们必须立足我国人多地少这个基本国情，从保持全国经济增长、社会稳定、协调、全面、持续发展的全局性和加强我国在国际竞争中独立自主地位的战略性要求出发，坚持把农业放在整个经济工作的首位，大力发展集体经济，加速农业结构的调整，加快农业增长方式由粗放型向集约型转变，实现农村社会的全面发展，推进中国特色社会主义的快速发展。没有农村的稳定和全面发展，就不可能有整个社会的稳定和全面进步；没有农民的小康，就不可能有全国人民的小康；没有农业的现代化就不可能有整个国民经济的现代化，这是历史的必然结论。

当前，在农村经济社会发展中出现了一系列需要关注和亟待解决的问题。例如，农民收入问题、税费负担问题、劳动力转移问题等，这些问题,有许多早在20世纪80年代就已出现了,只是那时问题还没有累积到现在这种程度。另外,在农业、农村和农民中的诸多问题并不是并列关系,也不是在同一时期发生的,其中有许多问题相互关联,存在着衍生关系。因此,在陈述"三农"问题时,不能简单地罗列问题,应该找出事关农业、农村经济社会发展的重大问题和核心问题来,分析其形成原因,并对症下药。

目前的"三农"问题已经和过去的"三农"问题有了本质的变化。假如说过去有"三农"问题,在20世纪80年代中期以前,表现在宏观层面上仅仅是一个产量问题,或者说是食品安全问题,现在"三农"问题已经从食品安全问题演变成一个以收入、消费和就业为中心的经济和社会问题。在现阶段,归结起来"三农"问题的核心是农民的生存权和发展权与城市居民的差距越来越大。

20世纪90年代以来,中国经济的繁荣主要集中表现在城市方面,而农村经济发展要相对落后。同城市相比,农村发展落后首先体现在投资严重不足,基础设施供给明显滞后,同城市的差距越拉越大。这既存在于东部沿海地区,也存在于中西部地区。城乡投资差距不仅反映在基础设施建设方面,而且还反映在民间投资方面。从1990年到2001年,城市集体和个人名义投资增长了8.8倍,而农村仅增长了4.4倍。农村投资增长慢,经济发展速度必然也慢,进而农民收入的增长也不会快。1990年到2002年,农民人均纯收入增长了69.7%,年均增长4.45%,比80年代增长速度几乎慢了一倍。而同期,城市居民人均可支配收入增长由慢变快,12年里居民收入增长了138.3%,年均增长7.5%,增速是80年代的2.5倍。在这种情况下,城市居民的收入越来越高,与农民的收入差距越来越大。受收入增长的制约,农民的消费增长也极其缓慢,同城市居民的差距也在拉大。由于农民消费增长缓慢,农村市场需求明显偏冷,导致其在全社会中的市场消费份额出现了萎缩的趋势。

面对城乡发展差距,有人提出,目前中国的农村状况比过去恶化了,农民的生活水平越来越差。这种说法有些偏激,甚至对农村缺乏起码的了解。从实际情况看,当前农民的收入水平、生活状况都比过去大大进步了。但是,为什么"三农"问题突然变得尖锐起来了,关键是农民的生存权和发展权与城市人差距扩大到了某种限度,引起了社会部分群体的心理失衡，危及社会经济的进一步发展。

下面，根据调研情况，我们就湖北省监利县的"三农"问题做如下报告。

一 监利县的整体发展情况

监利县位于湖北省中南部，长江中游北岸，江汉平原南端，东拥洪湖距武汉200公里，南靠长江与湖南岳阳相望，随岳高速公路穿境而过，荆岳长江大桥连通两湖平原。全县国土面积3460平方公里，耕地面积258万亩（其中水田166万亩），辖21个乡镇，2个农场管理区，786个村。总户数32万户，总人口142万人，其中农业人口106万人。

监利县是全国著名的农业大县、产粮大县。1982年至1990年，粮食总产曾获湖北省"九连冠"。2004年以来，粮食生产又连续7年呈现面积增、单产增、总产增、效益增的"四增"局面。2010年全县粮食播种面积252.69万亩，总产124.93万吨，位居湖北省第一位。连续两年荣获"全国粮食生产先进县标兵"称号。近几年来，该县在大力调整农业结构的同时，始终把巩固粮食生产、提高粮食产能、维护粮食安全作为工作的重中之重来抓，取得了明显成效。

县农业局由原县农委、县农业局、县经管局、县多种经营办公室、县农村能源办公室等单位于2002年机构改革时合并组成。2010年核定公务员编制30人，工勤编制3人，内设12个股室（不含纪检、工会）。局机关现有76人，其中离退休26人，在职在岗50人。在职人员中有高级职称5人，年龄大多数在50岁左右，40岁以下仅2人。

县农业局所属直属单位有12个，其中全额拨款单位1个：县农民负担监督管理办公室；差额拨款单位10个：县农业技术推广中心、县农业执法大队、县土壤肥料工作站、县农业科学研究所、县植物保护站、湖北省农业广播电视学校监利分校、县农业科技培训中心、县农业技术学校、县能源技术推广站、县农产品安全监督检验站；自收自支企业化管理事业单位1个：县国营泥套原种场。

监利县地势平坦，是典型的平原地形。地面海拔高度在23.5—30.5米之间，高差仅7米。监利县属亚热带季风气候区，光能充足、热量丰富、无霜期长。全市太阳年辐射总量为104—110千卡/平方厘米,年日照时数1800—2000小时,年平均气温15.9℃—16.6℃,年无霜期242—263天,多数年份降雨量在1100—1300毫米之间,有足够的气候资源供农作物生长。4—10月份降水量占全年80%,太阳辐射量占全年75%,不低于10℃的积温为全年80%,水热同步与农业生产季一致的气候条件,适宜多种农作物生长发育。

2010年监利县实现地区生产总值121亿元,增长12.03%;完成社会固定资产投资70.96亿元,增长40%;实现财政收入31333万元,增长15%,其中地方一般预算收入完成1.64亿元,增长15.5%。

2011年监利县实现地区生产总值139亿元,是2006年的2.2倍;完成社会固定资产投资86.6亿元,是2006年的3.9倍;实现社会消费品零售总额72.5亿元,是2006年的2倍;实现财政收入3.6亿元,是2006年的1.9倍;其中地方一般预算收入2.3亿元,是2006年的2.2倍。

2013年监利县实现地区生产总值194.87亿元,较2012年增长10%;完成社会固定资产投资145.48亿元,较2012年增长29.7%;实现财政收入5.67亿元,较2012年增长32.5%,其中地方一般预算收入完成3.69亿元,较2012年增长31.1%;实现社会消费品零售总额92.8亿元,较2012年增长12.7%。监利县各金融机构存款余额达220.84亿元,比2013年初增长36.67%;贷款余额89.84亿元,比2013年初增长18.73%。

2010年监利县农业产业化经营组织1390个,其中农业产业化重点龙头企业43家,农村专业合作社75家,实现农业总产值104.16亿元,占本地区GDP的86%。2011年全年实现农业总产值104.16亿元,增长6.4%,其中粮食总产126.2万吨,增长1.23%,再度荣获"全国粮食生产先进县标兵";生猪出栏近100万头,增长18.61%;家禽出笼2000万只,增长24%;渔业总产值达38亿元,增长12.2%;完成植树造林面积6万亩,实现林业总产值6.3亿元。农业产业化发展水平提高,兴办无公害、标准化、专业化、规模化示范样板20多个,推广优质稻面积180万亩,优质率达到95%。农业基础设施得到改善,实施国土整理项目7个,建设规模17万亩,投入资金2.55亿元;完成灌区、泵站续建改造及小型农田水利重点县项目建设投资22750万元。国家惠农政策全面落实,发放各种支农惠农补贴24730万元。农民收入持续增长,农民人均纯收入达

6220元，增长16%。

2011年监利县相继获得"全国基本农田保护发祥地"、"全国粮食生产先进县标兵"、"中国稻米加工强县"、"全国面点师之乡"、"全国生猪调出大县"、"全省水产大县"、"全省首批生猪出口示范基地"等荣誉称号，并成为首批"国家现代农业示范区"和"全国农业产业化示范基地"。

2013年实现农业总产值144亿元，增长4.7%。投资3亿多元加强重点水利工程建设，何王庙、西门渊、隔北三大灌区改造工程加快建设，国土整理、农业综合开发、粮食产能建设、小型农田水利及现代农业重点县建设等项目顺利实施。2013年监利县农业快速推进，育秧工厂发展到11家，集中育秧点80个，吸纳民间投资6000多万元。新增标准化养殖小区23个，万头以上养猪场达到15个。农机推广程度提高，全县农业耕种收综合机械化率达72%以上。经营主体不断壮大，各类专业大户达到5000多户、家庭农场400家、专业合作社496家。社会化服务体系初步建立，创建了农民种田"四代一管"新模式，覆盖面积达130万亩。加快土地有序流转，全年流转土地80万亩，比上年增加20万亩。品牌建设取得成效，成功申报"监利猪"、"荆江鸭"2个农产品地理标志，福娃牌大米、监湖牌河蟹、爱荷牌荷叶茶、阿里山大米等产品获得有机产品认证。

2011年县规模以上工业完成总产值125亿元，是2006年的6.2倍；完成工业增加值33亿元，是2006年的6.2倍；入库税金1.3亿元，是2006年的2.5倍。2011年，监利县58家规模以上工业企业完成产值140亿元，同比增长53.8%；完成工业增加值40.8亿元，同比增长28.4%，居全市增幅排名第四名；至12月，规模以上企业实现主营业务收入127.9亿元，同比增长48.1%；实现利税6.2亿元，同比增长27%，其中利润3.5亿元，同比增长32.7%。完成工业入库税金8990万元。轻工食品、医药化工、纺织服装三大主导产业共完成工业总产值123.7亿元，同比增长55.7%。其中轻工食品同比增长52%，医药化工同比增长38.9%，纺织服装同比增长66.9%。至12月，三大产业实现主营业务收入113亿元，同比增长49.2%，其中轻工食品同比增长47%，医药化工同比增长23%，纺织服装同比增长55.5%。三大产业实现利税4.8亿元，同比增长26.4%。三大产业的工业总产值、主营业务收入、利税分别占规模以上工业的88.3%、88.9%、77.5%。

2011年项目建设力度加大，共建设重点工业项目251个，完成投资57亿元，初步形成了轻工食品、医药化工、纺织服装三大支柱产业，福娃、玉沙等58家规模企业成为推动监利县工业经济发展的强劲动力，工业在三大产业中所占比例比2006年提高了4.8个百分点。共落实工业招商项目284个，协议引资85亿元，实际到位资金45.7亿元。华油科技、大和钢构、福人木业等一批投资过亿元的大项目落户监利。品牌创建取得突破，"福娃"牌大米、"福江"牌细木工板双双荣获"中国名牌产品"称号，"福娃"商标被认定为"中国驰名商标"。

2013年完成工业增加值54.8亿元，增长15%；实现工业入库税金1.5亿元，增长30.4%；规模以上企业新增13家，达到87家。2013年县城工业园完成了总投资2亿元、总长约8公里的7条道路建设，面积扩增到34.5平方公里。开发区沿监利大道东延北扩，正在打造新的"工业走廊"。新沟、白螺、朱河三个园区基础设施建设稳步推进，累计完成投资1.62亿元。全县"一区四园"入园企业达125家，合同投资额达400亿元。

2013年末各类金融机构存款余额224亿元，比年初增长21%；贷款余额90亿元，比年初增长26%；贷存比达到40%，比年初提高3.5个百分点；落实银企对接协议资金2.7亿元。城投公司融资大幅增长，丰利担保公司资本金增加到1亿元，培育小额贷款公司2家。监利县同时获得"全省金融信用县市"、"全省保险先进县市"两项荣誉称号。

2013年新增各类就业26209人，开展创业培训5159人次，社保扩面22300人，参保人数达55.32万人次。新农合参合农民112万多人，参合率达到99.8%。新建保障性住房3.1万平方米、公租房400套，启动棚户区危旧房改造项目8个，完成农村危房改造1056户，老干部活动中心维修改造顺利完成。新解决25万农村人口饮水安全问题。县政府承诺的"十件实事"，除全县校车实现80%国标化配备尚有缺口外，其余九件全部落实。

二 监利县"三农"发展的主要障碍

目前，该县农村虽然发展较快，但还存在一些制约因素，尤其是影响农村经济发展和农民增收的一些深层次矛盾和问题还没有得到根本解决，突出表现在以下几个方面。

（1）农村基础薄弱，生产力水平较低，生产条件改善不明显。由于种种原因，对农村的社会服务设施，环境改善，农村公共设施的投入较少，造成对农业的投入与国家经济实力增强和农村生产发展的需要不协调。加上农村基础设施薄弱，普遍存在水利工程和设施老化，险危工程增加，导致水源浪费和供水不足，致使一些良田好地成了"望天收"。灌溉能力不强，农村基本没有生活垃圾、污水处理设施，制约了农业生产较快发展。

（2）农民综合素质较低，创收渠道窄，收入增长缓慢。同时农村劳动力平均受教育年限低，由于思想观念落后，择业面窄，有些农民只能守着几亩田地过着温饱的日子。在技能素养方面，一技之长的人少，导致种地只能粗放经营，不能集约经营，打工只能卖苦力打粗工，没有多余的资金去投资改善生产条件和生活环境。如果广大农民的收入没有突破，农业生产条件和农民的生活就不可能有大的改观。

（3）农村基础设施和公共事业发展滞后，不能满足广大农民的需求。农业技术、农田水利、金融服务、医疗卫生、文化教育、公共安全、乡村规划，这些都是与广大农民群众密切相关，关注程度最高的大事。根据调查，该县农民最需要解决医疗卫生、子女上学和增加收入的问题，可见，农民关注的问题，也是当前该县供给不足的问题。虽然目前加大了农村新型合作医疗建设，但尚处于起步阶段，农村公共卫生医疗水平低下的状况并没有多大改变。

（4）农村基层组织战斗力不强，农村稳定和谐面临压力，部分基层组织运转面临困难，在一定程度上影响了基层组织在广大群众中的威信。

三 监利县"三农"问题的解决途径

解决或缓解"三农"问题的出路在哪里？首先要强调一点，目前不能用过激的办法来解决"三农"问题，因为"三农"问题是由历史造成，并在历次体制变动中不断累积起来的。面对这些问题，我们企图想让一届或两届政府来彻底解决是完全不可能的，不能操之过急，只能重点突破。

我认为，解决"三农"问题既要在"三农"之外，也要在"三农"之内；既要在近期也要在长期。

在"三农"之外解决"三农"问题，有以下几个方面需要注意。

首先，在"三农"之外，改革和政策目标，核心是要实行向城乡一体化的制度过渡。将来，我们解决"三农"问题的目标是要把城市和农村、政治和社会纳入一体化的进程。为了目标，无论是长期还是近期关键都是要解决农村劳动力的转移问题，围绕这个问题进行人口政策、就业政策、社会保障制度和财税政策（包括农村税费制度）的改革。目前的农村税费改革不是最终目标，它是一种过渡方案，最终应该实行"城乡一体化"的税收制度，尽管目前农村的税费改革有进步，但是税制结构设计还是不合理的，仍然是一种歧视性的政策，从长远看是要消除的。

其次，土地市场开放问题。现在土地基本上没有市场可言，一级市场由国家控制，二级市场农民不许进入，农民在土地交易中始终处在被剥夺的地位。土地是农民生存的最后一道防线，也是我国社会经济发展的一个稳定器。今后，如果说土地市场还不开放，还是由国家用低价强制购买土地，农民得不到应有的补偿，将会直接干扰我国社会经济的稳定和进一步发展。

最后，"城市化"道路选择问题。目前我们的城市化道路走了一条不符合中国国情的道路：一是现有的城市发展是"关起门来搞城市化"，把农民关在城外，是为城市"锦上添花"，而不是搞农村"人口城市化"。二是在城市化道路上搞"天女散花"，强调大力发展小城镇，这是一种错误的战略选择和过时观念，实际上这是一种"离土不离乡"传统观念的延续。从国情来看，中国若要遍地都去搞小城镇，总有一天我国会无地可耕。我国的城市化不能仿效美国模式，而日本的城市化模式值得学习，走"资源密集型"的城市化道路，这样可以节约土地和水资源，并能集中使用城市公共设施。

在外部进行改革的同时，农业内部也要进行改革。在世界任何国家，最终农民群体不可能变成零，工业化后仍会有一部分农民留在农村，政府要关注这部分人口的生存权和发展权。怎么关注？近期有几个问题需要研究解决。

第一，对农民的收入要采取直接的支持政策。间接支持也要实行，但是要有重点。有人反对对农民进行直补,我觉得这里有两个误区需要注意:一是以现行的体制,我们总采取间接补贴能不能坚持下去?过去对粮食采取的就是一种间接补贴,最后导致的结果就是越改补贴越多,造成低效益,引起腐败,农民损失大,支付成本高。二是中国现在实际上需要进行直接补贴的不是多数人而是少数人。我国目前用于农、林、牧、渔的劳动力是31991万人,但实际算一下,真正从事种植业的劳动力目前不到2亿,如果剥离一些东部沿海地区,仅剩一些农业主产区,实际需要补贴的就是1亿人。因此"我国以少数人补贴多数人"是个错误的概念,真正要补的实际是少数人,而不是多数人,如果进行直接补贴我们还是有能力的。

第二,粮食流通体制改革。近期的粮食流通体制改革必须坚持市场化的方向,加快改革步伐。总体改革思路应该是,粮食主产区的购销要放开,国家的储备粮数量要减到合理界线,国有粮食企业要走市场化的改革之路,对粮农的保护和补贴要与国有粮食企业划断,采取直接的补贴办法。

第三,农村金融改革。目前,我国推行的农村金融体制改革力度不够,范围太小,效果也没有农村税费改革那么大。今后,改革的思路就是要在进一步对外开放的条件下,沿着金融市场化方向,设计农村金融体制改革方案,从金融市场主体和资金规模上都增加供给,用一种平等观念对待农民,让他们能和城里人一样有权利获得自身发展所需要的资金。我认为,想靠现有的金融体系来解决农村金融贷款难问题根本没有可能,必须通过改革发展新的金融组织。

第四,土地产权制度改革。土地制度和土地市场是联系在一起的。下一步,在土地方面应该优先实行土地市场化,要把土地作为真正的商品进行交易,让土地的所有权真正归还于集体,不要再让一些城市人和一些中介商来非法剥夺农民。当前,土地产权制度最重要的问题是农民应该有物权,农民可以对土地进行抵押,进行投资,要把农民现在的使用权变成一种准商品。现在强调对土地所有权进行彻底改革的条件还不成熟。我觉得,城市化水平达到60%以后,再来考虑土地的产权制度改革才算合适。

第五,农村公共产品供给。目前,政府为农村提供公共产品不是一种"恩赐"行为,而是一种责任。农民跟市民一样有发展权,有生存权,政府应该承担起最起码的公共产品的供给。公共财政要把公共产品真正地、公平地覆盖于城市和农村，现在到了应该用中央财政大幅度增加对农村公共品投入的时候。

第六，农民要有自己的组织。农民作为弱势群体不但要有政府来保护，有法律来保护，而且要由自己来保护。现在农民在交易中的信息不对称和利益流失，除了依靠政府和法律保护之外，还必须自己组织起来。农民组织的发展不能太急，也不能依靠行政命令，我主张首先应该鼓励农民成立一些行业组织、专业协会，比如农产品销售合作社、农业技术协会等，在这方面政府可以通过财政或税收政策予以扶持。

四 结语

通过调研，我们发现"三农"问题较以前已经得到极大改善，农村物质水平、精神文化水平都有所提高，然而这与社会主义新农村建设的要求还有相当一段距离。因此政府和农民都要继续致力于农村的经济发展和精神文明建设，为全面实现小康而努力奋斗。

（作者简介：蔡焱烨，厦门大学建筑与土木工程学院，2013级建筑学本科生。2015年7月下旬随带队老师前往湖北监利县进行社会实践。）

统筹城乡发展下的现代美丽乡村建设

郑洋

一 调研背景

(一) 调研缘起

建设社会主义新农村是解决"三农"问题的重中之重,建设现代化美丽乡村则是社会主义新农村建设不可或缺的组成部分,是现阶段社会主义新农村建设的重大工程。广东省蕉岭县委、县政府积极顺应推进农村生态文明建设、加快转变农村经济发展方式的新形势作出了加快现代美丽乡村建设的重要决策,这是统筹城乡发展、实现共同富裕的重大举措,也是当前和今后一个时期,蕉岭县推进社会主义新农村建设的重要载体。"美丽乡村"是一个全面的、综合的、统领新农村建设工作全局的新提法,是社会主义新农村建设的重要抓手。现阶段建设美丽乡村,绝不仅仅是为了给村庄一个美丽的外表,关键在于提升农村、农民的生活水平和生活质量,实实在在地提升农民的幸福指数,推动城乡一体发展。美丽乡村之"美",既应体现在自然层面,也应体现在社会层面。以蕉岭县为例,"美丽"一方面是指生态良好、环境优美、设施完善;另一方面是指产业发展、农民富裕、特色鲜明、社会和谐。建设现代美丽乡村是集农村生态文明、物质文明、精神文明、政治文明建设于一身的庞大社会系统工程,更是一项关乎千万农民群众切身利益的重要民生工程。

推进现代美丽乡村建设是发展农村生态文明的必由之路。当前,随着工业化、城市化的加快推进,蕉岭县农村常居人口数量急剧减少,农村经济社会可持续发展的问题十分突出。推进现代美丽乡村建设有利于促进农民转变生产方式和消费方式,提升农村人居环境和农民生活质量;有利于利用资源环境，从根本上促进农村经济社会的可持续发展。只有加快建设现代美丽乡村，把生态文明建设同社会主义新农村建设有机结合起来，才能把生态文明的发展理念、产业导向、生活方式、消费方式等融入农业发展、农民增收和农村社会等各方面，才能把农村文明建设落到实处。

推进现代美丽乡村建设是新型城市化发展的重要途径。从统筹城乡发展的高度看，新型城市化应是城乡一体、城乡和谐发展的城市化，是城乡经济互补发展的城市化，是公共资源在城乡之间均衡配置的城市化。走新型城市化道路，必须统筹城乡一体发展，从根本上破除城乡二元结构，实现城乡一体，共同富裕。建设现代美丽乡村则是城乡一体化的重要载体。通过优化提升农村人居环境、完善农村基础设施、构建农村教育体系是蕉岭县在未来城市化进程的必由之路。

（二）调研重点与思路设计

2013年7月22日，习近平总书记在鄂州市长港镇峒山村视察城乡一体化试点时指出，实现城乡一体化，建设美丽乡村，是要给乡亲们造福，不要把钱花在不必要的事情上，比如说"涂脂抹粉"，房子外面刷层白灰，一白遮百丑。不能大拆大建，特别是古村落要保护好。即使将来城镇化达70%以上，还有四五亿人在农村。农村绝不能成为荒芜的农村、留守的农村、记忆中的故园。前不久，全国召开了改善农村人居环境工作会议，李克强总理强调，改善人居环境承载了亿万农民的新期待，各地区、有关部门要从实际出发，坚持农民的主体地位，尊重农民意愿，突出农村特色，弘扬传统文化，有序推进农村人居环境综合整治，加快美丽乡村建设。这充分体现了中央对美丽乡村建设的期待，体现了对农村生态环境、社会发展、文化脉络等问题的高度关注。

美丽乡村建设是物质文明、精神文明、生态文明成果的集中展示，需要各地党委政府的重视、各个部门的努力和社会方方面面的参与。美丽乡村建设不是一蹴而就的，需要持之以恒的努力。美丽乡村建设还是一个美德工程，建设精神、培育美德、提升文明，要靠经济发展、靠法制完善、靠教育感化、靠实践养成。当前，要实现美丽乡村这一新农村建设的美好愿景，要处理好以下几个辩证关系。

1. 要正确处理经济和文化的关系

经济和文化在当今社会发展中深化交融。许多地方把当地经济发展与山水文化、茶文化、牡丹文化等特殊地理文化和禅文化、佛教文化、姓氏文化、根亲文化等历史文化紧密联系起来，在经济发展定位和产业运转上更加体现鲜明的地域特点和发展潜力。随着农村产业结构的调整和升级，果蔬经济、养殖经济、特色种植、精深加工、装备制造、工艺品制作等经济不断发展，许多农村劳动力包括妇女劳动力就地转化。有旅游资源的地方政府组织广大农民开办农家宾馆，开发旅游业，同时加大对农民在服务接待和餐饮烹饪等方面的培训。让学在农家、富在农家、乐在农家、美在农家，成为一种新的生活理念和对美丽乡村的具体诠释。

2. 要正确处理传统和现代的关系

传统和现代的交相辉映是美的旋律和主题。城市建筑有城市的美，农村建筑有乡村的美。现代城市人越来越向往农村的田园风光，说到底是农村的特质美吸引着大家。因此，在新农村建设中，一方面要实现生产方式和管理模式的现代化；另一方面在建筑风格和文化传承等方面要突出乡村特色，保留更多传统美和特质美。要把依山傍水、小桥人家、青砖黛瓦等体现在农村特色建筑中。但是由于地域不同，美的表现形式也不一样，所以即使是农村，也要因地制宜、突出特色、分类实施。广东省辽阔广袤的农村散落着很多古建筑和古村落，保留着很多稀有的剧种和传统手艺，这些物质文化遗产和非物质文化遗产有着重要的历史价值和文化价值，因此要把这些优秀传统文化更多地保留传承。

3. 要正确处理形式和内容的关系

美丽乡村不仅要有整齐的屋舍，更要有积极向上的精神面貌和乡风文明。所以，在美丽乡村建设中，要统筹协调推进物质文明、精神文明和生态文明建设，实现美的可持续和永恒发展。一是美要表里如一。房前屋后要美，院落屋内也要美。大环境美了，小环境也要美。二是美要青山绿水。各地党委政府要把生态文明建设作为一把手工程抓紧抓实。在考虑工业项目上，不能因为短期经济效益牺牲环境和生态；在宣传教育上，要加强生态环保知识的宣传和普及；在实践活动上，要把生态文明纳入文明户和文明村镇等评选活动中。三是美要幸福美好。对美好生活的追求是建设美丽乡村的价值所在，因而要大力加强农村的道德建设、法制建设、诚信建设和公共服务体系建设。要开展星级文明户、好婆婆好妯娌等评选活动，引导大家崇德向善，做文明人、办文明事；要建好用好一批文化活动阵地，真正把农村建成农民的文化乐园；要开展普法教育，增强法制意识，加强诚信建设，建立邻里互信和谐互助的人际关系；要进一步改善农村公共服务环境，完善服务设施，提升服务质量，用真情和真心为农民服务，让美丽乡村成为近悦远来的幸福美好之地。

基于此，在学习借鉴以往研究经验的基础上，根据当前最新的政治、经济、社会、文化环境，本项研究设计具有以下特点。

第一，本项研究将研究对象设定为村干部与普通村民，不囿于对单一群体的调查。

第二，选择山村这一与居民生活息息相关的基层社会单位，作为乡村美丽建设的观察视角和窗口。

（三）调查与实施

7月27日至8月1日我们的调研队正式深入广东蕉岭农村开展调研，其中7月27日探访了县林业局，7月28日走访广福镇，7月29日走访南磜镇，7月30日走访蓝坊镇，7月31日走访三圳镇，8月1日再访县林业局。每个乡镇调研共分三个层次：首先，在乡镇林业局一级调研，由林业局主要领导向调研队介绍全镇的总体情况和集体林改的相关内容；其次，调研队下到村庄，先由村领导介绍村庄概况，再就集体林改与村庄建设主题访谈村干部并完成万村调查问卷；最后，调研队成员走村入户，访谈农户对集体林改的看法以及农户的法律意识，同时完成万村调查问卷。

二 深化交融：经济与文化

蕉岭县被世界长寿科学认证委员会确定为世界长寿之乡，还是广东省水泥基地，特色农产品有蕉岭金橘、百谷王有机米、黄坑绿茶、天然蜂蜜等。足以可见，蕉岭的文化是有其特色的。如何将其文化特色与经济结合，打造蕉岭特色文化经济，形成可持续发展的生产力是我们关注的问题。

（一）正确处理经济和文化的关系

从社会历史的发展进程我们可以总结出，经济是基础，文化是核心，文化是经济发展的强大动力。当今，文化已经成为推动市场发展和市场革新的内在动力。在 21 世纪，促进经济的快速协调发展，不仅要进行相应的经济体制改革，而且必须提升其文化竞争力，文化对经济发展的推动、引导和支撑作用已经越来越明显。

调研期间我们经过了皇佑笔自然保护区。皇佑笔自然保护区应该说是蕉岭将当地经济发展与山水文化、佛教文化紧密联系起来的生动个案。这样一来，在经济发展定位和产业运转上更加体现鲜明的地域特点和发展潜力。

（二）林业收入表现差强人意，毛竹销路不畅

在最近一次林改后，蕉岭的大部分林地已成为了生态保护林，农民普遍觉得生态保护林的补贴太少，调查问卷显示有超过 90% 的村民认为林改后自己的收入没有变化或者有所减少。

毛竹一向是蕉岭的第一产业特色作物，近几年来销路不畅，林户感到压力。我们调查的高场村村民表示，虽然加入了毛竹合作社但是合作社也没办法把毛竹卖出去，实在是没有市场。蕉岭林地覆盖极广，然而林业收入差强人意，这是一种经济和产业脱钩的现象，需要及时作出调整。

（三）乐在农家，富在农家，发展乡村旅游业

在调研的过程中，我们发现了蕉岭有在建的农家乐，不过并不是建在村庄内部。乐在农家、富在农家，现在已经成为一种新的生活理念和对美丽乡村的具体诠释。除了政府、组织推动外，蕉岭可以突出当地的地域风情、传统文化优势，尤其在建筑、饮食、生活乃至农耕方面，尽可能体现出长寿之乡的特色。同时也要注重整体性和连续性，以"农"为根、以"家"为形、以"乐"为魂。

三 美丽乡村建设的困境

（一）农民增收基础薄弱，城乡居民收入差距较大

在城乡居民收入方面，蕉岭城乡居民消费水平和生活质量差距仍较为明显，村与村之间也有很大差距，富的如龙潭村，穷的如甲化村，部分农民家庭年总收入约1万元。收入构成也不尽合理，工资性收入成为主要经济来源，家庭经营收入往往位居倒数。

（二）农村发展规划先天不足，基础设施建设仍有欠账

近几年，一是蕉岭县在城乡规划上统筹力度不大造成规划相对滞后；二是规划没有走在前面，部分规划人员对农村的情况不熟悉，造成制订的规划脱离农村实际；三是农村基础设施建设方面仍有欠账，城乡的水网、通信网在一些落后的自然村建设得并不好。有些自然村还未实现每家每户通自来水。

（三）对农村传统文化的保护与传承力度不够

迫于生计，青壮年劳动力都选择了外出务工，这导致了大部分村庄只有老人儿童留守。美丽乡村能否传承下去是一个重要而现实的问题。

（四）农村公共服务与社会保障有所进步，但依然薄弱

调查发现，100%的村民参与了医疗保险，然而依旧逃离不了"看病贵，看病难"的局面。因为农村医疗网点少、水平低、设施差。再以教育为例，大部分村庄离最近的学校有约20里路程，上学十分不方便。在社保方面，农村的低保标准远远达不到城镇标准。

（五）村民普遍法律意识淡薄

关于法制的调查问卷中有一题是问：如果您被诈骗了您会如何处理？比较出乎意料的是近100%的受访村民选择了私下解决，只有一两个受采访者表示将诉诸法律手段。而法律意识的薄弱，一方面是归结于村民受教育程度较低；另一方面也是普法教育流于形式造成的。

（六）村干部积极性不高，农民也未发挥作用

实地走访后，我们发现，大部分村庄在2014年度所完成的工作依旧停留在修路上。这是不合理的，十年前在修路，十年后还在修路，精神文化的建设处于一个较弱水平。这部分原因也是村干部对美丽乡村建设存在认识上的错误，认为美丽乡村建设就是修路，修垃圾场，建几个花坛，在表面上下功夫，忽视了村民更迫切的实际需求。农民在美丽乡村建设中容易因为自身的文化教育程度，以及村干部的落后思想，丧失话语权。

四 在统筹城乡发展中推进现代化美丽乡村建设

以统筹城乡发展的理念来谋划蕉岭现代化美丽乡村建设，就是要把工业与农业、城市与乡村、城市居民和农村居民作为一个整体和系统联系起来。通过建立以工促农，以城带乡的长效机制，统筹各种生产要素在城乡之间的有效配置和合理流动，扶持农业、富裕农民、繁荣农村，实现城乡协调发展，共同繁荣。同时作为统筹城乡发展的最佳物质载体，将现代美丽乡村建设作为改善农村人居环境、拓展农民增收渠道、提高群众生活质量的重要民生工程，作为加快城乡统筹、推动经济增长的重大发展战略。

（一）把统筹城乡规划作为推进蕉岭美丽乡村建设的主抓手

规划是一切建设的基础，现代美丽乡村建设同样必须规划先行。科学制定村庄规划是推进蕉岭现代美丽乡村建设的主抓手，改善农民生产生活条件和人居环境是现代化美丽乡村建设的一个重要任务。蕉岭应对照沪杭、成渝等城乡规划做得较好的大城市，实现农村开发建设有序，突出抓好村庄布点，完善新村建设和旧村改造规划。

（二）把统筹城乡产业作为推进蕉岭美丽乡村建设的核心内容

蕉岭县总体来说经济发展水平不高，现代农业发展基础其实也不算牢固，农民收入水平不高。因此，推动以观光农业、绿色农业、特色农业等为重点的块状农业经济发展，形成与村镇、工业区相衔接的"组团式网络化多板块"的现代农业新布局，是个很好的选择。争取"一村一景、

一村一业"，建设一批现代农业与休闲观光相结合的企业。

另外，要加快培育现代农业生产经营主体，通过培育农业龙头企业和农民专业合作社，建立蕉岭新型农业社会化服务体系。力争在未来五年内建立起比较规范的农民专业合作社。如果农户能加入合作社，有一个智囊团出谋划策，这对发展新型林业、提高农户收入都是很有帮助的。

（三）把统筹城乡建设作为推进蕉岭美丽乡村建设的重点

打造美丽乡村的优美环境，必须以村庄综合整治为重点，全面推进农村环境建设，不断改善农村人居环境。要扶持建设农村环保设施，开展垃圾处理、污水处理、卫生改厕、村道硬化等项目建设，开展村庄绿化美化。要搞好民生水利建设，增强防灾减灾能力。当前的村庄整治是部分改造，常用的村庄整治应是整体改造。要全面开展村庄整治，打造一批名镇名村，建设独具客家特色、生态宜居的都市化美丽乡村。

（四）把统筹城乡区域发展作为推进蕉岭美丽乡村建设的突破口

蕉岭农村发展水平参差不齐，有的村庄还都是土坯房，有的村庄全建起了小两层。如果不缩小这种差距，统筹区域发展将无从谈起。为此，一定要把扶贫开发作为一项长期工作，完善各项政策措施，深化扶贫内涵。积极发挥中心村镇的作用，鼓励农村劳动力从第一产业向第二、第三产业转移。

（五）把统筹城乡社会发展作为推进蕉岭美丽乡村建设的重要保障

在美丽乡村建设过程中，要通过统筹城乡社会发展，加强农村社会建设，改善农村民生作为推进现代美丽乡村建设的重要保障。一是要全面实施农村社会保障制度，健全农村社会救助体系，全面构建农村的基本医疗和基本养老，实现人人享有基本生活保障的目标，鼓励符合条件的农民积极参加农民养老保险，扩大政策受益面。二是增强农村基本医疗服务。搞好乡镇卫生院的升级改造工作。三是加快发展蕉岭农村职业教育，加大农村劳动力转移培训力度，着力培养新型农民。四是提高农村义务教育水平，实现九年义务教育。搞好农村校车安全，开展城乡学校结对活动，促进优质教育资源向农村流动。五是繁荣农村文体事业，构建农村公共文化体系，推进文化惠民工程，丰富农民的精神文化生活。

五　结语

实施新型城市化发展战略，加快城乡统筹进程，必须以现代美丽乡村建设为导向，坚持生产发展、生活富裕。把现代美丽乡村建设的重点放在培育特色产业，促进农民创业增收，推进村庄综合整治，加强基础设施建设，强化基本公共服务，优化生态环境，提高人口素质，发挥农民主体作用等方面，把建设让农民过上幸福生活的现代美丽乡村作为社会主义新农村建设的根本出发点和落脚点。虽然当前困难不少，但是前景一片光明。相信在不久的将来，我国乡村无论是物质方面还是精神方面，都会变得更加丰富。

（作者简介：郑洋，上海人，厦门大学软件学院软件工程系学生，任院学生会科创部部长。）

后 记

　　大学生参与暑期社会实践活动，从象牙塔中走进鲜活的社会，绝不仅仅只是一种物理空间上的位移，对大学生而言，就是一次思想的旅行，是一次成长的际遇，是一次书本知识与社会实践相向而行的巨大碰撞；对于社会而言，有了大学生的不断参与，他们来自不同地方又到不同地方去做调研，不同地方的思想交流自然会促进文化融合，同时大学生素质在实践中不断提高对于整个社会的进步具有持续推动的重大意义。正是在这些意义上，党和国家非常重视大学生的暑期社会实践活动，并特别拨有专项资金进行资助暑期社会实践活动的开展。作为985高校，厦门大学积极响应国家的号召，认真布置了2015年大学生暑期社会实践活动。在中心主任徐进功教授和马克思主义学院白锡能院长、石红梅副院长的支持下，厦门大学中国特色社会主义研究中心组织了近百名大学生参与了2015年的大学生暑期社会实践活动，这些大学生实践队成员在贺海波、马龙波等不同老师的带领下，远赴广东、湖北、广西、陕西等不同省份的偏远农村，顶着炎炎烈日，行走阡陌，用脚步丈量祖国的大好河山，用眼睛观察农村的现实状况，用心去感悟"三农"问题并提出自己的思考。

　　本书所收集的报告正是参加2015年暑期社会实践活动的近百名师生辛苦劳动的优秀成果。编者将相似主题的报告组织到同一个专题中，形成了"林权改革与林下经济研究"、"村民自治研究"和"美丽乡村建设研究"三个部分。这些报告大多出于思想正处于成长时期的大学生之手，可以说并不成熟，也不是严格意义上的学术著作，但是并非没有价值。首先，这些报告是大学生真正深入乡村社会，以积跬步的态度和形式采集起来的社会事实，这些社会事实就是各地乡村最为真切的经济社会发展的拼图，对于没有到过这些地方的一般人可以当作一部地方简介来阅读，对于

后　记

深研乡村治理的学者，可以当作事实资料用于学术分析。其次，这些报告虽然大多是对乡村社会的直接介绍，有的甚至是一种直白式的描述，但是这种直白式的描述后面隐藏着作者的思考，有些地方作者也直接表达了对于"三农"问题的认识与解决的期待。这份关注"三农"的情怀与对农村社会的理解正是当下大学生所应追求的，也正是国家、厦门大学和厦门大学中国特色社会主义研究中心组织大学生暑期社会实践活动所需要达致的目标。此书将此展示出来，大可以引起读者的共鸣。

　　本书的完成首先要感谢厦门大学社科处的支持，特别是陈武元处长，他是国内高校出色的社科管理工作者，去年我到厦门大学后，中国特色社会主义研究中心的平台建设就纳入了社科处的视野，在武元处长的启发，我们凝炼以"中国农村发展道路"作为中心的科研主攻方向。其次，这是中心在落实科研与育人的双重任务中完成的，在暑期社会实践活动的伊始，我和朱冬亮教授、叶兴建副教授、吴文琦副教授就一起制订调研方案，我还和马克思主义学院的许和山书记一起到北京走访国家林业局农村林业改革发展司，寻求林改司关于入村工作的支持，刘拓司长非常重视，特别指示林改司发函给各省林业厅林改处。本中心研究员和公共事务学院博士后贺海波老师具体承担了繁重的编辑工作，从学生报告的撰写、报告的筛选、编辑目标和思路的设定到最后把关校对每一步均付出了辛勤的汗水，海波对工作充满着严谨和热忱！而陈书平老师于繁杂的工作中多次抽时间联系学生整理、修改和校对报告，也为本书的完稿付出了大量的劳动。此外，王清军、叶兴建、吴文琦、李全生、马丽、张雪松、双巧、吴晓鸥、敖杏林、牛宗岭、梅海、张现洪、孙敬良、黄雪丽、孙鹏举、郑容坤、钟雅娜、林道豪、江跃龙、张雪冰、赵子慧、曹蕾、高绮、韩东东、莎茹丽、邓迎银、王媛媛、肖璐菁、张盈盈、蔡焱烨、郑洋、杨涛、王威、王松磊、李壮、王方、周文斌、李春侠、王卫等也为本项工作的完成付出了心血，在此表示感谢。

　　由于编者的水平所限，错误之处可能散见于各个角落，敬请各位专家、学者提出宝贵建议，我们将在今后的编辑之中加以改进与完善。

贺东航
2015 年 10 月 19 日于厦门大学同安楼